Mathias Jopp / Otto Schmuck (Hrsg.)

Die Reform der Europäischen Union

Mathias Jopp / Otto Schmuck (Hrsg.)

Die Reform der Europäischen Union

Analysen – Positionen – Dokumente zur Regierungskonferenz 1996/1997

Bundeszentrale
für politische Bildung

Bonn 1996
Lizenzausgabe für die
Bundeszentrale für politische Bildung

Verlag: Europa Union Verlag GmbH, Bonn
Redaktion: Andreas Maurer
Gestaltung des Textes: PAPYRUS – Schreib- und Büroservice
Druck: DRUCKZENTRUM ECHTER, Würzburg

ISBN 3–89331–261–7

INHALTSÜBERSICHT

VORWORT DER HERAUSGEBER

Am 29. März 1996 wurde von den Staats- und Regierungschefs der fünfzehn EU-Staaten in Turin die Regierungskonferenz zur Überarbeitung des Maastrichter Vertrags eröffnet. Voraussichtlich bis zum Sommer 1997 werden die institutionellen Verfahren und die Zuständigkeiten der Europäischen Union einer sorgfältigen Prüfung unterworfen. Die Ergebnisse sind heute noch nicht abzusehen. Angesichts des vertraglich festgelegten Einstimmigkeitszwangs und der Notwendigkeit der Ratifizierung durch die nationalen Parlamente aller Mitgliedstaaten erscheinen weitreichende Lösungen jedoch eher unwahrscheinlich.

Die Erwartungen an die Ergebnisse der Verhandlungen sind in den fünfzehn Mitgliedstaaten der Europäischen Union sehr unterschiedlich, je nach europapolitischen Leitbildern und den mit der EU-Mitgliedschaft verbundenen Interessen. Neben eher föderal eingestellten Kräften gibt es diejenigen, die sich von der EU pragmatische Vorteile im Sinne einer „Partnerschaft der Nationen" versprechen. Alle Mitgliedstaaten teilen jedoch weitgehend die Auffassung, daß sich die Europäische Union für die im Grundsatz beschlossene Erweiterung um eine Vielzahl von Staaten in Ost-, Mittel- und Südeuropa vorbereiten muß. Dies betrifft sowohl die Institutionen als auch die Aufgaben der EU.

Die Erfahrungen mit früheren Regierungskonferenzen lassen erwarten, daß die vor uns liegenden Verhandlungen erneut zu Kompromissen führen werden, die von den Bürgerinnen und Bürgern der EU-Staaten nur schwer nachvollzogen werden können. Noch sind die heftigen Diskussionen um den Maastrichter Vertrag nicht vergessen. Nur mit Mühe konnte dieses Reformwerk im November 1993, 20 Monate nach seiner Unterzeichnung, in Kraft treten.

Umfragen im Auftrag der Europäischen Kommission belegen, daß sich die Bürgerinnen und Bürger in der EU unzureichend über Angelegenheiten der Europäischen Union informiert fühlen. Angesichts dieser wenig befriedigenden Ausgangssituation und in Anbetracht der mangelnden Transparenz über die Aushandlung des Maastrichter Vertrages 1990/91 erscheint es dringend geboten, der Öffentlichkeit frühzeitig und systematisch ein Bild über die Ziele der Regierungskonferenz 1996/97 und die dort vertretenen Positionen zu vermitteln.

Hierzu will dieser Band einen Beitrag leisten, indem er allgemeinverständliche Analysen über die Verhandlungsziele der Beteiligten bietet und einen Einblick in die relevanten Dokumente gibt. Wir hielten gerade letzteres für nötig und möglich, weil die am Reformprozeß beteiligten Akteure (Mitgliedstaaten, EU-Institutionen, Parteien und Verbände) in nie gekanntem Ausmaß öffentlich zugängliche Memoranden und Positionspapiere zur Europäischen Union und ihren Entwicklungsperspektiven vorgelegt haben, ohne daß diese freilich bislang an zentraler Stelle in deutscher Sprache zugänglich gewesen wären. Diese Lücke wird mit den hier in Auszügen abgedruckten Dokumenten geschlossen, wobei jeweils durch eine kurze Einleitung die wichtigsten Aussagen markiert und die Einordnung in den Kontext der Debatte gewährleistet werden.

Der Umfang des Bandes mußte auf ein handliches Maß begrenzt werden. Wir haben uns deshalb auf die wesentlichen Dokumente beschränkt und hierbei Kürzungen dergestalt vorgenommen, daß der Aussagewert im Hinblick auf die zentralen Reformvorstellungen erhalten blieb. Dadurch konnten wir einen umfassenden Überblick über die Reformdebatte geben und Vergleichsmöglichkeiten zwischen einzelnen Positionen erleichtern.

Wir danken den Botschaften der Mitgliedstaaten sowie den Generalsekretariaten des Rates und des Europäischen Parlaments für ihre Unterstützung bei der Sammlung und Übersetzung der Dokumente und selbstverständlich auch den Übersetzern Sven Arnswald, Peter Becker, Udo Diedrichs und Sabine Pag. Unser Dank gilt insbesondere Andreas Maurer, der mit großer Sorgfalt die Zusammenstellung und Bearbeitung der Dokumente betrieb sowie Dorothee Kempf, die wie immer hervorragend die Sekretariatsarbeit erledigte.

Wir hoffen, daß dieser Band all jenen in Lehre und Forschung, in Schulen und in der politischen Erwachsenenbildung, die sich mit der Reform der EU auseinandersetzen, Anregung und praktische Hilfestellung sein kann.

Bonn, im Juni 1996

Mathias Jopp — Otto Schmuck

I. ANALYSEN

DIE REGIERUNGSKONFERENZ 1996/97: REFORMBEDARF, RECHTSGRUNDLAGEN, TAGESORDNUNG, ERWARTUNGEN

Otto Schmuck

1. Der Reformbedarf: Die Europäische Union vor den Herausforderungen des 21. Jahrhunderts

Am 29. März 1996 wurde in Turin die Regierungskonferenz zur Überarbeitung des Vertrages über die Europäische Union von den Staats- und Regierungschefs der 15 EU-Staaten feierlich eröffnet.[1] Nur zweieinhalb Jahre nach Inkrafttreten des nach dem Ort der Unterzeichnung so benannten „Maastrichter Vertrages" werden somit die Verfahren und Zuständigkeiten der Europäischen Union einer erneuten gründlichen Prüfung unterzogen.

Skeptische Stimmen meldeten sich zu Wort, die den Zeitpunkt für diese Reformkonferenz für verfrüht hielten, weil sich heute die Auswirkungen der erst im November 1993 mit dem Maastrichter Vertrag eingeführten Neuerungen noch nicht zuverlässig einschätzen ließen. Hingewiesen wurde auch auf die heftige Kritik, die im Zusammenhang mit der Ratifizierung des Maastrichter Vertrages in fast allen Mitgliedstaaten deutlich geworden war und damals fast zu einem Scheitern geführt hatte.[2] Von vielen Beteiligten und Beobachtern wurde betont, daß die Regierungskonferenz 1996 im Gegensatz zu den Maastrichter Verhandlungen

1 Das von den Europäischen Staats- und Regierungschefs beschlossene Arbeitsprogramm für die Regierungskonferenz ist in diesem Band als Dokument 9 abgedruckt.

2 Vgl. zur Ratifizierungsdebatte des Maastrichter Vertrages: Schröder, Maximilian/Schmuck, Otto: Der Weg zur Europäischen Union, Reihe „Kontrovers" der Bundeszentrale für politische Bildung, 3. Auflage, Bonn 1995; zum Inhalt vgl. Wessels, Wolfgang: Maastricht: Ergebnisse, Bewertungen und Langzeittrends, in: Integration, 1 (1992), S. 2–16; Schmuck, Otto: Der Maastrichter Vertrag zur Europäischen Union. Fortschritt und Ausdifferenzierung der europäischen Einigung, in: Europa-Archiv, 4 (1992), S. 97–106.

1990/91 von einer breiten öffentlichen Diskussion begleitet werden müßte.

Von den Befürwortern der Konferenz wurde auf den vorhandenen erheblichen Reformbedarf der EU und auf die Dringlichkeit in dieser Frage hingewiesen. In den Schlußfolgerungen des Vorsitzes des Europäischen Rates von Madrid am 14./15. Dezember 1995 wurde die politische „Agenda 2000“ der Europäischen Union herausgearbeitet, die aus Sicht der Staats- und Regierungschefs folgende Elemente enthält:

- Reform des Vertrages über die Europäische Union,
- Übergang zu einer einheitlichen Währung gemäß dem vereinbarten Zeitplan bei Einhaltung der festgelegten Kriterien,
- Erweiterungsverhandlungen mit Malta und Zypern sowie den assoziierten Staaten Mittel- und Osteuropas,
- Festlegung des Finanzrahmens für die Zeit nach dem 31. Dezember 1999,
- Festlegung einer europäischen Sicherheitsarchitektur,
- Fortführung der bereits eingeleiteten Politik des Dialogs mit den Nachbarn der Europäischen Union, insbesondere mit Rußland, der Ukraine, der Türkei und den übrigen Ländern des Mittelmeerraumes.

Damit stehen die Verhandlungen der Regierungskonferenz in einem größeren Gesamtrahmen, der erhebliche Rückwirkungen der verschiedenen Reformvorhaben untereinander beinhaltet. Um pragmatische Lösungen in einem überschaubaren Rahmen zu ermöglichen, wurde vereinbart, die verschiedenen Reformvorhaben möglichst getrennt voneinander anzugehen. Würden alle Probleme bei der Regierungskonferenz gleichzeitig auf den Tisch kommen, so bestünde die Gefahr, daß letztlich nichts erreicht würde, weil von den beteiligten Staaten kaum aufzulösende Junktims und Vorbedingungen übergreifender Art aufgestellt würden.

Auch wenn es tatsächlich gelingen sollte, die Aufgaben der Regierungskonferenz entsprechend zu begrenzen, dürfte ein erfolgreicher Abschluß nicht leicht fallen. Vorrangig wird es darum gehen, die Verfahren und einen Teil der Zuständigkeiten der EU zu überprüfen. Dabei werden zahlreiche, bei früheren Regierungskonferenzen mühsam gefundene Kompromisse erneut zur Disposition gestellt werden, mit allen damit verbundenen Risiken.

Als besonders problematisch gilt dabei die Überprüfung der institutionellen Verfahren. Die Entscheidungsverfahren der Europäischen Union waren in den 50er Jahren für zunächst sechs Mitgliedstaaten konzipiert worden. Sie wurden in einer Reihe von pragmatischen Schritten allmählich weiterentwickelt. Für die heutige Gemeinschaft der 15 sind sie jedoch kaum angemessen: Den damals drei kleineren und mittleren Mitgliedstaaten wurde im Rahmen der Sechser-Gemeinschaft in den Institutionen ein allzu großes politisches Gewicht gegeben. Heute gehören der EU deutlich mehr kleinere und mittlere als größere Staaten an und zahlreiche weitere bekunden ihren Beitrittswunsch. Die in den 50er Jahren als notwendig angesehene Bevorzugung der einwohnerschwächeren Mitgliedsländer könnte zurückgeführt werden, indem z. B. Mehrheitsbeschlüsse auch die Mehrheit der EU-Bevölkerung repräsentieren müßten. Dies ist insofern ein wichtiges Anliegen, als der Rat seit dem Inkrafttreten der Einheitlichen Europäischen Akte 1986 zumindest bei Binnenmarktfragen in der Regel mit Mehrheit entscheidet. Reformbedarf ist vor allem insofern vorhanden, als wesentliche Entscheidungen, etwa in der Außenpolitik oder in Personalfragen, noch immer durch die Einstimmigkeitsregel behindert werden, eine Ausdehnung des Mehrheitsprinzips also angebracht ist.

Zudem geht es um die demokratische Legitimation der Verfahren. Die nationalen Parlamente können kaum noch eine wirksame Kontrolle der EU-Entscheidungen ausüben. Das Europäische Parlament erhielt in den zurückliegenden Jahren in mehreren Schritten ein erkennbar größeres Gewicht, doch können seine Rechte noch immer in einigen Bereichen kaum mit denen eines nationalen Parlaments verglichen werden. Dies gilt vor allem für die Handels- und Agrarpolitik sowie für die außenpolitischen Fragen und für den Bereich der Innen– und Justizpolitik.

Trotz der unverkennbaren Fortschritte gibt es somit in wesentlichen Bereichen noch immer Entscheidungsblockaden im Rat und ein Demokratiedefizit.

Unbefriedigend erscheint die „Tempelkonstruktion“[3] des Maastrichter Vertrages. Die Gemeinsame Außen- und Sicherheitspolitik sowie die Innen- und Rechtspolitik sind dabei in der Regierungszusammenarbeit verblieben. Die Ereignisse in Ex-Jugoslawien zeigen die Notwendigkeit einer größeren außenpolitischen Handlungsfähigkeit der EU. Auch müs-

3 Vgl. das Schaubild zur Tempelkonstruktion des Vertrags über die Europäische Union im Anhang dieses Bandes.

sen Fragen der inneren Sicherheit, wie die Bekämpfung der internationalen Kriminalität vor allem in den Bereichen Drogenschmuggel, Geldwäsche, Autoverschiebung u. a. m., mit wirksamen und zugleich rechtsstaatlichen Mitteln gemeinsam auf der europäischen Ebene angegangen werden.

All diese Probleme können mit dem jetzt vorhandenen Instrumentarium nur bedingt gelöst werden. Deswegen wird von den Reformkräften energisch auf ein Gelingen der Reformkonferenz 1996 hingearbeitet.

2. Rechtsgrundlagen und Tagesordnung der Regierungskonferenz

Nach den Vorgaben des Artikel N(1) EU-Vertrag (EUV) können Änderungen der Verträge nur in Kraft treten, nachdem sie gemäß den jeweiligen verfassungsrechtlichen Vorschriften von allen EU-Staaten ratifiziert worden sind.[4] Für die Einberufung der Regierungskonferenz genügt – nach Anhörung des Europäischen Parlaments sowie gegebenenfalls der Kommission – eine einfache Mehrheit im Rat.

Der EUV enthält in Artikel N(2) zudem die Vorschrift, im Jahr 1996 eine Regierungskonferenz einzuberufen, um in Maastricht strittig gebliebene Materien sowie einige dort vereinbarte vorläufige Lösungsansätze zu überprüfen:

- die Wirksamkeit der Verfahren der Zusammenarbeit (Artikel B.5 EUV); dies könnte auch zur Einbeziehung verschiedener Materien der Zweiten und Dritten Säule in den Bereich der Europäischen Gemeinschaft führen;
- die Erweiterung des Anwendungsbereichs des Verfahrens der Mitentscheidung des Europäischen Parlaments nach Artikel 189b EGV;
- die Bestimmungen zur Gemeinsamen Außen- und Sicherheitspolitik (Artikel J.10 EUV);
- die verteidigungspolitischen Perspektiven auch im Hinblick auf die ab Ende 1998 gegebene Kündigungsmöglichkeit des WEU-Vertrages (Artikel J.4 EUV);
- die eventuelle Begründung spezifischer Gemeinschaftszuständigkeiten für den Katastrophenschutz, für den Fremdenverkehr sowie für den Bereich Energie (Erklärung Nr. 1 zum EUV);

4 Vgl. Dokument 1 in diesem Band.

- die Frage einer Hierarchisierung der Rechtsakte (Erklärung Nr. 16 zum EUV).

Nach Artikel N (1) EUV kann zudem die Regierung jedes Mitgliedstaates oder die Kommission dem Rat Entwürfe zur Änderung der Verträge, auf denen die Union beruht, vorlegen. Der Europäische Rat hat bei seiner Tagung in Brüssel im Dezember 1993 in diesem Zusammenhang bereits der Regierungskonferenz drei weitere Aufgaben zur Beratung aufgegeben:

- eine Überprüfung der Zahl der Mitglieder der Europäischen Kommission;
- die Überprüfung der Frage der Stimmgewichtung im Rat sowie
- eine Prüfung der zur „Erleichterung der Arbeit der Organe und der zur Gewährleistung ihres effizienten Funktionierens für erforderlich erachteten Maßnahmen".

Damit waren bereits Ende 1993 die Weichen dafür gestellt worden, daß die Regierungskonferenz sich mit einer breiten Palette von Themen befassen sollte. Diese Zielsetzung bestätigten der Bericht der zur Vorbereitung der Regierungskonferenz eingesetzten Reflexionsgruppe vom 5. Dezember 1995 und die Schlußfolgerungen des Vorsitzes des Europäischen Rates von Turin am 29. März 1996.[5] Unter anderem wurden die bessere Verankerung von Grund- und Menschenrechten im Gemeinschaftsrecht, die Verstärkung des Umweltschutzes sowie – angesichts von rund 20 Millionen Menschen ohne Beschäftigung besonders vordringlich – die Frage einer Verankerung von Bestimmungen zur Beschäftigungspolitik auf die Tagesordnung der Regierungskonferenz gesetzt.

Ein weiteres Thema kam durch einen gemeinsamen Brief vom 6. Dezember 1995 des deutschen Bundeskanzlers und des französischen Staatspräsidenten an den damaligen spanischen Vorsitzenden des Europäischen Rates auf die Tagesordnung.[6] Angesichts der absehbaren Erweiterung der EU um zahlreiche weitere Staaten in Mittel-, Ost- und Südeuropa und wegen der Bedenken einzelner Staaten zur Aufgabe des Veto-Rechts in als zentral angesehenen Bereichen vor allem in der Zweiten und Dritten Säule, sollen von der Regierungskonferenz auch Fragen einer möglichen „Flexibilisierung" der Verfahren geprüft werden. Damit solle ein Handeln von EU-Staaten ermöglicht werden, wenn nicht alle von ihnen zur Teilnahme bereit sind.

5 Vgl. Dokumente 2 und 9 in diesem Band.

6 Vgl. Dokument 3 in diesem Band.

3. Vorbereitung und Konferenzmanagement

Zur Konkretisierung der Vorgaben von Artikel N(2) EUV haben die Staats- und Regierungschefs der damals noch 12 EU-Staaten am 24./25. Juni 1994 bei ihrem Gipfel in Korfu die folgenden Schritte zur Vorbereitung beschlossen:

- Die Organe der EU wurden aufgefordert, bis Mai 1995 Berichte über das Funktionieren des EU-Vertrags vorzulegen.
- Von Juni bis Dezember 1995 tagte zur inhaltlichen Vorbereitung der Regierungskonferenz eine „Reflexionsgruppe" unter spanischem Vorsitz. Dieser Reflexionsgruppe gehörten Vertreter der Außenminister aller 15 EU-Staaten, der Präsident der Europäischen Kommission sowie zwei Mitglieder des Europäischen Parlaments an. Der Abschlußbericht wurde im Dezember 1995 dem Europäischen Rat von Madrid vorgelegt. Er enthielt einen politischen ersten Teil „Eine Strategie für Europa" sowie in einem zweiten Teil eine Fülle von detaillierten Vorschlägen.[7]
- Der Europäische Rat von Turin legte schließlich nach Anhörung des Europäischen Parlaments auf der Grundlage der Vorarbeiten der Reflexionsgruppe am 29. März 1996 das Mandat der Regierungskonferenz fest.[8] Zugleich wurden bei diesem Treffen die Verhandlungen von den Außenministern feierlich eröffnet.

Ein Termin für das Ende der Arbeiten ist nicht festgelegt. Aufgrund der wenig europafreundlichen Haltung der gegenwärtigen britischen Regierung wird wegen der spätestens im Mai 1997 durchzuführenden Wahlen im Vereinigten Königreich angestrebt, daß die Regierungskonferenz erst Mitte 1997 ihre Arbeiten beenden wird. Damit kann zumindest ausgelotet werden, ob die Nachfolgeregierung eher dazu bereit ist, weiterreichenden Vorschlägen zuzustimmen.

Nach Abschluß der Verhandlungen müssen die Ergebnisse gemäß den jeweiligen innerstaatlichen Vorschriften ratifiziert werden. In einigen Mitgliedstaaten, u.a. in Irland und Dänemark, sind hierzu Volksabstimmungen notwendig. Für diese Verfahren sind noch einmal rund 18 Monate zu veranschlagen. Mit einem Inkrafttreten der neuen Reformübereinkunft ist demnach kaum vor Ende des Jahres 1998 zu rechnen.

Die Vorbereitungen für die Regierungskonferenz erfolgten 1995/1996 auf verschiedenen Ebenen. Von wissenschaftlicher Seite wurden eine Reihe von Problemanalysen vorgelegt, die den Reformbedarf deutlich machten

7 Der erste Teil dieses Berichtes ist als Dokument 2 in diesem Band abgedruckt.

8 Vgl. Dokument 9 in diesem Band.

und mögliche Lösungswege aufzeigten.[9] Die EU-Organe und auch der mit dem Maastrichter Vertrag neu eingesetzte Ausschuß der Regionen haben die vom Europäischen Rat in Korfu in Auftrag gegebenen Berichte über das Funktionieren des Vertrages über die Europäische Union fristgemäß vorgelegt.[10] Auch die meisten Regierungen der EU-Staaten haben ihre Positionen vor Beginn der Verhandlungen öffentlich festgelegt und den nationalen Parlamenten zur Diskussion übermittelt.[11]

Technisch werden die Verhandlungen zum einen auf der Ebene der Außenminister, die einmal pro Monat tagen, sowie auf der Ebene der wöchentlich zusammenkommenden persönlichen Beauftragten der Außenminister geführt. Den Arbeiten der Beauftragten kommt in der Aushandlungsphase eine zentrale Bedeutung zu. Die Außenminister äußern sich lediglich zu übergreifenden Fragen, wie der Behandlung der Flexibilität oder der stärkeren Einbeziehung der einzelstaatlichen Parlamente, die auf der Ebene der Beauftragten nicht hinreichend beantwortet werden können. Zudem befassen sich auch die Staats- und Regierungschefs selbst bei ihren regelmäßigen Treffen im Europäischen Rat sowie bei möglichen Sondergipfeln mit den zwischenzeitlich erreichten Verhandlungsfortschritten. Es dürfte auch beim Europäischen Rat liegen, in der Schlußphase der Regierungskonferenz das endgültige Reformpaket zu schnüren.

Die Verhandlungen orientieren sich zum einen an den Vorgaben des Europäischen Rates, zum anderen an der kommentierten Tagesordnung des Berichtes der Reflexionsgruppe.

Eine wesentliche Rolle kommt bei der Arbeitsorganisation dem Vorsitz zu. Dieser wechselt entsprechend den Vorgaben von Artikel 146 EGV im Turnus von sechs Monaten. Im ersten Halbjahr 1996 hatte Italien die Vorsitzrolle, danach folgte Irland, und im ersten Halbjahr 1997 sind es die Niederlande.

9 Vgl. u.a. Weidenfeld, Werner (Hg.): Europa '96. Reformprogramm für die Europäische Union, Gütersloh 1994; Schmuck, Otto: Die Reform der Europäischen Union. Aufgaben der Regierungskonferenz 1996 (Gutachten im Auftrag der Friedrich Ebert-Stiftung), Bonn 1995; Wessels, Wolfgang: Weder Vision noch Verhandlungspaket – Der Bericht der Reflexionsgruppe im integrationspolitischen Trend, in: Integration, 1 (1996), S. 14–24; Langguth, Gerd: Ein starkes Europa mit schwachen Institutionen? Die europapolitische Agenda der Regierungskonferenz 1996, in: Aus Politik und Zeitgeschichte, Beilage zur Wochenzeitung Das Parlament 1–2 (1996), S. 35–45.

10 Vgl. hierzu u.a. die in diesem Band auszugsweise abgedruckten Stellungnahmen der Kommission (Dokument 7), des Europäischen Parlaments (Dokument 6) sowie des Ausschusses der Regionen (Dokument 8).

11 Vgl. hierzu den Beitrag von Melanie Piepenschneider in diesem Band.

Praktisch wurden die Verhandlungen in der Anlaufphase vom italienischen Vorsitz so organisiert, daß zu jeder Sitzung drei bis fünf Unterlagen („fiches“) vorbereitet wurden, die zu allen behandelten Sachfragen mehrere Optionen auflisteten, zu denen die nationalen Delegationen in Tischumfragen detailliert Stellung nahmen. Auf der Grundlage dieser Meinungsäußerungen wurden dann vom Vorsitz mögliche Kompromißformeln ausgearbeitet.

Die Themen gliederten sich entsprechend den Vorüberlegungen der Reflexionsgruppe in drei Bereiche:

- Der Bürger und die Europäische Union: Hier wurden neben anderem die Frage einer stärkeren Verankerung der Menschenrechte, die Vereinfachung der Verfahren („Transparenz“) sowie die Weiterentwicklung der Innen- und Rechtspolitik eingeordnet;
- die Steigerung der Effizienz der Verfahren, auch im Hinblick auf die im Grundsatz beschlossene Erweiterung der Europäischen Union;
- die Stärkung der außenpolitische Handlungsfähigkeit der Europäischen Union.

Die drei Themenbereiche wurden bis zur Tagung des Europäischen Rates vom Juni 1996 in Florenz jeweils zweimal von den Beauftragten diskutiert, wobei es der Vorsitz übernahm, mögliche Konsenslinien zu identifizieren und Vorschläge, die keine Aussicht auf Erfolg hatten, bereits frühzeitig auszusondern.

Heftige Diskussionen zwischen den Regierungen hatte es um eine mögliche Mitwirkung des Europäischen Parlaments bei der Regierungskonferenz gegeben. Bei den vorbereitenden Arbeiten der Reflexionsgruppe war das Europäische Parlament mit zwei Vertretern direkt an den Verhandlungen beteiligt. Diese beiden Europa-Abgeordneten, die französische Sozialistin Elisabeth Guigou und der deutsche Christdemokrat Elmar Brok, hatten nach Aussagen von Beobachtern in den Beratungen der Reflexionsgruppe eine sehr konstruktive Rolle gespielt. Zudem hatten sie durch ihre Interventionen im Europäischen Parlament und bei zahlreichen Veranstaltungen in den Mitgliedstaaten zu einer positiven öffentlichen Resonanz der Vorarbeiten zur Regierungskonferenz beigetragen.

Aufgrund von grundsätzlichen Bedenken einiger Regierungen, vor allem der britischen und französischen, wurde das Europäische Parlament zu den offiziellen Verhandlungen im Rahmen der Regierungskonferenz nicht zugelassen. In Turin vereinbarten jedoch die Staats- und Regierungschefs ein Verfahren der Beteiligung, das eine regelmäßige und ausführliche Information der Abgeordneten über den Stand der Beratungen vorsieht. Zugleich wurde dem Europäischen Parlament die Möglichkeit eingeräumt, seine Gesichtspunkte zu allen diskutierten Fragen einzubringen. Dieses Verfahren kann jedoch eine direkte Teilnahme der Parlamentsvertreter an den Verhandlungen kaum ersetzen.

4. Die Haltung der Bevölkerung in den Mitgliedstaaten

Eine wesentliche Voraussetzung für den Erfolg der Regierungskonferenz wird auch die Bereitschaft der Bevölkerung in den 15 Mitgliedstaaten zur Unterstützung der Reformen sein. Umfragen im Auftrag der Kommission belegen, daß in der EU-Bevölkerung weitreichende Informationsdefizite zur europäischen Integration insgesamt wie auch zu den Arbeiten der Regierungskonferenz vorhanden sind.

Bei einer im Zeitraum April/Mai 1995 in allen EU-Staaten durchgeführten repräsentativen Befragung äußerten sich lediglich 33 Prozent der Befragten hinreichend über die EU informiert, während 64 Prozent der Befragten Informationsdefizite beklagten.[12] Zugleich äußerten 65 Prozent die Auffassung, daß sie gerne mehr über die Europäische Union wissen wollten. Lediglich eine Minderheit von 31 Prozent (Deutschland: 33 Prozent) hatte zu diesem Zeitpunkt in den Medien von der Regierungskonferenz 1996 etwas gehört. Interessanterweise war die Informationsquote hierzu mit 50 Prozent im eher „integrationsskeptischen" Dänemark am höchsten, während die europafreundlichen Niederlande mit 24 Prozent das Schlußlicht bildeten. Deutschland lag mit 33 Prozent im Mittelfeld.

Aufschlußreich sind auch die Antworten auf die Frage, wie die Bürgerinnen und Bürger die Bereitschaft ihres eigenen Landes zu einer stärkeren europäischen Einigung wahrnehmen (vgl. hierzu die nachfolgende Tabelle 1). Hier wird das Feld der positiven Antworten angeführt von Luxemburg mit 84 Prozent, den Niederlanden mit 82 Prozent, Deutschland mit 81 Prozent und Frankreich mit 80 Prozent. Die Schlußlichter hierbei sind Spanien mit 27 Prozent, Portugal mit 22 und Griechenland mit 20 Prozent.[13]

12 Europäische Kommission (Hg.), Eurobarometer Nr. 43, Brüssel Herbst 1995, S. 59.

13 Daß die Bereitschaft der Regierungen der EU-Mitgliedstaaten nicht unbedingt mit den Einschätzungen ihrer Bevölkerungen übereinstimmen, zeigt die im Anhang befindliche Übersicht über die Positionen der Mitgliedstaaten.

Tabelle 1: Wahrnehmung der EU-Bürgerinnen und Bürger der Bereitschaft des eigenen Landes zu europäischen Einigungsfortschritten (Angaben in Prozent)

	Das eigene Land ist zu Einigungsschritten	
	bereit	nicht bereit
Belgien	67	16
Dänemark	40	53
Deutschland	81	4
Griechenland	20	60
Spanien	27	51
Frankreich	80	10
Irland	43	30
Italien	38	43
Luxemburg	84	3
Niederlande	82	10
Österreich	68	8
Portugal	22	54
Finnland	53	23
Schweden	47	33
Großbritannien	39	40
EU-Staaten gesamt	46	21

Quelle: Europäische Kommission (Hrsg.). Eurobarometer Nr. 43, S. 20.

Nach wie vor ist nach den Ergebnissen der Umfragen von Mitte 1995 die Zustimmung zum Ziel der europäischen Einigung in den 15 Mitgliedstaaten (vgl. Tabelle 2) mit durchschnittlich 70 zu 21 Prozent sehr hoch. Doch ergibt sich bei dieser Frage in den einzelnen EU-Staaten eine erhebliche Bandbreite, die von 85 Prozent Zustimmung in Italien bis zu lediglich 61 Prozent in Finnland und Dänemark sowie nur 59 Prozent in Schweden reicht. Deutschland und Frankreich liegen hier mit 72 bzw. 71 Prozent im Mittelfeld.

Tabelle 2: Unterstützung des Ziels der europäischen Einigung in den 15 EU-Staaten (Angaben in Prozent)

Von den Befragten sind im Hinblick auf das Ziel der europäischen Einigung		
	eher dafür	eher dagegen
Belgien	79	12
Dänemark	61	36
Deutschland	72	21
Griechenland	74	16
Spanien	67	18
Frankreich	71	22
Irland	80	8
Italien	85	7
Luxemburg	79	18
Niederlande	75	19
Österreich	64	26
Portugal	63	15
Finnland	61	32
Schweden	59	34
Großbritannien	66	34
EU gesamt	70	21
Quelle: Europäische Kommission (Hrsg.). Eurobarometer Nr. 43, Anhang, Tabelle 1.1a.		

Angesichts der verschiedenen europapolitischen Grundhaltungen in den EU-Staaten zur Zukunft der Europäischen Union werden sich die Regierungen einiger Mitgliedstaaten schwer damit tun, einem weitreichenden Reformpaket zuzustimmen. Andererseits erwarten die Bürgerinnen und Bürger in allen Ländern erkennbare Fortschritte.

5. Aussichten und Erwartungen

1996 gilt es, das EU-Verflechtungssystem durch eine Reihe von pragmatischen Reformschritten in Richtung auf größere Handlungsfähigkeit, stärkere demokratische Legitimation und größere Bürgernähe weiterzuentwickeln.

Aufgrund der notwendigen Zustimmung aller Beteiligten erscheint heute eine weitreichende Reform jedoch eher unwahrscheinlich. Stattdessen ist zu erwarten, daß am Ende der Regierungskonferenz erneut ein Verhandlungspaket geschnürt wird, das die Bürgerinnen und Bürger in den 15 EU-Staaten nur bedingt zufriedenstellen kann. Zu erwarten sind demnach primär eine Konsolidierung und vorsichtige Weiterentwicklung der bestehenden Verfahren und Kompetenzregelungen, nicht jedoch größere Kompetenzübertragungen und völlig neue Entscheidungsregeln.

Das Bundesverfassungsgericht hat in seinem Urteil vom 12. Oktober 1993 die besondere Qualität des mit dem Vertrag über die Europäische Union geschaffenen „Staatenverbundes" unterstrichen.[14] Dabei wurde auch besonders auf die Notwendigkeit der demokratischen Legitimation von EU-Entscheidungen hingewiesen. Diese werde gegenwärtig noch vorrangig von den nationalen Parlamenten sichergestellt. Doch komme dem Europäischen Parlament eine stützende Funktion zu. Die Rolle des Europäischen Parlaments müsse parallel mit der Weiterentwicklung der europäischen Integration ausgebaut werden, damit sich das demokratische Defizit in der Europäischen Union nicht vergrößere.

Die vorstehende Analyse legt den Schluß nahe, daß 1997 erneut lediglich ein begrenztes Reformpaket geschnürt werden kann. Kaum absehbar ist heute die Frage, welche Elemente im einzelnen dazugehören werden. Viele der von der Europäischen Union bis zum Jahr 2000 zu lösenden politischen Aufgaben stehen mit den Verhandlungen in direktem oder indirektem Zusammenhang: die Frage der Erweiterung, die Reform der Agrarpolitik, die Überarbeitung der Strukturfonds, die Frage der künftigen Finanzierung der Europäischen Union und vieles mehr. Somit lastet auf den Regierungsvertretern ein erheblicher Erwartungsdruck.

Von einigen der Beteiligten wird eine „Vertiefung" der Integration zur Vorbedingung für die zum Teil bereits erfolgte, zum Teil aber noch ausstehende Erweiterung der Europäischen Union gemacht. Die grundsätz-

14 Urteil des Zweiten Senats des Bundesverfassungsgerichts vom 12. Oktober 1993, in: Europäische Grundrechtezeitschrift, 1993, S. 429ff.

liche Frage von „Vertiefung" oder „Erweiterung" stellt sich heute jedoch nicht mehr. Der Europäische Rat hat eine eindeutige Entscheidung für den möglichen Beitritt der mittel- und osteuropäischen Staaten sowie anderer Kandidaten getroffen. Deshalb kann es heute nur noch um die Frage der Konditionen und des zeitlichen Rahmens gehen. Hier wird vieles von den 1996 erreichten Reformen abhängen.

Angesichts der zurückhaltenden Positionen einzelner Partnerstaaten zu wesentlichen Reformüberlegungen wird der Konferenzerfolg auch davon abhängen, ob es gelingt, für alle Teilnehmer akzeptable Formen der von Deutschland und Frankreich in die Diskussion gebrachten erhöhten „Flexibilität" zu entwickeln. Die Bandbreite der hierzu denkbaren Varianten einer differenzierten Integration ist sehr groß. Sie reicht von der Möglichkeit eines „opting-out", wie es von Großbritannien bei dem mit dem Maastrichter Vertrag ausgehandelten Sozialprotokoll in Anspruch genommen worden war, über das Verfahren einer „konstruktiven Enthaltung", bei der die zurückhaltenden EU-Staaten die anderen gemeinsame Schritte unternehmen lassen ohne grundsätzlich ihre Veto-Möglichkeit aufzugeben, bis hin zu einer Vereinbarung im Primärrecht, wonach eine Gruppe von EU-Staaten unter genau festgelegten Bedingungen in bestimmten Bereichen vorangehen kann, ohne daß die anderen EU-Staaten sie daran hindern können.

Wesentliche Impulse bei der Regierungskonferenz erwarten sich Beobachter vom Zusammenspiel der beiden großen Gründungsmitglieder der EU, Deutschland und Frankreich. Auch wenn deren Bedeutung in der 15er-Gemeinschaft gegenüber den Zeiten eines Sechser-Zusammenschlusses erkennbar zurückgegangen ist, kommt dem „deutsch-französischen Tandem" nach wie vor bei der Weiterentwicklung der Europäischen Union eine Motorfunktion zu.

REFORMZIEL EFFIZIENZSTEIGERUNG UND DEMOKRATISIERUNG: DIE WEITERENTWICKLUNG DER ENTSCHEIDUNGSMECHANISMEN

Andreas Maurer

Der im Februar 1992 unterzeichnete Vertrag über die Europäische Union (EUV) wurde in dem ausdrücklich in dessen Präambel geäußerten Wunsch verabschiedet, „die Demokratie und Effizienz in der Arbeit der Organe (der Europäischen Union – EU) zu stärken, damit diese in die Lage versetzt werden, die ihnen übertragenen Aufgaben in einem einheitlichen institutionellen Rahmen wahrzunehmen". Gleichzeitig und ebenfalls in einem der Grundsatzartikel des Vertrags – Artikel N(2) – legten die Unterzeichnerstaaten fest, daß dieser selbst 1996 einer Reform zu unterziehen ist, wobei im geänderten Vertrag zur Gründung der Europäischen Gemeinschaft (EGV) an mehreren Stellen auf die Gegenstände der institutionellen und verfahrensrelevanten Aspekte der Revision hingewiesen wird.[1] So enthält Artikel 189b Absatz 8 EGV eine Klausel zur Überprüfung des Mitentscheidungsverfahrens. Zu erwähnen sind auch die dem EUV angefügten Erklärungen zur möglichen Einführung einer Rangordnung der Rechtsakte sowie zum Recht auf Zugang der Bürgerinnen und Bürger zur Information über die Tätigkeiten der EU.

Die gewählte Formulierung des Präambelsatzes sowie die erwähnten Vertragsartikel zeigen, daß die in Maastricht versammelten Staats- und Regierungschefs davon ausgingen, daß die institutionellen und verfahrensmäßigen Grundlagen der EU nicht auf alle Zeiten festgelegt, sondern entwicklungsbedürftig sind. Es ist demnach davon auszugehen, daß die Demokratisierung und Effizienzsteigerung der Institutionen und Verfahren der EU einer Zielvorstellung entsprechen, deren Realisierung eine ständige Aufgabe der politischen Akteure bleibt. Demokratie bezeichnet im Rahmen des europäischen Institutionengefüges und dessen Rückkopplung an die Bürgerinnen und Bürger der EU keinen verfassungsmäßigen Endzustand, sondern ein politisches Prinzip überstaatlicher Willensbildung durch die Delegation von Macht an gewählte Repräsentanten der Völker.

1 Vgl. Dokument 1.

Die langwierige und erst im Oktober 1993 abgeschlossene Ratifizierung des Vertrags von Maastricht deutete schon darauf hin, daß die Parlamente in den Mitgliedstaaten sowie die Bürgerinnen und Bürger in der EU allgemein den europäischen Integrationsprozeß offensichtlich aufmerksamer und kritischer verfolgen als dies zuvor (im Kontext der Verabschiedung der Einheitlichen Europäischen Akte) der Fall war. Einer der Hauptkritikpunkte am Maastrichter Vertrag war und ist die Feststellung, daß ein „Demokratiedefizit" in der EU weiterhin besteht und dieses durch die im Unionsvertrag erfolgten Reformen der Organe, Institutionen und Verfahren – wenn überhaupt – nur in Ansätzen beseitigt wurde.

Die EU ist in ihrer bisherigen Struktur weder mit nationalen Verfassungssystemen noch mit internationalen Organisationen oder Regimen vergleichbar. Ihre eigenständige Entwicklung hängt mit dem nicht vollendeten und wahrscheinlich auch kaum zu beschließenden Wachstums- und Differenzierungsprozeß[2] der europäischen Integration zusammen. Die EU ist bislang gekennzeichnet durch einen stetigen Aufgabenzuwachs, welcher den Gesamtumfang der vom Gemeinschaftssystem umfaßten Politikmaterien beständig vergrößerte. Hiermit einher ging die Übertragung weiterer Zuständigkeiten von der nationalstaatlichen auf die gemeinschaftliche Handlungsebene. Schließlich sind, um einerseits den anfallenden Aufgabenzuwachs erfolgreich bewältigen zu können, andererseits aber auch den Anforderungen nach problem- und funktionsadäquater Beteiligung der Akteure zu genügen, neue Institutionen wie der Ausschuß der Regionen geschaffen und das vorhandene Institutionensystem weiter ausdifferenziert worden.[3]

Dieser zu einem immer komplizierter werdenden Verflechtungssystem führende Prozeß wurde – zum wiederholten Male, aber in eindeutig schärferer und grundsätzlicherer Weise als zuvor – im Zuge der Ratifizierung des Maastrichter Vertrages und unter dem Stichwort des Demokratiedefizits vielfach als undemokratisch, kompliziert und ineffizient kritisiert.

2 Vgl. Wessels, Wolfgang: Staat und (westeuropäische) Integration, Die Fusionsthese, in: Kreile, Michael (Hg.): Die Integration Europas, PVS-Sonderheft 23 (1992), Opladen 1992, S. 36.

3 Vgl. Grabitz, Eberhard/Schmuck, Otto/Steppat, Sabine/Wessels, Wolfgang: Direktwahl und Demokratisierung. Eine Funktionsbilanz des Europäischen Parlaments nach der ersten Wahlperiode, Bonn 1988, S. 60 sowie: Wessels, Wolfgang: Wird das Europäische Parlament zum Parlament?, in: Randelzhofer, Albrecht/Scholz, Rupert/Wilke, Dieter (Hg.): Gedächtnisschrift für Eberhard Grabitz, München 1995, S. 886–887.

1. Demokratiedefizite und Ungleichgewichte

Als nicht hinreichend demokratisch legitimiert wird das EU-System gekennzeichnet, weil Kompetenzen der nationalen legislativen Ebene auf den Ministerrat als einem nur mittelbar legitimierten Legislativorgan mit Exekutivbefugnissen übertragen wurden, ohne daß das direkt gewählte und somit unmittelbar legitimierte Europäische Parlament gleichberechtigt an der Rechtssetzung im Rahmen der sich durch den Kompetenztransfer ergebenden Handlungsfelder beteiligt ist. Mit dem Vertrag von Maastricht wurde zwar das sogenannte Mitentscheidungsverfahren in Artikel 189 b EGV eingerichtet, durch welches dem Parlament tatsächliche Mitgestaltungsmöglichkeiten offenstehen. Dieses neue Verfahren findet aber nur in vierzehn von ca. 140 möglichen Fällen Anwendung[4], wobei der Gestaltungsspielraum des Parlaments von den Entscheidungsregeln im Ministerrat abhängt. Beschließt der Rat schon in der Anfangsphase der Prozedur einstimmig, dann stehen dem Parlament außer der Ablehnung des Rechtsakts kaum noch politikgestaltende Einflußmöglichkeiten in den nachfolgenden Lesungen offen, weil kaum zu erwarten ist, daß mehrere Mitgliedstaaten aus dem zuvor beschlossenen Konsens ausbrechen werden.

Problematisch und demokratiepolitisch fragwürdig wirken sich Kompetenzübertragen aber auch in den Politikbereichen aus, in denen der Ministerrat mit einfacher oder qualifizierter Mehrheit entscheidet, ohne daß das Europäische Parlament oder aber die nationalen Parlamente an der Rechtssetzung beteiligt werden. In diesem Sinne besitzt das Europäische Parlament auch nach Maastricht in der Gemeinsamen Handelspolitik, der Zolltarifpolitik und der Agrarpolitik nur begrenzte Anhörungs- und Unterrichtungsbefugnisse.

Wenn der Ministerrat zudem als Exekutivorgan berät und entscheidet, verfügt das EP nur über äußerst geringfügige Kontrollmöglichkeiten. Das Europäische Parlament ist also hinsichtlich seiner Kompetenzausstattung nur eingeschränkt in der Lage, den gemeinschaftlichen Maßnahmen der EU eine hinreichende demokratische Legitimation zu verleihen. Als unzureichend demokratisch gilt das Gemeinschaftssystem

4 Systematische Zuordnungen von Verfahren und Anwendungsgebieten finden sich in: Corbett, Richard/Jacobs, Francis/Shackleton, Michael: The European Parliament, 3. Edition, London, Cartermill 1995, S. 221–223 sowie: Bericht der Europäischen Kommission an die Reflexionsgruppe über die Funktionsweise des Vertrags über die Europäische Union, Anhang 8, Brüssel, 10.5.1995, Dokument SEC(95) 731 final.

aber auch, weil nationale Parlamente nur in unzureichendem Maße an dem innerstaatlichen Willensbildungsprozeß, der den Sitzungen auf Ministerratsebene vorgeschaltet ist, beteiligt werden. Besonders schwerwiegend wirkt sich diese mangelnde Beteiligung in den intergouvernemental verhandelten Politikfeldern der EU aus, weil dort auch dem Europäische Parlament kaum Mitwirkungsmöglichkeiten offen stehen.

Von der bisher vorgestellten Kritik an der EU, welche sich vorrangig auf ein parlamentarisches Demokratiedefizit bezieht, sind Bewertungen und Vorhersagen zu unterscheiden, die auf das Gleichheitsprinzip zwischen größeren und kleineren Mitgliedstaaten abzielen. Extrapoliert man das gegenwärtig geltende Verhältnis der durch einen Abgeordneten im Europäischen Parlament bzw. der durch die gewichteten Stimmen im Ministerrat repräsentierten Bevölkerungen der Mitgliedstaaten auf die nächste Erweiterung der Union, dann muß befürchtet werden, daß das aufgrund dieser Verhältnisse reflektierte, relative Gleichgewicht zwischen den Staaten zugunsten der bevölkerungsschwächeren Länder verzerrt wird.

Eine andere, von zahlreichen Regierungen, Parlamenten, Parteien und Nichtregierungsorganisationen vertretene Sichtweise bezieht den Begriff des Demokratiedefizits schließlich auf die Frage, auf welche Weise die unmittelbare Beteiligung der Bevölkerungen in der EU erhöht werden kann. In dieser Perspektive ist das EU-System „undemokratisch", weil Bürgerinnen und Bürger derjenigen Staaten, in denen sie über weitreichende Informationsrechte verfügen und Entscheidungen auch auf dem Wege von Referenden bzw. Volksentscheiden zustande kommen, keinen direkten Einfluß auf die europäischen Entscheidungszyklen ausüben können.[5]

2. Effizienzhindernisse und Komplexität des Systems

Als ineffizient werden im Kontext der Begutachtung der Entscheidungsverfahren vor allem die Beschlußfassungsregeln in und zwischen den Organen der EU – und hier wiederum insbesondere im Ministerrat – gekennzeichnet. So gilt die Tatsache, daß der Ministerrat im Bereich der gemeinschaftlichen Sekundärgesetzgebung immer noch in mehr als fünfzig Bereichen einstimmig Entscheidungen fällen muß, als ein Wesensmerkmal für die Handlungsunfähigkeit einer EU mit fünfzehn Mitgliedstaaten. Dies läßt sich in einer erweiterten Union noch in weitaus

5 Vgl. Dokumente 16, 21, 22, 23, 27 und 29.

dramatischerem Maße voraussagen. Außerdem zeigt sich im Bereich der GASP und der Innen- und Justizpolitik schon jetzt, daß die Einstimmigkeitserfordernisse im Ministerrat die Handlungskapazität der EU deutlich einschränken. Die Verweigerungsstrategie der britischen Regierung im „BSE/Rinderwahnsinn-Konflikt" im Vorfeld des Europäischen Rates von Florenz machte diese Problematik besonders deutlich.

Die Komplexität der EU ist eine Folge der Vielzahl und Vielschichtigkeit der ihr übertragenen Aufgaben, der Rechtssetzungs- und Durchführungsverfahren, deren teilweise äußerst komplizierte Ausgestaltung sowie die kaum nachvollziehbare Zuordnung von Verfahrensbeteiligten, eigentlichen Prozeduren und Verfahrensgegenständen.[6] Neben dem Haushaltsverfahren verabschieden die Gemeinschaftsinstitutionen ihre Rechtsakte gegenwärtig nach vier verschiedenen Grundprozeduren: Beim *Konsultationsverfahren* ist der Rat verpflichtet, vor der Verabschiedung eines gemeinsamen Standpunktes die Stellungnahme des Europäischen Parlaments einzuholen. Die Unterlassung der Konsultation stellt eine Verletzung wesentlicher Formvorschriften dar, die zu einer Nichtigkeitsklage beim Europäischen Gerichtshof führen kann. Die Einheitliche Europäische Akte führte 1986 das aus zwei Lesungen bestehende *Kooperationsverfahren* ein. Demnach kann das Europäische Parlament den gemeinsamen Standpunkt des Rates ablehnen oder aber Änderungsvorschläge unterbreiten. Im ersten Fall muß der Rat den Rechtsakt einstimmig verabschieden. Im zweiten Fall gibt die Kommission eine Stellungnahme zu den Änderungsanträgen ab. Unterstützt die Kommission die Vorschläge des Parlaments, so kann der Rat diese mit qualifizierter Mehrheit verabschieden. Beabsichtigt der Rat, von der Kommission abgelehnte Änderungswünsche zu übernehmen, so muß der Beschluß einstimmig gefällt werden. Das Kooperationsverfahren wurde vor allem für die im Zuge der Einheitlichen Europäischen Akte neu in den EG-Vertrag aufgenommenen Politiken zur Vollendung des Binnenmarktprogramms eingeführt.

Auf der Grundlage der positiven Erfahrungen mit dieser Prozedur schuf die zum Europäischen Unionsvertrag führende Regierungskonferenz das maximal aus vier Lesungen bestehende *Mitentscheidungsverfahren*. Hier erhält das Europäische Parlament in jeder Beratungsphase das Recht, den beabsichtigten Rechtsakt durch einen Ablehnungsbeschluß zu verhindern. Kern der Mitentscheidung ist der sich aus Rat und Parlament

6 Vgl. Magiera, Siegfried: Zur Reform der Normenhierarchie im Recht der Europäischen Union, in: Integration, 4 (1995), S. 200.

paritätisch zusammensetzende Vermittlungsausschuß, welcher als Forum zur Aushandlung eines gemeinsamen Kompromißtextes dient. Das Parlament kann die Einberufung des Ausschusses durch Änderungsanträge am gemeinsamen Standpunkt des Rates erzwingen, wenn dieser die Änderungsvorschläge nicht übernimmt. Beide Organe müssen das Ergebnis des Vermittlungsausschusses in einer dritten Lesung billigen. Scheitert die Vermittlung, ist der Rat berechtigt, seinen gemeinsamen Standpunkt als Rechtsakt zu bestätigen. Das Parlament verfügt danach über die Möglichkeit, diesen Ratsbeschluß abzulehnen. In diesem Falle gilt das Verfahren als beendet und endgültig gescheitert.

Neben dieser langwierigen und teilweise komplizierten Prozedur verleiht das ebenfalls durch die Einheitliche Europäische Akte geschaffene *Zustimmungsverfahren* dem Parlament unter anderem das Recht, inhaltliche Erweiterungen der Unionsbürgerschaft, bestimmte internationale Abkommen, die Neuaufnahme weiterer EU-Mitglieder sowie Bestimmungen zum Einheitlichen Wahlverfahren des Parlaments zu bestätigen oder abzulehnen.

Neben diesen vier Prozeduren sehen der EU-Vertrag sowie einzelne interinstitutionelle Abkommen weitere Entscheidungsmechanismen vor. Die komplexe Struktur der Gemeinschaft spiegelt sich in der Ausgestaltung dieser Verfahren wider, weil abgesehen von der Kooperation die Abstimmungsmodalitäten im Rat je nach Anwendungsbereich unterschiedlich ausfallen und auch die Beteiligung anderer Institutionen (Ausschuß der Regionen, Wirtschafts- und Sozialausschuß) je nach Politikfeld verfahrensübergreifend geregelt ist.

Der Maastrichter Vertrag erweiterte die Legislativbefugnisse des Europäischen Parlaments. Das mit der Einheitlichen Europäischen Akte geschaffene Verfahren der Zustimmung wurde um sechs Fälle auf acht, das Kooperationsverfahren nach Artikel 189c EGV auf sechzehn Fälle erweitert. Das neu eingeführte Mitentscheidungsverfahren nach Artikel 189b EGV wird bislang in vierzehn Politikbereichen angewendet. Diese Erweiterung der Zuständigkeiten des Europäischen Parlaments kann im Hinblick auf die Reduzierung des parlamentarischen Demokratiedefizits sicherlich als Erfolg gewertet werden. Eingeschränkt wird dieser aber dadurch, daß die Mitentscheidung nicht wie das Kooperationsverfahren einer einheitlichen Beschlußfassungsregel im Ministerrat folgt, sondern je nach Anwendungsgebiet mit dem Erfordernis der Einstimmigkeit oder aber dem der Mehrheitsentscheidung verknüpft ist. Eine rechtssystematisch logische Begründung für diese Unterscheidung kann nicht gegeben werden.

Aber auch das Europäische Parlament stellt mitunter eine Quelle von Effizienzhemmnissen dar, weil zur Verabschiedung von Änderungsanträgen oder zur Ablehnung des gemeinsamen Standpunkts des Ministerrates im Rahmen des Kooperations- und des Mitentscheidungsverfahrens eine absolute Mehrheit von derzeit 314 Stimmen erforderlich ist. Aufgrund der Fraktionsstärken im Parlament werden die beiden großen Fraktionen der Sozialdemokratischen Partei Europas (217 Abgeordnete) und der Europäischen Volkspartei (173 Abgeordnete) immer wieder gezwungen, langwierige und situationsspezifische Koalitionsabsprachen gegen den Rat zu treffen und dabei in teilweise erheblichem Maße von ihrer (vorhandenen und sich auch deutlich voneinander unterscheidenen) Parteiprogrammatik abzurücken. Dieser Koalitionsdruck führt dazu, daß seitens der Öffentlichkeit erwartete parteipolitisch geprägte Antragspakete des Parlaments alleine deswegen nicht verabschiedet werden, weil die hierzu erforderlichen Mehrheiten nicht zustande kommen.

Die seit dem Maastrichter Vertrag vorgesehene Errichtung der Wirtschafts- und Währungsunion (WWU) begründete fünfzehn neue, zum Teil unterschiedliche Entscheidungsverfahren. Mit der WWU werden neue Institutionen wie die Europäische Zentralbank erforderlich, die ihrerseits neue Entscheidungskompetenzen erhalten. Schließlich haben die Staats- und Regierungschefs durch den EUV den Ausschuß der Regionen ins Leben gerufen, welcher in den Bereichen Kultur, Leitlinien für transeuropäische Netze, Allgemeine Bildung, öffentliches Gesundheitswesen, wirtschaftlicher und sozialer Zusammenhalt sowie im Rahmen der Strukturfonds konsultiert werden muß. Die Gründung des Ausschusses der Regionen und des Europäischen Währungsinstituts, aus welchem mit Beginn der dritten Stufe der Wirtschafts- und Währungsunion eine Europäische Zentralbank hervorgehen soll, deren Zuständigkeiten schon der Vertrag von Maastricht festgelegt hat, sind Ausdruck der anfangs umrissenen Wachstums- und Differenzierungsdynamik der europäischen Integration. Natürlich wurden die beiden Institutionen nicht errichtet, um das institutionelle Gefüge der EU aufzublähen, sondern weil sie zu einer als erforderlich erachteten Rückkopplung der EU an die regionale und kommunale Ebene in den Mitgliedstaaten sowie zur Bewältigung neuer Aufgaben benötigt werden. Beide Institutionen fanden bzw. finden allerdings kein politisches Vakuum vor, sondern ein schon eng verflochtenes Machtverteilungssystem, in welches sie die Architekten des Maastrichter Vertragswerkes hineinkonstruiert haben. Wenn neue Institutionen Zuständigkeiten erhalten, welche sie nicht isoliert, sondern im Kreise schon vorhandener Träger politischer Macht ausüben sollen, dann mündet dieser Prozeß des institutionellen Wachstums zwangsläufig in einem höheren Grad an Komplexität, welche zwar den unmittelbar involvierten Entscheidungsträgern, in sehr viel geringerem Maße aber den Bügerinnen und Bürgern der EU verständlich ist.

3. Reformansätze

Aus den vorgestellten Schwächen des institutionellen Systems und seiner Verfahren ergeben sich verschiedene Reformstränge, die im Hinblick auf die Regierungskonferenz 1996/97 diskutiert werden. Die Vorschläge der EU-Organe, Regierungen, Parlamente, Parteien und Verbände können nach folgendem Muster klassifiziert werden:

- Erstens könnte die Demokratisierung der EU – je nach Sichtweise der Akteure – durch eine Stärkung des Europäischen Parlaments, eine Reduzierung der Entscheidungsverfahren, durch die stärkere Berücksichtigung der nationalen Parlamente oder aber durch eine intensivere direkte Beteiligung der Unionsbürgerinnen und -bürger am europäischen Entscheidungsprozeß vorangebracht werden. Die Ausdehnung der mit qualifizierten Mehrheitsentscheidungen zu beschließenden Politikbereiche sowie die Vereinfachung des Mitentscheidungsverfahrens stellt hierbei nicht nur ein demokratisierendes, sondern auch ein effizienzsteigerndes Reformziel dar.
- Zweitens ließe sich die komplexe Struktur durch eine klare Zuordnung von Aufgabenbereichen, anzuwendenden Verfahrenstypen und Verfahrensbeteiligten vereinfachen. Eine Vereinfachung der Verfahren könnte ebenfalls einen Beitrag zur Effizienzsteigerung leisten.
- Drittens erfordert der hinsichtlich der Erweiterung in Frage gestellte Gleichheitsgrundsatz eine Reform der Zusammensetzung des Europäischen Parlaments, da bei einer bloßen Fortschreibung des gegenwärtigen Systems die Grenzen der Arbeitsfähigkeit des Parlaments überschritten werden und/oder eine Neugewichtung der Stimmen im Ministerrat.

4. Optionen zur Demokratisierung und Effizienzsteigerung

Mit Ausnahme der britischen und der französischen zeigen sich alle anderen Regierungen der Mitgliedstaaten offen gegenüber einer Stärkung des Europäischen Parlaments im legislativen Bereich, wobei aber die Vorstellungen über deren Reichweite erheblich auseinandergehen. Zur Beseitigung der demokratiepolitisch relevanten Strukturdefizite im Bereich der gemeinschaftlichen Gesetzgebung unterbreiteten die Mitgliedstaaten Vorschläge, welche die Zahl und den Geltungsbereich der Entscheidungsverfahren betreffen. In diesem Zusammenhang plädieren die Regierungen Deutschlands, Italiens, der Beneluxstaaten (Belgien, Niederlande, Luxemburg), Schwedens und Österreichs[7] explizit für eine Reduzierung der Entscheidungsverfahren. Allerdings ist die Zahl derjenigen Staaten, welche sich auch für eine Ausdehnung des Mitentscheidungsverfahrens sowie für eine Streichung des Verfahrens der Zusammenarbeit aussprechen, weitaus geringer.

Allen am Verhandlungsprozeß der Regierungskonferenz beteiligten Akteuren ist offensichtlich bewußt, daß die Forderung nach einer Begrenzung der Verfahren die Frage aufwirft, welche der bestehenden Entscheidungsprozeduren zusammengefaßt oder gestrichen werden sollen. Außerdem erzwingt die Reduktionsoption Überlegungen bezüglich der Kriterien, nach denen die Entscheidungsprozeduren im Sinne einer stärkeren parlamentarischen Beteiligung gebündelt werden können. Die bisher seitens der Regierungen und Unionsorgane vorgelegten Anregungen erlauben eine Unterscheidung zwischen vier Varianten der Demokratisierung durch die verstärkte Beteiligung des Europäischen Parlaments am legislativen Prozeß der EU:

Die Regierungen Irlands, Portugals, Finnlands und Schwedens[8] plädieren für eine schlicht fallbezogene, keiner Rechtssystematik folgende Ausdehnung des Mitentscheidungsverfahrens. In aller Regel stellen diese Akteure nicht das Verfahren selbst, sondern die in Frage kommenden Politikfelder in den Vordergrund ihrer Erwägungen. So treten die beiden skandinavischen Staaten beispielsweise für die Einführung dieser Prozedur in allen Bereichen der Umwelt- bzw. der Sozialpolitik ein. Im Vergleich mit den anderen Stellungnahmen aus den Mitgliedstaaten zur Regierungskonferenz liegt die Schlußfolgerung nahe, daß die Stärkung des Europäischen Parlaments vor allem in solchen Politikfeldern gefordert wird, in denen die Abgeordneten in Brüssel oder Straßburg ähnliche umwelt- und sozialpolitischen Interessen wie die beiden Mitgliedstaaten vertreten und daher starke Koalitionspartner im Rahmen der Rechtssetzung auf diesen Gebieten sein können. Die am Einzelfall orientierte

7 Vgl. Dokumente 11, 13, 14, 21, und 22.
8 Vgl. Dokumente 17, 20, 21 und 23.

Ausweitung der Mitentscheidung ist problematisch, weil hierdurch die gegenwärtig unlogische und inkohärente Situation der Zuordnung von Verfahrenstyp, -art und -beteiligten fortgeschrieben würde.

Eine zweite, systematisierende Form der Verfahrenskonsolidierung wäre nach rein formalen, lediglich die bisherigen Prozeduren ins Blickfeld nehmenden Kriterien möglich. In diesem Sinne sprechen sich zwar die Regierungen Deutschlands, Italiens, der Benelux-Staaten, Portugals und Österreichs[9] für eine Streichung des Kooperationsverfahrens aus, allerdings plädieren nur Italien und Portugal für dessen systematische Überführung in das Mitentscheidungsverfahren. Folgt man diesem Vorschlag, dann würde sich das Spektrum der nach dem Mitentscheidungsverfahren zu regelnden Vertragsgegenstände um sechzehn Binnenmarkt-Bereiche erhöhen. In den gegenwärtig bestehenden Kooperationsverfahren entscheidet der Rat immer mit qualifizierter Mehrheit. Geht man davon aus, daß die Mitgliedstaaten schon mit Einführung dieser Prozedur der Möglichkeit zugestimmt haben, gelegentlich überstimmt werden zu können, dann ist eine Zusammenfassung von Kooperations- und Mitentscheidungsverfahren sehr wahrscheinlich. Von der Realisierung dieser Option ist aber nicht zu erwarten, daß sie das parlamentarische Demokratiedefizit entscheidend abbauen kann. Denn der Ministerrat könnte weiterhin in einer Vielzahl von Bereichen „gemeinsamer Politik" gegen die Mehrheit des Europäischen Parlaments Rechtsakte erlassen.

Um also die demokratische Rechenschaftspflicht des Ministerrates zu erhöhen, wäre eine dritte Konsoldierungsmethode zu überprüfen, nach der all diejenigen Bereiche dem Mitentscheidungsverfahren zugeführt werden sollten, in denen der Ministerrat mit qualifizierter Mehrheit entscheidet. Für eine derartige „Generalisierung" sprechen sich die Benelux-Staaten sowie Deutschland, Griechenland und Dänemark[10] aus. Mehrheitsbeschlüsse sind Kennzeichen für den erklärten Willen der Mitgliedstaaten, ihre staatliche Souveränität in den betroffenen Teilbereichen aufzugeben und die angenommenen Rechtsakte auch als unterlegene Minderheit – und unter Umständen gegen den Willen der nationalen Parlamentsmehrheit – umzusetzen. Da eine direkte Beteiligung nationaler Parlamente an den Rechtssetzungsverfahren dem Ziel einer Rationalisierung und Vereinfachung des Unionsvertrages widerspräche, wären entsprechend der Generalisierungsoption sämtliche Kooperationsverfah-

9 Vgl. Dokumente 11, 13, 14, 20 und 22.
10 Vgl. Dokumente 11, 14, 16 und 18.

ren sowie ca. 19 weitere Vertragsgegenstände, in denen das Parlament bislang konsultiert, informiert oder nicht beteiligt wird, in das Mitentscheidungsverfahren zu überführen. Auf diese Weise erhielte das Parlament die seit langem reklamierten Gestaltungsspielräume in der Agrar-, Handels- und Sozialpolitik, in Teilen der GASP und der Innen- und Justizpolitik sowie auf wesentlichen Gebieten der Wirtschafts- und Währungsunion.

Die vierte, stärker an der Qualität der Regelungsmaterie orientierte und mit dem Ziel der Demokratisierung verknüpfte Option zur Reduzierung der Entscheidungsverfahren besteht darin, das Mitentscheidungsverfahren in all jenen Bereichen anzuwenden, in denen die EU „tatsächlich rechtssetzend" aktiv wird. Im Hinblick auf die Regierungskonferenz wurde dieser Vorschlag erstmals in der deutsch-italienischen gemeinsamen Erklärung am 15. Juli 1995 geäußert.[11] Unterstützt wird er bislang von den Regierungen der Benelux-Staaten, Griechenlands und Österreichs.[12] Die Befolgung dieser Konsolidierungsregel hätte erneut die Streichung des Kooperationsverfahrens sowie die Generalisierung entsprechend der oben vorgetragenen zweiten Option zur Folge. Offensichtlich zielt der Vorschlag darauf ab, auch diejenigen Rechtsakte aus dem Gemeinschaftspfeiler der EU, welche bislang einstimmig im Rat, aber ohne bzw. nur unter geringfügiger Beteiligung des Europäischen Parlaments verabschiedet wurden, in das Mitentscheidungsverfahren zu transferieren. Fraglich ist hierbei, wie der Begriff der „rechtssetzenden Tätigkeit" definiert wird und ob die Protagonisten dieses Vorschlags auch einer Überführung der Einstimmigkeitsregeln in Mehrheitsbeschlüsse zustimmen würden, damit das Parlament eine Chance erhält, Koalitionen im Rat zu unterstützen bzw. zu formieren.

Möglich wäre eine Definition rechtssetzender Tätigkeit in Anlehnung an die Erklärung im Anhang der Geschäftsordnung des Rates, wonach der Rat als Gesetzgeber tätig wird, „wenn er ... im Wege von Verordnungen, Richtlinien oder Entscheidungen Vorschriften erläßt, die in den oder für die Mitgliedstaaten rechtlich bindend sind...". In diesem Sinne ausgenommen wären dann der Erlaß interner Maßnahmen, Verwaltungsakte oder Haushaltsmaßnahmen, Rechtsakte zu den interinstitutionellen und internationalen Beziehungen sowie unverbindliche Empfehlungen, Schluß-

11 Vgl. Deutsch-Italienische Gemeinsame Erklärung von Bundesaußenminister Klaus Kinkel und Außenministerin Susanna Agnelli, Porto Santo Stefano, 15.7.1995, in: Bulletin des Presse- und Informationsamtes der Bundesregierung, Nr. 60, S. 587.

12 Vgl. Dokumente 14, 18 und 22.

folgerungen und Entschließungen.[13] Würde die Regierungskonferenz in der Ausdehnung des Mitentscheidungsverfahrens dieser Umschreibung legislativer Tätigkeit folgen, dann wären auch die Bereiche der GASP und der Innen- und Justizpolitik ausgenommen, da die Gemeinsamen Standpunkte und Aktionen keine rechtsverbindlichen Akte der Union darstellen. Eine Statusänderung der in beiden intergouvernementalen Säulen vorhandenen Entscheidungstypen wird aber diskutiert und wäre – zumindest im Falle der Innen- und Justizpolitik – zum Zweck der Herstellung von mehr Rechtssicherheit für die Unionsbürgerinnen und -bürger auch wünschenswert.

Angesichts des Einstimmigkeitserfordernisses bei Vertragsänderungen ist bisher nicht abzusehen, ob und gegebenenfalls mit welcher Systematik die Mitgliedstaaten einer Ausweitung der parlamentarischen Mitwirkungsrechte zustimmen werden. Würden sie sich gegen die zuletzt vorgestellte Option aussprechen, dann bliebe offen, auf welche Bereiche das Konsultationsverfahren ausgedehnt, bei welchen Anwendungsbereichen es gestrichen und in welchen Fällen bestehender Konsultation das Mitentscheidungsverfahren oder das Zustimmungsverfahren eingeführt werden sollte.

Auch das Mitentscheidungsverfahren selbst steht zur reformpolitischen Diskussion. Seine Vereinfachung, Beschleunigung und Anpassung an das Haushaltsverfahren (Artikel 203 EGV) sowie die Durchführungsregeln stellten ebenfalls ein Instrument zur demokratischeren Gestaltung der interinstitutionellen Struktur der EU dar. Eine detaillierte Aufschlüsselung der Revisionschancen ist an dieser Stelle nicht möglich.[14] Im kursorischen Überblick ergeben sich die folgenden Möglichkeiten: Der Verzicht auf die Erklärung der Ablehnungsabsicht durch das Europäische Parlament sowie die hiermit einhergehende Abschaffung der ersten „kleinen Vermittlung", die lediglich dem Rat zur Erläuterung seines Standpunktes dient, würde das Verfahren erheblich beschleunigen. Ebenfalls gestrichen werden könnte die bisher dem Rat zustehende Option der einseitigen Bestätigung seines gemeinsamen Standpunktes im Falle des Scheiterns der „echten" Vermittlung.

Auffallend ist, daß zwar die Organe der Union in ihren Berichten und Entschließungen auf diesen Tagesordnungspunkt eingehen, die seitens

13 Vgl. Beschluß des Rates vom 6.12.1993 zur Festlegung seiner Geschäftsordnung; Anhang – in der Fassung vom 6.2.1995, Amtsblatt der EG, Nr. L31 vom 6.2.1995.

14 Vgl. Maurer, Andreas: Die Demokratisierung der Europäischen Union: Perspektiven für das Europäische Parlament, in: Maurer, Andreas/Thiele, Burkard (Hg.): Legitimationsprobleme und Demokratisierung der Europäischen Union, Marburg 1996, S. 18–29.

der mitgliedstaatlichen Regierungen vorgelegten Memoranden aber kaum. Anzunehmen ist daher, daß diese scheinbar technischen Fragen den juristischen Diensten zur Beratung vorgelegt werden.

In der Perspektive der Beibehaltung der Säulenstruktur des EU-Vertrages könnte im Gemeinschaftsbereich eine deutliche Reduzierung der Konsultationsprozeduren durch die Generalisierung des Mitentscheidungsverfahrens aufgrund von Mehrheitsbeschlüssen im Rat erfolgen. Erstrebenswert im Sinne des Demokratie- und Kohärenzgebots wäre eine Reduzierung der Konsultationsverfahren auf die institutionellen Ernennungsverfahren (außer der Europäischen Kommission), auf wenige Politikbereiche, bei denen der Rat weiterhin einstimmig entscheidet, sowie auf diejenigen Politikfelder, deren Vergemeinschaftung in Schritten bzw. Phasen erfolgt.

Eine Mehrheit der Regierungsstellungnahmen und -memoranden spricht sich im übrigen dafür aus, das Zustimmungsverfahren grundsätzlich bei „verfassungsändernden“ Vorschriften (Artikel N EUV und 235 EGV) anzuwenden. In diesem Sinne müßte zunächst geprüft werden, ob und wenn ja, welche gegenwärtig in den Mitgliedstaaten ratifizierungsbedürftigen Bereiche in das Zustimmungsverfahren des Europäischen Parlaments überführt werden könnten. Eine Ausdehnung des Zustimmungsverfahrens ist aus der Sicht der befürwortenden Staaten notwendig, weil hierdurch das Europäische Parlament als „Verfassungsorgan“ neben den Regierungen der Mitgliedstaaten verantwortlich werden sollte.

Hinsichtlich der Überlegungen zur Demokratisierung und Effizienzsteigerung in der GASP sowie in der Justiz- und Innenpolitik[15] ist eine Tendenz der Mehrheit der Mitgliedstaaten festzustellen, die auf eine vermehrte, aber deutlich fallbezogene Anwendung der Abstimmungen mit qualifizierter Mehrheit im Rat und eine Stärkung der Beteiligungsrechte des Europäischen Parlaments und der Kommission hinausläuft. Da Fragen der nationalen Souveränität und der demokratischen Legitimation der Union in Verbindung mit teilweise verfassungsmäßig verankerten militärischen Statusprinzipien der Mitgliedstaaten allgemeine Erwägungen zur Effizienz überlagern, scheint eine verstärkte Ankoppelung der nationalen Parlamente vor allem dann sinnvoll, wenn die Einstimmigkeitsregel beibehalten wird und die Rolle des Europäischen Parlaments unverändert bleibt.

15 Vgl. hierzu im einzelnen die Beiträge von Mathias Jopp und Jörg Monar in diesem Band.

5. Gleichheitsgrundsatz und Doppelte Mehrheiten

Eng verknüpft mit den Bestrebungen zur Demokratisierung und Effizienzsteigerung der Institutionen und Organe ist die Frage der Wahrung bzw. Verbesserung des Gleichheitsgrundsatzes. Im Rahmen der Beziehungen zwischen den Organen berufen sich einige Staaten auf dieses allgemeine Bauprinzip der Europäischen Union. So weisen die Regierungsmemoranden Dänemarks, Frankreichs, Irlands und Portugals[16] ausdrücklich darauf hin, daß die Ausdehnung des Mitentscheidungsverfahrens nicht zu einer Modifizierung des interinstitutionellen Gleichgewichts – womit die Machtbalance zwischen den Organen umschrieben wird – führen sollte.

Die Frage des Gleichheitsgrundsatzes bezieht sich im Zusammenhang der Regierungskonferenz aber vor allem auf die Beziehungen und Kräfteverhältnisse der Mitgliedstaaten untereinander. Schon im Hinblick auf die Erweiterung der Union um Finnland, Schweden und Österreich erwog der Europäische Rat auf seinen Sitzungen in Brüssel im Dezember 1993 und auf Korfu im Juni 1994 die Revision der Stimmengewichtung und der für eine qualifizierte Mehrheit erforderlichen Mindeststimmenzahl im Ministerrat sowie die Überprüfung der Zahl der Kommissionsmitglieder. Die auf der Regierungskonferenz anstehende Debatte zur Anpassung der staatlichen Kräfteverhältnisse gewinnt im Hinblick auf die nächste Erweiterungsrunde der Union eine besondere Dramatik, weil fast alle beitrittswilligen Staaten zur Gruppe der „kleineren und mittleren Länder" gehören. Es wird daher befürchtet, daß Situationen eintreten könnten, in denen eine Minderheit der Bevölkerungen eine qualifizierte Mehrheit im Rat bilden könnten, wenn das bisherige Stimmengewichtungssystem nicht revidiert wird.

Diskutiert werden daher in fast allen Stellungnahmen der EU-Organe und Regierungen mögliche Neugewichtungen der mitgliedstaatlichen Stimmen. Deutschland, Frankreich, Großbritannien, Italien, Spanien, die Benelux-Staaten und Schweden[17] erwägen die Einführung sogenannter „doppelter Mehrheiten", also Abstimmungen nach der Zahl der gewichteten Stimmen unter Berücksichtigung des sie repräsentierenden Anteils der gesamten EU-Bevölkerung.

Einige kleinere Staaten sowie Spanien tendieren zu einer Überprüfung und eventuellen Heraufsetzung der erforderlichen Mindeststimmenzahl

16 Vgl. Dokumente 12, 16, 17 und 20.

17 Vgl. Dokumente 11 bis 15 sowie 19 und 21.

bei Abstimmungen mit qualifizierter Mehrheit. Gemäß EG-Vertrag kommt ein Beschluß des Rates mit 62 von 87 Stimmen bzw. 71% zustande. Die entsprechende Stimmenminderheit zur Verhinderung eines Beschlusses liegt daher bei 26 Stimmen.[18] Entsprechend der vom Rat der Union am 29. März 1994 gefaßten „Vereinbarung von Ioannina", wonach eine Abstimmung verschoben werden soll, wenn schon Staaten mit insgesamt 23 Stimmen beabsichtigen, sich der Beschlußgrundlage zu widersetzen, liegt die Mindeststimmenzahl bei 74.7% (65 von 87 Stimmen). Denkbar ist daher, daß die bislang vertraglich festgelegte Stimmengewichtung entsprechend der Vereinbarung von Ioannina heraufgesetzt wird. Dadurch würden die bei einer Ausdehnung qualifizierter Mehrheitsentscheidungen häufiger auftretenden Situationen, in denen sich kleinere Staaten in der Minderheit befinden, kompensiert.

Im Sinne der Erfüllung des Gleichheitsgrundsatzes unterbreiteten einige Mitgliedstaaten schließlich Vorschläge zur Zusammensetzung der Europäischen Kommission, des Europäischen Parlaments und des Europäischen Gerichtshofes. Eine automatische Weiterführung der derzeit geltenden Grundlagen scheint im Hinblick auf eine erweiterte Union von 20 bis 27 Staaten unangebracht. Die Konfliktlinien können hierbei entlang der Unterscheidung zwischen kleineren und größeren Mitgliedstaaten gezogen werden. Insbesondere die französische Regierung unterstreicht ihre Vorreiterrolle in bezug auf Forderungen, die dazu führen könnten, daß kleinere Staaten nicht mehr in der Kommission vertreten wären. Eine mitgliedstaatliche Interessenvertretung in den supranationalen Organen der Union ist vertragsrechtlich gesehen unzulässig, politisch und unter dem Gesichtspunkt der Rückbindung europäischer Institutionen an die Bürger und Bürgerinnen betrachtet aber von großer Bedeutung. Einige kleinere Staaten plädieren daher für die Streichung des zweiten Kommissionsmitglieds für größere Staaten sowie für Lösungen, die eine Neugliederung der obersten Organstellen zur Folge hätten.

Lediglich in der Zusammensetzung und Sitzverteilung des Europäischen Parlaments werden Konzepte der zahlenmäßigen Repräsentation und der relativen Gleichheit der Staaten mit dem Grundsatz der Unabhängigkeit der Organe von den Mitgliedstaaten verknüpft, wobei kleinere Staaten auch hier überproportional vertreten sind. Eine diesbezügliche Revision

18 Die Stimmen der EU-Mitgliedstaaten werden nach Artikel 148 EGV wie folgt gewogen: Deutschland, Frankreich, Italien und Großbritannien je 10 Stimmen, Spanien 8, Belgien, Griechenland, Niederlande und Portugal je 5, Österreich und Schweden je 4, Dänemark, Irland, und Finnland je 3 sowie Luxemburg 2 Stimmen.

erscheint wahrscheinlich, da sich fast alle Akteure für eine Obergrenze von 600 bis 700 Sitzen und für die Beibehaltung der gültigen Verteilungsschlüssel ausgesprochen haben.

6. Ausblick

Die vorgestellten Betrachtungen führen zwangsläufig zu dem Ergebnis, daß es bei der Revision des Vertrags von Maastricht weniger um die noch im Vorfeld der Einheitlichen Europäischen Akte diskutierte „Verfassung" Europas im wörtlichen Sinne geht. Die Diskussion um die bis 1997 andauernde Regierungskonferenz ist – im Vergleich zu vorangegangenen Vertragsänderungen – geprägt durch eine Vielzahl präzise ausformulierter Detailbewertungen und -forderungen seitens der Institutionen und Organe der Union, der mitgliedstaatlichen Regierungen, der europäischen und nationalen Parteien sowie schließlich zahlreicher Verbände und Nichtregierungsorganisationen. Dies liegt am gestiegenen Einzelinteresse seitens der europapolitisch tätigen Akteure, welche ihre europa- und außenpolitischen Konzepte aufgrund der Erfahrungen mit der Ratifizierung des Maastrichter Vertragswerkes und des allgemein zu konstatierenden Wandels des internationalen Umfelds einer Generalüberholung unterziehen. Die Revision des Vertrags über die Europäische Union stellt – mit den Worten der französischen Regierung – die erstmals gegebene Möglichkeit dar, die Union in den seit 1989 veränderten internationalen Politikrahmen einzubetten. Hiermit zwingt sich die Notwendigkeit auf, bisherige Konzepte der europäischen Integration zu überdenken und teilweise auch zu modifizieren. In diesem Sinne zeigt die übergroße Mehrheit der vorliegenden Reformansätze, daß eine Diskussion über die „Verfassung Europas" und ihr grundlegendes Strukturprinzip nur von untergeordnetem Interesse ist.

Gerade in der Perspektive des Unionsbeitritts zahlreicher Staaten, die erst in der Folge der 1989 erfolgten Umwälzungen ihre demokratische Souveränität wiedererlangt haben, ist der Verzicht auf eine Debatte über eine EU-Verfassung, die neue Souveränitätstransfers regelt, verständlich. Die Regierungskonferenz soll zumindest die Union in die Lage versetzen, fundamentale Rechtsprinzipien und deren institutionelle sowie verfahrensmäßigen Ausprägungen in der Perspektive der nächsten Erweiterungen anzupassen. Mit Ausnahme des Vereinigten Königreichs, welches ganz offen für eine rasche Erweiterung eintritt, um auf diese Weise die Union auf eine Binnenmarktgemeinschaft mit koordinierter Außen-

und Sicherheitspolitik zu reduzieren, versuchen die Mitgliedstaaten, den bislang erreichten Integrationsstand in der Erweiterungsperspektive zumindest fortzuführen. Die überwiegende Mehrheit prüft darüber hinaus angesichts der Unterschiedlichkeit der europapolitischen Zielvorstellungen der Mitgliedstaaten eine Rückfallposition, um die in den Gründungsverträgen niedergelegte offene Integrationsdynamik durch die Einführung von Flexibilitätsklauseln in den Unionsvertrg zu sichern.

Schon alleine aus diesen Gründen drängen sich die Fragen der Stärkung supranationaler, orginär europäisch praktizierter Demokratie und relativer Gleichheit sowie der Effizienzsteigerung der Entscheidungsverfahren auf. Die Regierungskonferenz wird wahrscheinlich einen revidierten, keinen neuen Vertrag vorlegen, welcher in allen fünfzehn Staaten durch die Parlamente und teilweise auf dem Wege von Referenden legitimiert und ratifiziert werden muß. In den Fragen der fallbezogenen und unsystematischen Anhebung der Rolle des Europäischen Parlaments im Rechtssetzungsverfahren, der Ausdehnung qualifizierter Mehrheitsentscheidungen und der Reduzierung der Entscheidungsprozeduren zeigt sich eine fundamentale Interessendivergenz zwischen Großbritannien und den anderen vierzehn Staaten. Hier gilt es aber festzuhalten, daß die beiden in Großbritannien in der Opposition befindlichen Parteien (Labour und Liberaldemokraten) Verhandlungsbereitschaft im Falle ihrer Regierungsverantwortung signalisieren. Hinzuweisen ist auch darauf, daß nicht nur die gegenwärtige britische, sondern auch die französische Regierung gegenüber einer Ausweitung der Rechte des Europäischen Parlaments sehr zurückhaltend ist.

Eine rechtssystematische Straffung der Verfahren und institutionellen Rollenverteilungen ist unter Berücksichtigung der Haltungen Spaniens, Portugals, der skandinavischen Staaten und Frankreichs eher unwahrscheinlich. Dies wird vor allem am Problemfeld der Überführungen von Einstimmigkeitserfordernissen in qualifizierte Mehrheitsentscheidungen deutlich: Einerseits spricht sich die Mehrzahl der Regierungen in allgemein gehaltener Form für eine derartige Vereinfachung im Sinne des Effizienzprinzips aus. Andererseits läßt nur eine kleine Minderheit von Ländern deutlich erkennen, welche Politikfelder für eine derartige Überführung in Frage kommen könnten. Dies deutet darauf hin, daß die meisten Regierungen das Einstimmigkeitserfordernis weiterhin als Garant zur Achtung nationaler Interessenlagen erhalten wollen. So wird beispielsweise die deutsche Bundesregierung weiterhin auf konsensuale

Entscheidungen im Bereich der Kulturpolitik bestehen, weil diese im grundgesetzlich verankerten Interesse der deutschen Länder liegen.

Hinsichtlich einer unter dem Gesichtspunkt des Gleichheitsgrundsatzes zu erfolgenden Reform bestehen deutliche Divergenzen zwischen Staatengruppen, welche spezifische Interessen aufgrund ihrer geographischen oder demographischen Größe, ihres wirtschaftlichen Gewichts oder aber ihrer nationalen Verfassungsprinzipien vereinigen. Je nach Thema erscheinen diese Gruppierungen in unterschiedlicher Konstellation. Bislang ist nicht abzusehen, welche Kompromißformeln gefunden werden. Themenspezifische Koalitionen waren aber in den letzten beiden Vertragsänderungen ein wesentliches Instrument zur späteren Einigung, weil Gruppenmitglieder je nach Interessenlage als Fordernde, Ablehnende oder aber als Vermittelnde auftreten und somit im Gesamtergebnis immer die Durchsetzung von Teilinteressen realisieren konnten.

In der vergleichenden Analyse der Regierungsberichte und -memoranden zeigt sich eine breite Palette möglicher Vertragsveränderungen. Dies ist weniger überraschend, wenn man sich vor Augen hält, daß sich fast alle Akteure in stärkerem Maße als im Zusammenhang mit der Abfassung des Maastrichter Vertrages auf die Rückbindung des europäischen Integrationsprozesses an vornehmlich national, regional und lokal konfigurierte Teil- bzw. Fachöffentlichkeiten konzentrieren. Seitens dieser bislang eher verhalten agierenden Gestalter öffentlichen Verständnisses und Verstehens sollte die jetzige – mit Sicherheit nicht letzte – Regierungskonferenz als Gelegenheit ergriffen werden, komplexe Verhältnisse nicht nur „auf Wesentliches“ zu reduzieren, sondern auch als konstitutives Element politischer Partizipation zu verdeutlichen.

REFORMZIEL STÄRKUNG DER AUSSEN- UND SICHERHEITSPOLITISCHEN HANDLUNGSFÄHIGKEIT DER EU

Mathias Jopp

Die Bestimmungen über die Gemeinsame Außen- und Sicherheitspolitik (GASP) gehörten zu den am heftigsten umstrittenen Teilen des Vertrages von Maastricht, da sie klassische Kernbereiche staatlicher Souveränität berühren. Zudem spielten unterschiedliche sicherheitspolitische Präferenzen und allianzpolitische Strategien eine Rolle. Die Argumente kreisten bei der Aushandlung des Unionsvertrages einerseits um einen gemeinschaftlichen oder intergouvernementalen Ansatz hinsichtlich der Verfahrensweisen und andererseits um die Frage, ob die Verteidigungspolitik zu einem Zuständigkeitsbereich der Union werden sollte. Es kam schließlich zu einer Einigung über die Aufnahme der politischen Zusammenarbeit und deren stärkere selbstverpflichtende Natur in der Form eines zweiten intergouvernementalen Pfeilers in den Unionsvertrag, die Einbeziehung aller sicherheitsrelevanten Aspekte in die GASP und eine vertragliche Grundlegung der Beziehungen zwischen der Europäischen Union und der Westeuropäischen Union (WEU) mit der Perspektive der Entwicklung einer gemeinsamen Verteidigungspolitik.

Auch heute stellen die Fragen nach den adäquaten Verfahren der Entscheidungsfindung und der Reichweite der verteidigungspolitischen Kompetenzen der Union Kernprobleme bei der Reform der GASP dar. Dabei wird das Ziel, die Handlungsfähigkeit der Union in internationalen Angelegenheiten zu verbessern, von allen Mitgliedstaaten geteilt. Souveränitätspolitische Vorbehalte und unterschiedliche sicherheitspolitische Traditionen machen es jedoch schwer, der GASP mehr Effizienz und Effektivität zu verleihen. In der Debatte um die verteidigungspolitische Dimension der EU wirkt sich außerdem die Tatsache aus, daß neben dem neutralen „Altmitglied" Irland auch die allianzfreien neuen Mitgliedstaaten Finnland, Schweden und Österreich am Reformprozeß beteiligt sind.

1. Historischer Rückblick

Außen-, sicherheits- und verteidigungspolitische Motive spielten schon in den Jahren der Begründung des europäischen Integrationsprozesses eine herausragende Rolle. Die Aussöhnung zwischen Deutschland und Frankreich und die Überwindung des Nationalismus als eine wesentliche Quelle zweier Weltkriege standen neben den Zielen der wirtschaftlichen Wohlfahrt und des europäischen Wiederaufbaus an der Wiege des Integrationsprozesses. Die Gründung der Europäischen Gemeinschaft für Kohle und Stahl (EGKS) 1951 durch die Unterstellung dieser kriegswichtigen Industrien Frankreichs, Deutschlands, Italiens und der Benelux-Staaten unter eine Hohe Behörde war der erste Schritt. Ihm folgten die Projekte einer Europäischen Verteidigungsgemeinschaft (EVG) und einer Europäischen Politischen Gemeinschaft (EPG). Letztere sollten über das Ziel der Friedenssicherung zwischen den beteiligten Staaten hinaus Schutz gegenüber dem als expansiv wahrgenommenen Kommunismus gewähren und auch die Selbstbehauptung Europas als dritte Kraft in einem sich verfestigenden System des konfrontativen Bipolarismus ermöglichen. Die Projekte der EVG und EPG scheiterten am Wiedererstarken des europäischen Nationalstaates. Der sektorale Integrationsansatz blieb jedoch erhalten und führte zur Gründung der E(W)G im Jahre 1957. Das Ziel der politischen Einheit wurde zwar nicht aufgegeben, aber auf unbestimmte Zeit verschoben.

Parallel zur Verwirklichung der gemeinsamen Handelspolitik gegen Ende der sechziger Jahre wurde die Notwendigkeit zur außenpolitischen Flankierung der weltweiten Handels- und Wirtschaftsinteressen der EG und ihrer Mitgliedstaaten offensichtlich. Die EG hatte sich zur handelspolitischen Weltmacht entwickelt, mit entsprechenden Verwundbarkeiten und Abhängigkeiten, die durch eine koordinierte Diplomatie abgefedert werden mußten. Die EG-Mitgliedstaaten hoben 1970 die Europäische Politische Zusammenarbeit (EPZ) aus der Taufe, die allerdings lediglich als politischer Abstimmungsmechanismus außerhalb der Römischen Verträge angesiedelt wurde.[1] Sehr bald zeigte sich, daß die EPZ nicht ohne sicherheitspolitische Dimension auskommen konnte. Die 1975 ins Leben gerufene KSZE entwickelte sich zu einem wichtigen Feld europäischer Interessendefinition. Die Politik der EG-Staaten gegenüber der damaligen Sowjetunion gewann an Bedeutung, nicht zuletzt auf-

1 Zur Entwicklung der EPZ: Nuttall, Simon: European Political Cooperation, London 1992, und de Schoutheete, Philippe: La Coopération politique européenne, 2. Aufl., Brüssel 1996.

grund von Divergenzen mit den USA in Fragen des Umgangs mit der UdSSR und der Aufrechterhaltung der Entspannungspolitik in Europa.

Das Anheizen des Rüstungswettlaufs (Mittelstreckenraketen-Rüstung) zu Beginn der achtziger Jahre als Folge der Afghanistan-Krise wie auch die in der zweiten Hälfte der achtziger Jahre zwischen den Supermächten vereinbarten nuklearen Abrüstungsschritte lösten Befürchtungen auf seiten der Westeuropäer aus, zum Spielball von Supermachtinteressen zu werden. Sie wollten deshalb ihre Kräfte bündeln und verstärkt mit einer Stimme sprechen. Nach etlichen Anlaufschwierigkeiten einigten sich die EG-Staaten, zumindest die wirtschaftlichen und politischen Aspekte der Sicherheit zum Bestandteil der EPZ zu machen und dies auch erstmals in der Einheitlichen Europäischen Akte von 1986 vertraglich zu kodifizieren.[2] Verteidigungspolitische Aspekte waren jedoch dezidiert ausgeschlossen, da die meisten Mitgliedstaaten die amerikanische Führungsrolle und auch die Bedeutung der NATO nicht in Frage stellen wollten.[3]

Mit dem Umbruch in der Weltpolitik durch das Ende des Kalten Krieges und die Auflösung der Sowjetunion (1990–91) veränderte sich das internationale Umfeld der europäischen Integrationspolitik radikal. Die EG setzte sich zum Ziel, die Rolle eines Stabilitätsankers im neuen Europa zu spielen. Ihre Mitgliedstaaten fühlten sich außerdem weniger abhängig von amerikanischen Sicherheitsgarantien und sahen eher die Möglichkeit, eine eigenständigere Außen- und Sicherheitspolitik zu entwickeln. Die USA andererseits zeigten ein deutlicheres Interesse an einer größeren Übernahme von Verantwortung durch die Europäer. Die Erfahrungen im Golfkrieg und mit dem im Sommer 1991 ausbrechenden Krieg in Jugoslawien taten ein übriges, die Entwicklung einer europäischen Außen- und Sicherheitspolitik auf die Agenda zu setzen. Von ausschlaggebender Bedeutung war aber die interne Veränderung in der EG durch die Verschiebung der machtpolitischen Balance zwischen den Mitgliedstaaten im Zuge der deutschen Vereinigung. Dies revitalisierte alte Vorstellungen von einer Politischen Union auf seiten etlicher Mitgliedstaaten und insbesondere Frankreichs, um das größer gewordene Deutschland politisch in festere Strukturen einzubetten. Dies entsprach im übrigen

2 Vgl. Einheitliche Euorpäische Akte, Titel I und III, abgedruckt in: Auswärtiges Amt: Gemeinsame Außen- und Sicherheitspolitik der Europäischen Union (GASP), 10. überarbeitete Aufl., Bonn 1994, Dok. 9, S. 75–81.

3 Vgl. Pijpers, Alfred/Regelsberger, Elfriede/Wessels, Wolfgang (Hg.): Die Europäische Politische Zusammenarbeit in den achtziger Jahren – Eine gemeinsame Außenpolitik für Westeuropa?, Bonn 1989.

den Selbstbindungsinteressen der Bundesregierung und der in Deutschland verwurzelten Tradition eines föderalen Europabildes. In Maastricht einigten sich dann die Mitgliedstaaten auf den Vertrag über die Europäische Union, durch dessen Titel V eine Gemeinsame Außen- und Sicherheitspolitik (GASP) als Zweiter Pfeiler – neben dem Ersten Pfeiler der Gemeinschaftspolitik und dem Dritten Pfeiler der innen- und justizpolitischen Zusammenarbeit – errichtet wurde.

2. Die Funktionsmechanismen des Zweiten Pfeilers

Die GASP ist im wesentlichen eine Fortentwicklung ihrer Vorläuferin, der EPZ. Sie weist aber einige deutliche Unterschiede schon allein durch einen höheren Verbindlichkeitsgrad auf, da sich die Mitgliedstaaten zu Solidarität und Loyalität gegenüber der Politik der Union selbstverpflichteten. Mit der GASP wurde auch die formale Trennung zwischen Außen- und Sicherheitspolitik einerseits und der Politik im Rahmen der EG andererseits aufgehoben und ein gemeinsamer rechtlicher und institutioneller Rahmen geschaffen. Die Funktionsprinzipien blieben freilich nach wie vor intergouvernementaler Natur, obwohl die Europäische Kommission ein Initiativrecht erhielt, d.h. Vorschläge wie jeder andere Mitgliedstaat unterbreiten kann.

Entscheidungsbefugt sind allein die Mitgliedstaaten nach dem Einstimmigkeitsprinzip. Das Europäische Parlament kann lediglich informiert und gehört werden oder Empfehlungen abgeben. Der Europäische Rat als pfeilerübergreifendes Organ der Union erläßt die Richtlinien für die GASP; der Rat der Außenminister fällt die entsprechenden konkreten Entscheidungen. Die Ratspräsidentschaft (halbjährlich im Turnus wechselnd) hat u.a. die Aufgabe der Außenvertretung der Union. Sie wird darin in erster Linie durch die Kommission unterstützt, die über ein weltweites Netz an Repräsentanzen verfügt.

Zwei neue Instrumente wurden geschaffen: Gemeinsame Positionen und Gemeinsame Aktionen. Hinsichtlich des ersten Instruments setzten sich die Mitgliedstaaten zum Ziel, in internationalen Angelegenheiten und auch in multilateralen Foren oder Organisationen (z.B. UNO, OSZE) verstärkt mit einer Stimme zu sprechen. Gemeinsame Aktionen erstrecken sich auf verschiedene Bereiche der Diplomatie, der internationalen Politik und Sicherheit. Sie sind für die Mitgliedstaaten bindend. Sanktionsinstrumente oder eine Schiedsinstanz wie der Europäische Gerichtshof (EuGH) im Bereich des Ersten Pfeilers gibt es allerdings nicht. Zudem hat jeder Mitgliedstaat das Recht, Ausnahmen aufgrund vitaler nationaler Interessen geltend zu machen. Immerhin können prozedurale Fragen bei der Umsetzung von Entscheidungen über gemeinsame Aktionen mit qualifizierter Mehrheit beschlossen werden, auch wenn dies in der Praxis bislang nie zur Anwendung kam.

Eine weitere Neuerung betrifft die Erweiterung der Themen auf alle Aspekte der Sicherheit, einschließlich militärischer Fragen. Da die Union jedoch selbst über keine militärischen Instrumente verfügt, wurde in Artikel J.4 des Titels V des Maastrichter Vertrages die Möglichkeit geschaffen, Anfragen an die WEU zur Ausarbeitung und Implementierung militärisch relevanter Entscheidungen zu richten. Dies bedeutet, daß weiterhin zwischen Sicherheitspolitik einerseits und Verteidigungspolitik andererseits unterschieden wird. Ein Unterordnungsverhältnis der WEU gegenüber der Union gibt es formal nicht. Die WEU soll aber laut der im Anhang des Vertrags enthaltenen Erklärung ihrer Mitgliedstaaten den verteidigungspolitischen Arm der EU darstellen. Zugleich fällt ihr auch im Sinne einer Doppelfunktion die Rolle zu, den europäischen Pfeiler in der Atlantischen Allianz zu bilden.

Immerhin haben sich bei den Vertragsverhandlungen Deutschland und Frankreich und einige andere Mitgliedstaaten dahingehend durchsetzen können, daß die Perspektive einer gemeinsamen Verteidigungspolitik der Union und letztlich einer gemeinsamen Verteidigung in den Vertrag aufgenommen wurde. Die damit verbundenen äußerst vage gehaltenen Formulierungen, wie auch die Arrangements zwischen EU, WEU und NATO, kamen als Kompromiß zwischen den mehr kontinentaleuropäisch orientierten Ländern um Frankreich und Deutschland und den mehr atlantisch ausgerichteten Staaten Großbritannien, Niederlande, Portugal und Dänemark (und dem neutralen Irland) zustande. Die intergouvernemental ausgerichtete Verfaßtheit der GASP ist hingegen auf das Festhalten an nationaler Souveränität in der Außen- und Sicherheitspolitik zurückzuführen. Dieses machte sich besonders stark auf seiten Großbritanniens und Frankreichs bemerkbar. Großbritannien war ohnehin zunächst nur für eine pragmatisch reformierte EPZ eingetreten. Frankreich zeigte sich zumindest aufgeschlossen gegenüber den deutschen Vorstellungen von einer Mitwirkung der Kommission und einer Berücksichtigung des Europäischen Parlaments. Weniger restriktiv verhielten sich die Mitgliedstaaten bei der Definition der Ziele der GASP. Laut Vertragstext beziehen sich diese auf „die Wahrung der gemeinsamen Werte, der grundlegenden Interessen und der Unabhängigkeit der Union; die Stärkung der Sicherheit der Union und ihrer Mitgliedstaaten in allen Formen; die Wahrung des Friedens und die Stärkung der internationalen Sicherheit ...; die Förderung der internationalen Zusammenarbeit; die Entwicklung und Stärkung von Demokratie und Rechtsstaatlichkeit sowie die Achtung der Menschenrechte und Grundfreiheiten.“ (vgl. Artikel J.1 EUV)

3. Bilanz der GASP

Im Vergleich zu den weitgesteckten Zielen der Zusammenarbeit im Zweiten Pfeiler wird die Bilanz der GASP seit Inkrafttreten des EU-Vertrags in der breiteren Öffentlichkeit häufig negativ gezogen. Hierfür ist vor allem das Jugoslawien-Debakel verantwortlich. Es wird aber völlig übersehen, daß die Europäische Union wesentliche stabilitätsfördernde Beiträge zur Gestaltung des internationalen Umfelds durch ihre vielfältige Abkommens- und Dialogpolitik mit Staaten und Staatengruppen innerhalb und außerhalb Europas geleistet hat. Besondere Fortschritte wurden dabei vor allem in den Beziehungen zu den Staaten Mittel- und Osteuropas im Rahmen der Europaabkommen[4] und des strukturierten Dialogs sowie zu Rußland und der Ukraine durch den Abschluß von Partnerschafts- und Kooperationsabkommen erzielt. Die Ansätze zu einer neuen Politik gegenüber den Mittelmeeranrainern könnten ebenfalls zu einem wichtigen Grundstein für regionale Stabilität und Sicherheit werden.[5] Noch bilden zumindest die eher traditionellen Politikinstrumente der Gemeinschaft die Basis für die europäische Außen- und Stabilisierungspolitik und nicht die umfassende Nutzung der Mechanismen der GASP.

Von den neuen Instrumenten – Gemeinsame Positionen und Gemeinsame Aktionen – haben die Mitgliedstaaten bislang nur zögerlich Gebrauch gemacht. Im Zeitraum von November 1993 bis April/Mai 1995 griffen die Mitgliedstaaten einhundertfünfzigmal auf das traditionelle Instrument der Erklärungen und Stellungnahmen zu internationalen Fragen zurück. Sie einigten sich jedoch nur zehnmal auf gemeinsame Positionen und führten nur fünfzehn gemeinsame Aktionen durch[6] – ein Indiz für

4 Vgl. exemplarisch: Lippert, Barbara/Schneider, Heinrich (Hg.): Monitoring Association and Beyond – The European Union and the Visegrád States, Bonn 1995.

5 Vgl. Barbé, Esther: The „Barcelona Spirit“ or the Mediterranean Region as a Challenge for the CFSP, in: CFSP Forum 4 (1995), S. 4–5.

6 Vgl. Bericht des Rates über das Funktionieren des Vertrags über die Europäische Union, 10. April 1995 sowie: Europäische Kommission: Bericht über die Funktionsweise des Vertrags über die Europäische Union, SEK(95) 731 endg. v. 10.5.1995, Anhang 16.

die Vorliebe zur deklaratorischen Politik und die Zurückhaltung bei Entscheidungen, die konkretes Verhalten oder praktische Maßnahmen mit höherem Verbindlichkeitsgrad zur Folge haben. Dennoch können bestimmte gemeinsame Aktionen, wie die in bezug auf die unbefristete Verlängerung des Nicht-Verbreitungsvertrages von Atomwaffen[7] oder hinsichtlich des Europäischen Stabilitätspaktes, der im Sinne präventiver Diplomatie die Eindämmung von Minderheiten- und Grenzkonflikten in Mittel- und Osteuropa zum Ziel hatte, auf der Seite der Erfolgsbilanz der GASP verbucht werden.

Zentrale Schwächen der GASP zeigten sich, wenn internationales Krisenmanagement gefordert war. Dies ist im wesentlichen auf die folgenden sechs Gründe zurückzuführen:[8]

- Erstens besteht ein Mangel an politischem Willen, entschlossen zu handeln und dabei auch Risiken einzugehen. Selbst wenn Handlungsbedarf erkannt wird, erschweren zum Teil stark divergierende nationale Interessen ein gemeinsames Vorgehen. Die Kontroversen über die Anerkennung Kroatiens und Sloveniens, die französische Politik gegenüber Ruanda wie auch die Reaktion der Mitgliedstaaten hierauf und weitere Beispiele könnten zur Illustration des Problems angeführt werden.
- Die zweite Schwäche der GASP hängt mit dem Fehlen einer präzisen Definition vitaler gemeinsamer Interessen zusammen. So sehr dies als Folge der bereits genannten divergierenden nationalen Perzeptionen anzusehen ist, so hat dies doch auch mit dem Mangel an gemeinsamer Risikoanalyse und darauf aufbauenden Handlungsoptionen zu tun. Die einzelnen Außen- und Verteidigungsministerien der Mitgliedstaaten betreiben ihre eigene Lageeinschätzung, die die Basis der jeweiligen nationalen Position gegenüber einem internationalen Konflikt bildet. Würde dies gemeinsam betrieben, könnte schon im Vorfeld des eigentlichen GASP-Entscheidungsprozesses eine Annäherung zwischen den unterschiedlichen Auffassungen erfolgen.
- Eine dritte und besonders gewichtige Schwäche resultiert aus den Mechanismen der Entscheidungsfindung der GASP. Einstimmigkeits- oder Konsenserfordernisse mit nationalem Vetorecht sind Formeln,

7 Vgl. Müller, Harald: The Joint Action in Nuclear Non-Proliferation: A CSFP Success, in: CFSP Forum 4 (1995), S. 2–3.

8 Vgl. Jopp, Mathias: Die Reform der Gemeinsamen Außen- und Sicherheitspolitik – institutionelle Vorschläge und ihre Realisierungschancen, in: Integration 3 (1995), S. 133–143.

die in der Praxis einen langwierigen Willensbildungsprozeß zur Folge haben und die Reaktionsmöglichkeiten der EU von den zögerlichsten Mitgliedstaaten abhängig machen.

- Viertens gibt es Defizite in der Vertretung der Union nach außen, ein Problem, das mit den häufig wechselnden Präsidentschaften und dem unzureichend genutzten Potential der Europäischen Kommission in externen Angelegenheiten zu tun hat.
- Fünftens sind die Verfahren der Finanzierung gemeinsamer Aktionen unzureichend und häufig Gegenstand von Auseinandersetzungen zwischen den EU-Institutionen und auch den Mitgliedstaaten. Dadurch wird die Umsetzung von Beschlußlagen nicht gerade erleichtert.
- Sechstens und letztens haben die Mitgliedstaaten nur einmal seit Inkrafttreten des EU-Vertrages auf die Inanspruchnahme der WEU zurückgegriffen, und zwar im Zusammenhang mit der EU-Administration in Mostar.[9] Die Zusammenarbeit mit der WEU funktionierte sogar schlechter als diejenige zwischen der WEU und der NATO – alles in allem ein deutlicher Hinweis auf das noch sehr distanzierte Verhältnis der Union und ihrer Mitgliedstaaten gegenüber den Problemen militärischer Sicherheitspolitik.

Zieht man die Schlußfolgerungen aus der Bilanz des Zweiten Pfeilers, so wird deutlich, daß die Europäische Union nur dann eine aktivere Rolle in der internationalen Politik spielen kann, wenn die aufgezeigten Schwächen im Rahmen der Regierungskonferenz substantiell angegangen werden. Dies gilt um so mehr, wenn die künftige Perspektive einer Erweiterung der Union auf zwanzig, fünfundzwanzig oder mehr Mitgliedstaaten berücksichtigt wird. Eine stagnierende Verfahrensentwicklung bei der Gemeinsamen Außen- und Sicherheitspolitik (oder eine Minimalreform der GASP) würde deshalb längerfristig nur auf eine Verschlechterung gegenüber der heutigen Situation hinauslaufen.

4. Die Reformoptionen

Vor dem Hintergrund dieser Probleme wurde eine Reihe von Vorschlägen von den Mitgliedstaaten und den europäischen Institutionen zur Reform der GASP gemacht, die zum Teil bereits im Bericht der Reflexionsgrup-

9 Die WEU unterstützt die EU-Administration von Mostar durch eine multinationale Polizeitruppe von ca. 180 Personen. Deren Aufgabe besteht in der Sicherung der öffentlichen Ordnung und im Aufbau einer gemeinsamen Polizei von Kroaten und Muslimen.

pe an den Europäischen Rat vom Dezember 1995 ihren Niederschlag fanden.[10] Die Debatte zwischen den Akteuren scheint dabei etliches von derjenigen des Jahres 1991 gemein zu haben, als der Vertrag von Maastricht ausgehandelt wurde. Die Vielfalt der heutigen Vorschläge und ihre unterschiedlichen Reichweiten sind jedoch beachtlich. Die Reformüberlegungen orientieren sich im allgemeinen an den verschiedenen Phasen des Politikprozesses, wie der Entscheidungsvorbereitung, der Entscheidungsfindung und der Durchführung von Beschlüssen einschließlich Fragen der Außenvertretung und der Verteidigungspolitik. Dieses Prozeßschema ist primär analytischer Natur. In der Praxis kommt es zu Überschneidungen zwischen den einzelnen Phasen, und es versteht sich, daß die Wahrnehmung der äußeren Repräsentanz der Europäischen Union eine Daueraufgabe darstellt.

4.1 Entscheidungsvorbereitung

Unter den Mitgliedstaaten herrscht Einigkeit dahingehend vor, daß eine Planungs- und Analyseeinheit eingerichtet werden sollte. Eine ihrer Aufgaben bestünde in der Erarbeitung von Entscheidungsgrundlagen für die Reaktion der Europäischen Union auf internationale Spannungen und Konflikte, bevor diese sich zu Krisen auswachsen. Die Analyseeinheit müßte auch im Sinne eines europäischen Planungsstabes über den tagespolitischen Tellerrand hinausblicken und verschiedene EU-Strategien gegenüber mittel- bis längerfristigen Entwicklungen im internationalen System entwerfen. Da die Arbeiten eines solchen Stabes nicht nur außen- und sicherheitspolitische, sondern auch außenwirtschaftliche Aspekte abdecken müßten, sollte er sich nach mehrheitlicher Auffassung aus Beamten der Mitgliedstaaten und der Europäischen Kommission rekrutieren und in der Nähe des Rates, vorzugsweise im Generalsekretariat, angesiedelt sein. Hinsichtlich militärischer Fragen könnte zudem noch Personal aus dem WEU-Sekretariat oder der militärischen Planungszelle der WEU hinzugezogen werden.

Der zweite interessante Vorschlag im Hinblick auf die Vorbereitungsphase bezieht sich auf die Einrichtung eines Ständigen Politischen (Unter-)Ausschusses, um das Politische Komitee, das sich aus den Politischen Direktoren der Außenministerien zusammensetzt, zu entlasten und die Sitzungen der EU-Außenminister vorzubereiten. Dieser Vorschlag

10 Vgl. Dokument 2.

der Benelux-Staaten[11] findet bislang wenig Unterstützung. Er wird von der Europäischen Kommission befürwortet und z. B. auf deutscher Seite diskutiert. Die Einrichtung eines Ständigen Politischen Ausschusses würde die herkömmlichen Strukturen ergänzen. Bislang sind für die inhaltliche Vorbereitung der GASP die Politischen Direktoren verantwortlich. Diese sind jedoch (wie im übrigen auch die Außenminister) häufig überlastet, da für sie Brüssel nur ein Teil ihrer sonstigen umfangreichen Verantwortung für das Management der operativen Außenpolitik der Nationalstaaten darstellt. Die Einrichtung eines Ständigen Ausschusses könnte somit zur Effizienzsteigerung der GASP beitragen. Ein solcher Ausschuß wäre zudem den übrigen EU-Institutionen in Brüssel sehr nahe, insbesondere dann, wenn er sich aus den Politischen Abteilungsleitern der EU-Vertretungen rekrutieren würde. Diese Idee ist aber den meisten Mitgliedstaaten zu stark gemeinschaftsorientiert. Insgesamt hat der Vorschlag auch seine Tücken, da ein Ständiger Politischer Unterausschuß den Keim einer zweiten – und zwar politischen – EU-Vertretung der Mitgliedstaaten in sich trägt und damit à la longue einer Verfestigung der Trennung zwischen den Pfeilern der Union Vorschub leisten könnte.

4.2 Entscheidungsfindung

Hinsichtlich der Reform des Entscheidungsprozesses der GASP haben die meisten Mitgliedsregierungen eher moderate Vorstellungen. Die Bundesregierung hingegen plädiert für die Generalisierung von Mehrheitsentscheidungen (mit Ausnahme militärisch relevanter Fragen), auch wenn dies einmal Beschlüsse gegen deutsche Interessen bedeuten kann.[12] Sie wird hierin von den integrationsfreundlichen Benelux-Staaten explizit unterstützt, denen in gewissem Abstand Italien und auch Österreich folgen. Strikt abgelehnt werden Mehrheitsentscheidungen in der GASP von Großbritannien und weniger rigoros von Staaten wie Portugal und Griechenland. Frankreich ist ebenfalls in dieser Frage zurückhaltend und kann sich wie etliche andere Mitgliedstaaten lediglich Konsensentscheidungen mit Enthaltungen sowie Abweichungen vom Konsensprinzip bei Durchführungsentscheidungen vorstellen.[13]

11 Vgl. Dokument 14.

12 Vgl. Hoyer, Werner: Perspektiven für die Regierungskonferenz 1996 und die europapolitische Agenda, in: Integration 4 (1995), S. 189–196.

13 Vgl. Dokument 12.

Die Einführung der Möglichkeit konstruktiver Enthaltung, die bislang nur als unverbindliche Erklärung im Anhang des Unionsvertrages Erwähnung fand, hat durchaus Erfolgschancen. Hierbei wäre das Vetorecht, wenn vitale nationale Interessen auf dem Spiel stehen, nicht aufgehoben. Inwieweit sich die Mitgliedstaaten auf eine konstruktive Enthaltung im Entscheidungsprozeß einigen können, ist noch offen, selbst wenn sie fast alle die Notwendigkeit einer Effizienzsteigerung betonen. In der Debatte befinden sich zudem andere Vorschläge, wie die Abstimmung mit super-qualifizierter Mehrheit, die Konsens minus eins-Regel oder die Möglichkeit des Opting-out. Nicht anzunehmen ist jedenfalls, daß sich die Generalisierung des Mehrheitsprinzips durchsetzen läßt, da die meisten Mitgliedstaaten nicht wollen, daß sie in außen- und sicherheitspolitischen Fragen überstimmt werden können.

In der Tat ist es unbestritten, daß die beste Gemeinsame Außen- und Sicherheitspolitik diejenige ist, die durch einen breiten Konsens unter den Mitgliedstaaten getragen wird.[14] Dies ist allein schon wichtig, um für die Durchführung gemeinsamer Aktionen eine breite Basis zu haben, da sich unvorhergesehene Schwierigkeiten einstellen können. Die entscheidende Frage ist jedoch, ob das Einstimmigkeitserfordernis nicht gerade die Konsensfindung erschwert. Zieht man hierzu die Erfahrungen aus dem Ersten Pfeiler der Union heran, so zeigt sich, daß allein die Möglichkeit einer Mehrheitsabstimmung die Suche nach Kompromißformeln verstärkt. Dabei stellt sich häufig schon ein Konsens heraus, bevor überhaupt abgestimmt werden muß. Dies ist der Kerngedanke bei der Forderung nach Mehrheitsabstimmungen in der GASP und nicht die Durchsetzung von gemeinsamen Positionen oder gemeinsamen Aktionen gegen den Willen einer Minderheit.

4.3 Implementierung

Im Bereich der Umsetzung von GASP-Beschlüssen konzentriert sich die Debatte zwischen den Mitgliedstaaten im wesentlichen auf zwei Vorschläge. Der erste bezieht sich auf die Finanzierung gemeinsamer Aktionen, der zweite auf die Frage einer Personifizierung der GASP, um der Union gegenüber Drittstaaten eine „Stimme“ und ein „Gesicht“ zu geben. Während die meisten Mitgliedstaaten hinsichtlich des ersten Vorschlags dafür eintreten, die operativen Kosten der GASP über den Gemeinschaftshaushalt zu finanzieren, wird die zweite Frage äußerst kon-

14 Vgl. hierzu die britische Auffassung in Dokument 15.

trovers diskutiert. Frankreich schlug die Einrichtung des Amtes eines hohen GASP-Repräsentanten vor, der – der Logik des französischen Präsidialsystems entsprechend – vom Europäischen Rat der Staats- und Regierungschefs ernannt werden soll.[15] Dieser Vorschlag ist bei den meisten Mitgliedstaaten jedoch nicht sonderlich beliebt. Ein hoher GASP-Repräsentant würde einen eigenen bürokratischen Unterbau benötigen, der sich ungünstig auf die Balance zwischen den EU-Institutionen auswirken könnte.

Eine Alternative, die von Italien und Deutschland, wenn auch mit unterschiedlicher Akzentuierung, vorgeschlagen wurde, besteht in der Schaffung eines Generalsekretärs für die GASP, der dem Rat zugeordnet ist. Nach ursprünglichen italienischen Vorstellungen sollte dieser über ein Initiativrecht verfügen, die Durchführung von Ratsbeschlüssen, die Vertretung der Union nach außen und die Kontrolle von GASP-Ausführungsbestimmungen übernehmen. Dieser Vorschlag zog gewisse Parallelen zur Rolle der Kommission im Ersten Pfeiler und zur Funktion von Generalsekretären in anderen internationalen Organisationen, wie der NATO und den Vereinten Nationen.

Das Problem des französischen wie auch des ehemaligen italienischen Vorschlags (der noch als weitere Alternative die Wahl eines GASP-Präsidenten beinhaltete) besteht in der Verstärkung des Intergouvernementalismus und damit der Zementierung der unvorteilhaften Pfeiler-Struktur der Union. Zudem würden sich komplizierte Fragen bei der Außenvertretung der Union hinsichtlich der Arbeitsteilung mit der Präsidentschaft, der Kommission und der Troika ergeben, was nur zur Konfusion im Erscheinungsbild der Union gegenüber Drittstaaten beitrüge. Um das zu vermeiden, hat sich Italien dem deutschen Vorschlag angenähert.[16] Dieser akzentuiert etwas mehr die internen Managementfunktionen eines GASP-Generalsekretärs, der über keinerlei konkurrierendes Initiativrecht zur Kommission verfügt.[17] Inwieweit dieser Vorschlag jedoch konsensfähig ist, bleibt offen, auch wenn die allgemeine Notwendigkeit nicht bestritten wird, der GASP ein deutlicheres Profil zu geben.

15 Vgl. Dokument 12.

16 Vgl. Dokument 13.

17 Vgl. hierzu auch die Ausführungen des Staatsministers im Auswärtigen Amt, Dr. Werner Hoyer: Regierungskonferenz 1996: Zwischen Positionsbeschreibungen und Vertragsverhandlungen, Vortrag in der Vertretung der Europäischen Kommission in Deutschland, Bonn, 11.6.1996.

Etliche Mitgliedstaaten sind überhaupt gegenüber Veränderungen bei der Außenrepräsentanz der GASP eher skeptisch bis vorsichtig eingestellt. Dies trifft vor allem auf die Benelux-Staaten, Irland, Portugal, Finnland und auch Spanien zu und – mit einer etwas flexibleren Haltung – auf Schweden und Österreich. Diese Staaten präferieren eine Stärkung der bisherigen Rolle von Ratspräsidentschaft, Kommission und Troika in der Außenvertretung. Auch die Benennung von Sonderbeauftragten (chargé de missions spéciales) des Rates für bestimmte Aufgaben im Außenverhältnis der Union und die Stärkung der bisherigen GASP-Generaldirektion im Generalsekretariat des Rates wird gefordert. Die Interessenunterschiede verlaufen deutlich zwischen größeren und kleineren Mitgliedstaaten. Während Frankreich, Italien und Deutschland für die Schaffung eines neuen Amtes eintreten, möchten die kleineren Mitgliedstaaten lieber an den bisherigen Strukturen festhalten und diese – eventuell durch eine stärkere Einbeziehung der Kommission – effizienter machen. Die meisten kleineren Mitgliedstaaten erkennen allerdings an, daß die Präsidentschaft eines größeren Mitgliedstaates andere Möglichkeiten hat, die Union gewichtig gegenüber Drittstaaten wie den USA, Rußland oder China oder auch in einer Krisensituation zu vertreten. Sie sind deshalb offen gegenüber flexibleren Troika-Formeln oder Gruppenlösungen, bei denen je nach Aufgabenstellung größere Mitgliedstaaten hinzugezogen werden können.[18] Sie lehnen jedoch Vorschläge ab, die auf eine GASP-Wahlpräsidentschaft oder die Verlängerung der Rotationsphase der normalen EU-Präsidentschaft zielen. Die Europäische Kommission argumentiert im übrigen in die gleiche Richtung, setzt sich aber für eine „Tandem-Lösung" ein, bei der sie selbst zusammen mit der Präsidentschaft die EU nach außen vertritt.

4.4 Verteidigungspolitik

In der Verteidigungspolitik sind die Dinge besonders kompliziert, da Großbritannien dezidiert eine Sonderposition einnimmt. Aber auch das neutrale Irland und die nicht paktgebundenen Staaten Österreich, Schweden und Finnland sowie die NATO-Länder Dänemark und Portugal ziehen Grenzen hinsichtlich einer Verschmelzung von Union und WEU, dem europäischen Verteidigungsbündnis. Die Mehrheit der Mitgliedstaaten spricht sich wie Deutschland und Frankreich auf längere Sicht für die Perspektive einer eigenen Verteidigungspolitik der Europäi-

18 Vgl. exemplarisch die Position der schwedischen Regierung, Dokument 21.

schen Union durch die Eingliederung der WEU in ihre Strukturen aus. Auf kürzere Sicht plädiert die Mehrheit für die Stärkung einer organischen Verbindung zwischen beiden Organisationen. Hierzu gehören nach deutscher und französischer Vorstellung die bessere Verankerung des Ziels einer gemeinsamen Verteidigungspolitik im EU-Vertrag (über die bisherigen sehr offenen und allgemeinen Formulierungen hinaus), die Ausdehnung der Richtlinienkompetenz des Europäischen Rates auf die WEU, eine engere Zusammenarbeit zwischen den Organen der EU und der WEU sowie der weitere Ausbau der militärischen Fähigkeiten der WEU und die Intensivierung der europäischen Rüstungskooperation.[19] Zur völligen Überführung der WEU in die EU hat die Bundesregierung sogar ein Phasenkonzept erarbeitet und die Benelux-Staaten schlagen die Aufstellung eines diesbezüglichen Zeitplans durch die Regierungskonferenz vor.

Großbritannien hält demgegenüber an der Selbständigkeit der WEU auch über 1998 hinaus fest (wenn die Bindung an den WEU-Vertrag ausläuft) und möchte diese durch die Einrichtung eines neuen Organs, eines WEU-Rates der Staats- und Regierungschefs, zusätzlich unterstreichen.[20] Konsequenterweise wird deshalb von Großbritannien die Unterordnung der WEU unter die Union bzw. den Europäischen Rat abgelehnt, nicht hingegen die Intensivierung der Zusammenarbeit zwischen der EU und der WEU im Sinne einer verstärkten Partnerschaft.[21] Die Gründe für den britischen Widerstand gegen die Eingliederung der WEU in die Union sind vielfältig. Sie sind aber im Kern auf die besonderen Bindungen an die USA und das Interesse an der Bewahrung der Suprematie der NATO in der Verteidigungspolitik zurückzuführen. Der Europäischen Union spricht die britische Regierung eine originäre Kompetenz in der Verteidigungspolitik ab. Die Rolle der WEU wird primär in der Perspektive einer europäischen Suborganisation der NATO gesehen.

Die britische Position hat einerseits an Gewicht eingebüßt, seitdem die Niederlande einen Kurswechsel vollzogen haben und heute sogar die Integration der WEU in den Zweiten Pfeiler der Union fordern.[22] Andererseits hat die britische Position einen gewissen Zulauf durch die neuen allianzfreien EU-Mitgliedstaaten erhalten. Im Gegensatz zu Großbri-

19 Vgl. Dokument 4.

20 Vgl. Memorandum on the United Kingdom Government's approach to the treatment on European Defence Issues at the 1996 IGC, März 1995.

21 Vgl. Dokument 15.

22 Vgl. Dokument 14.

tannien haben jedoch Finnland und Schweden bereits eine gewisse Sympathie für den deutsch-französischen Vorschlag einer Übernahme der Ziele der Petersberg-Aufgaben (wie sie im Rahmen der WEU formuliert wurden[23]) in den EU-Vertrag signalisiert.[24] Österreich unterstützt zudem noch die diesbezügliche Unterordnung der WEU unter die Union.[25]

Den weitestgehenden Vorschlag haben bislang die Benelux-Staaten und Griechenland eingebracht, indem sie für die Einfügung einer militärischen Beistandsverpflichtung in den EU-Vertrag eintreten.[26] Auf seiten der Bundesregierung wird hieran zwar langfristig gedacht, gegenwärtig dieser Idee aber angesichts der Interessenlagen zwischen den Mitgliedstaaten wenig Realisierungschancen eingeräumt. Der deutsche und der französische Außenminister, Kinkel und de Charette, haben sich deshalb im Sinne eines ersten Schrittes in diese Richtung für eine politische Solidaritätsklausel ausgesprochen.[27] Sie soll in den EU-Vertrag übernommen werden, um die Mitgliedstaaten auf eine stärkere Solidarität in der Außen- und Sicherheitspolitik zu verpflichten. Aus dieser Klausel ließe sich auch die finanzielle Lastenteilung bei gemeinsamen Aktionen ableiten, selbst wenn einzelne Staaten sich nicht an einer konkreten militärischen Aktion unmittelbar beteiligen.

Eine mehr übergeordnete Frage betrifft die Möglichkeiten flexiblerer Verfahren in der Außen-, Sicherheits- und Verteidigungspolitik. Ziel ist es hierbei, eine engere Zusammenarbeit zwischen Staaten zu ermöglichen, die dies wünschen, oder auch einer größeren Gruppe von Mitgliedstaaten ein gemeinsames Handeln im Namen der Union zu erlauben, ohne hierbei durch andere blockiert zu werden. Bundeskanzler Kohl und Staatspräsident Chirac haben in diesem Zusammenhang vorgeschlagen, eine generelle Flexibilisierungsklausel in den EU-Vertrag aufzunehmen.[28] Diese Klausel bezieht sich im Prinzip auf alle Bereiche der Union, dürfte aber gerade im Zweiten Pfeiler von besonderer Bedeutung sein. Die Notwendigkeit einer größeren Handlungsfähigkeit der Union wird allgemein

23 Der WEU-Ministerrat hat in seiner Petersberger Erklärung vom Juni 1992 für den Bereich des militärischen Krisenmanagements die Aufgaben von Streitkräften der Mitgliedstaaten, die der WEU zur Verfügung gestellt werden können, auf friedenssichernde und friedensherstellende Maßnahmen sowie humanitäre Aktionen und Rettungsaufgaben festgelegt.

24 Vgl. Dokumente 21 und 23.

25 Vgl. Dokument 22.

26 Vgl. Dokumente 14 und 18.

27 Vgl. Dokument 4.

28 Vgl. Dokument 3.

kaum bestritten, eine unkonditionierte Generalklausel stößt aber bei vielen Mitgliedstaaten, wie z. B. den Benelux-Ländern, auf wenig Gegenliebe. Einige Staaten wie Österreich stehen dem Konzept handlungswilliger Koalitionen, die stellvertretend für alle Mitgliedstaaten agieren bzw. militärische Operationen durchführen, deutlich skeptisch gegenüber.[29]

Es ist verständlich, daß gerade die kleineren Mitgliedstaaten längerfristig die Etablierung eines Direktoriums der größeren Mitgliedstaaten in der Sicherheits- und Verteidigungspolitik befürchten. Ihre restriktive Haltung trägt aber wenig zur Lösung des Problems bei. Dieses besteht darin – und hierfür gibt die Bosnien-Kontaktgruppe ein beredtes Beispiel –, daß die größeren Mitgliedstaaten dazu neigen, sich von den schwerfälligen GASP-Prozeduren zu befreien, um im Rahmen von Ad-hoc-Koalitionen unbeeinträchtigt tätig zu werden. Dies mag zwar einen Ausweg aus festgefahrenen sicherheitspolitischen Situationen bieten, bedeutet aber das Risiko eines Substanzverlusts für die GASP. Gelingt es deshalb nicht, einen Kompromiß in der Flexibilisierungsfrage zu erzielen, besteht weiterhin in Krisensituationen die Gefahr des Rückfalls in das Muster des Konzerts der Großmächte außerhalb der normalen Strukturen und Verfahren des Zweiten Pfeilers.

5. Schlußfolgerungen

Wie die Analyse der Reformoptionen zeigt, sind Anzahl und Varianz der Reformvorschläge für die GASP recht groß. Sie spiegeln einerseits die zentrifugalen Kräfte wider, die aus einer Tendenz zur Renationalisierung resultieren, andererseits verdeutlichen sie – wie die zweite Seite ein und derselben Medaille – die Orientierung der Mitgliedstaaten auf die Europäische Union. Offen ist, inwieweit es gelingt, diese zentripetalen Kräfte verstärkt zu nutzen. Nach wie vor fallen die unterschiedlichen außen- und sicherheitspolitischen Traditionen und Kulturen und die weit verbreiteten souveränitätspolitischen Vorbehalte nicht nur auf seiten Großbritanniens und Frankreichs stark ins Gewicht.

Der Zweite Pfeiler eignet sich auch deshalb besonders wenig als Objekt von Reformpolitik, da gerade der Außen- und Sicherheitspolitik der Nimbus des Diskreten und der Diplomatie anhaftet, ganz zu schweigen von Regeln der Geheimhaltung, wenn es um militärisch relevante Fragen geht. Die klassische Verteidigungspolitik wird ohnehin auf absehbare

29 Vgl. zur österreichischen Position Dokument 22.

Zeit kaum zum unmittelbaren Kompetenzbereich der Union gehören. Hier bauen die meisten Mitgliedstaaten auf die NATO. Es ist jedoch nicht ausgeschlossen, daß sich die Mitgliedstaaten auf die teilweise Übernahme von Zielen der Petersberg-Aufgaben (friedenserhaltende Operationen und humanitäre Missionen) einigen könnten. Dies wäre mit Blick auf die postneutralen Staaten ein besonderer Gewinn. Dadurch würde zumindest der Perspektive einer notfalls auch militärisch untermauerten Krisendiplomatie mehr Substanz verliehen, selbst wenn die Union vermutlich auch in Zukunft eher den weichen Themen der Sicherheitspolitik wie Rüstungskontrolle, humanitäre Hilfe oder präventive Diplomatie den Vorzug geben wird.

Geht man nun vom bisherigen schmalen Konsenskorridor bei den Positionen der Mitgliedstaaten aus, so läßt sich allenfalls erwarten, daß es zur Einrichtung einer Planungs- und Analyseeinheit, zu besseren Finanzierungsregeln für die GASP und vertraglich deutlicher ausgedrückten Willensbekundungen für eine engere Zusammenarbeit zwischen der EU und der WEU kommt. Die Einigung auf die Einrichtung eines Amtes für einen irgendwie gearteten GASP-Repräsentanten, der in der Nähe des Rates angesiedelt wäre, scheint ebenso möglich wie äußerst zaghafte Auflockerungen des Einstimmigkeitsprinzips. Äußerst gering sind hingegen die Aussichten auf eine Stärkung der Rolle von Kommission und Europäischem Parlament in der GASP. Damit wird gerade mit Blick auf das letztgenannte Organ die Chance vertan, einen für die Union und ihre Bürger so wichtigen Bereich wie Sicherheitspolitik und Krisenmanagement einer breiteren, die Nationalstaaten übergreifenden Debatte und Legitimation zuzuführen.

Ein großer Schritt nach vorn ist demnach gegenwärtig nicht absehbar. Die Verbesserungen an den herkömmlichen Prozeduren und Strukturen der GASP würden aber die Option einer Weiterentwicklung offenhalten. Dies wird allerdings den Anforderungen an die Union als internationaler Akteur kaum genügen und auch den Erwartungen der Öffentlichkeit nicht gerecht werden. Sicherlich lassen sich eine Planungs- und Analyseeinheit oder ein GASP-Generalsekretär gegenüber der Öffentlichkeit als Erfolg der Regierungskonferenz ausweisen. Die nächste internationale Krise würde jedoch erneut die Schwächen der GASP offenbaren. Kein Generalsekretär einer internationalen Organisation kann die Politik in einer Weise beeinflussen, wie sie nicht auch von den Mitgliedstaaten gewünscht wird. Eine Planungs- und Analyseeinheit kann nur Wirkung zeitigen, wenn ihre Vorschläge von den Mitgliedstaaten aufgegriffen werden. Die geringen Einflußmöglichkeiten einiger nationaler Planungsstäbe in den Außen- und Verteidigungsministerien geben hierfür freilich kein gutes Beispiel.

Wirkliche Fortschritte in Richtung einer effizienteren und effektiveren GASP könnten nur erzielt werden, wenn sich die Mitgliedstaaten im Verlaufe der Regierungskonferenz mehr als bisher auf die Reform des Entscheidungssystems und seiner Substrukturen konzentrierten. Dies würde intensive Debatten über die Vorschläge für eine Anwendung von Mehrheitsentscheidungen und die Einrichtung eines Ständigen Politischen Ausschusses erfordern, denn nach bisheriger Lage der Dinge kämen diese Vorschläge nur äußerst verkürzt oder überhaupt nicht zum Zuge. Hier anzusetzen wäre gerade mit Blick auf die voraussichtlich anwachsende Mitgliederzahl der Union essentiell. In einer erweiterten Union werden sich regionalspezifische Interessen verstärkt ausdifferenzieren, und die Herstellung von Konsens wird unter zwanzig oder gar siebenundzwanzig Mitgliedstaaten der Quadratur des Kreises nahekommen. Es wäre deshalb schon viel gewonnen, wenn sich die Mitgliedstaaten auf eine substantielle Einschränkung des Einstimmigkeitsprinzips einigen könnten, um die Handlungsfähigkeit einer erweiterten Union zu gewährleisten.

REFORMZIEL INNERE SICHERHEIT: DIE NOTWENDIGKEIT EINER GEMEINSAMEN INNEN- UND JUSTIZPOLITIK

Jörg Monar

1. Inneres und Justiz als „jüngste" Politikbereiche der Union

Die enorme Konzentration von politischer, administrativer und finanzieller Macht des modernen Staates legitimiert sich zu einem wesentlichen Teil durch seine Funktion der Gewährleistung der Sicherheit seiner Bürger. Entsprechend eng verwoben sind die Bereiche der inneren und äußeren Sicherheit auch mit dem traditionellen Konzept der nationalstaatlichen Souveränität: Jede auch noch so begrenzte Aufgabe von nationaler Kontrolle über staatliche Instrumente stellt hier, so scheint es, den Nationalstaat in seinem innersten Wesen und Funktionsgehalt in Frage. Der europäische Einigungsprozeß hat sich denn auch bis heute in beiden Bereichen als äußerst zähflüssig erwiesen. Für den Bereich der inneren Sicherheit gilt dies jedoch in besonderem Maße: Während bestimmte Aspekte der äußeren Sicherheit von den EG-Mitgliedstaaten bereits seit Inkrafttreten der Einheitlichen Europäischen Akte auf einer klaren Vertragsgrundlage behandelt werden konnten, wurden die Bereiche Inneres und Justiz erst mit dem Inkrafttreten des Unionsvertrages im November 1993 offiziell in das Gefüge der Verträge eingeführt. Die Zusammenarbeit in den Bereichen Justiz und Inneres gemäß Titel VI EUV, die verkürzt zumeist als „Dritter Pfeiler" des Unionsvertrages bezeichnet wird, bildet damit das mit Abstand jüngste Politikfeld des europäischen Einigungswerkes. Dieses wurde jedoch nicht zum Gegenstand einer „gemeinsamen Politik" nach dem Vorbild der supranationalen Entscheidungsprozesse bei EG-Politiken erhoben, sondern blieb der intergouvernementalen Zusammenarbeit zwischen den Mitgliedstaaten der Union vorbehalten.

Auf den ersten Blick erscheint es angesichts der relativen Neuheit des „Dritten Pfeilers" gerechtfertigt, vorerst eher geringe Erwartungsmaßstäbe anzusetzen und auch größere Entwicklungsdefizite als unvermeidliche Anfangsschwierigkeiten zu betrachten. Tatsächlich aber ist eine derartige „Schonfrist“ für die EU-Politik in den Bereichen Inneres und Justiz unangebracht, und dies vor allem aus zwei Gründen:

Zum einen bestanden Strukturen der Zusammenarbeit zwischen den Mitgliedstaaten in den Bereichen Justiz und Inneres bereits lange vor der Einführung des Dritten Pfeilers. Im Bereich der Terrorismusbekämpfung kooperierten die Mitgliedstaaten bereits seit den siebziger Jahren im Rahmen der EPZ-Unterstruktur „TREVI“, und die mit der Vollendung des Binnenmarktes und dem Abbau der Grenzkontrollen verbundene Notwendigkeit einer Vielzahl von Ausgleichsmaßnahmen ließen in der zweiten Hälfte der achtziger Jahre auf pragmatischer Ebene eine Vielzahl zusätzlicher Arbeitsgruppen und Kooperationsmechanismen entstehen, wie z. B. „CELAD“[1] im Bereich der Drogenbekämpfung und „GAM'92“[2] im Bereich der Zusammenarbeit der Zollbehörden. Wesentliche Nachteile dieser Entwicklung waren eine zunehmende Unübersichtlichkeit des Gefüges der Zusammenarbeit, erhebliche Koordinationsprobleme und die Abwesenheit einheitlicher politischer Leitlinien. Die Einführung des Dritten Pfeilers sollte die Defizite bestehender Kooperationsformen bereits überwinden helfen und kann somit nicht die milde Bewertung eines bloßen „ersten Schrittes“ beanspruchen.

Zum anderen – und dies wiegt schwerer – handelt es sich bei den in Artikel K.1 EUV recht vorsichtig als „Angelegenheiten von gemeinsamem Interesse“ bezeichneten Politikbereichen allesamt um Bereiche, in denen sich die Mitgliedstaaten einem ständig wachsenden Handlungsbedarf gegenübersehen: Viele der vom Dritten Pfeiler abgedeckten Bereiche sind längst zu prioritären Fragen der Politik in den Mitgliedstaaten geworden. In Frankreich beispielsweise zählten die Bereiche Einwanderung, Asyl und innere Sicherheit zu den zentralen Themen des Präsidentschaftswahlkampfes von 1995. In Großbritannien hat sich die Regierung aus Gründen der inneren Sicherheit und der Einwanderungskontrolle bisher geweigert, den im Rahmen des Binnenmarktes vorgesehenen Abbau der Grenzkontrollen zu vollziehen. In Deutschland sind Themen wie Asylmißbrauch, Einwanderung und die Bedrohung durch die neuen Formen organisierter Kriminalität aus Osteuropa und den GUS-Staaten (u. a. organisierter Schmuggel von gestohlenen Kraftfahrzeugen und Nuklearbrennstoffen) seit einigen Jahren immer wieder zu Schlüsselthemen der politischen Diskussion und auch der Besorgnisse der Bürger geworden.

1 „Comité européen de la lutte anti-drogue“ (Europäischer Drogenbekämpfungsausschuß).

2 „Groupe assistance mutuelle '92“ (Gruppe gegenseitige Unterstützung '92).

Ob es sich nun aber um den steigenden Zuwanderungsdruck, den andauernden massiven Mißbrauch des Asylrechts, den internationalen Drogenhandel oder neue Formen organisierter Kriminalität handelt, in allen diesen Bereichen stehen die Mitgliedstaaten vor Herausforderungen, die aufgrund ihrer grenzüberschreitenden Natur gemeinsame Maßnahmen zwingend notwendig erscheinen lassen. Kein Mitgliedstaat vermag heute mehr alleine wirksame Antworten auf die internationalen Bedrohungsfaktoren für die innere Sicherheit zu finden. Es besteht ein ebenso klarer wie dringender Handlungsbedarf, und eben deshalb kann sich die Europäische Union eine „Schonfrist" für die Zusammenarbeit in den Bereichen Inneres und Justiz nicht leisten.

Im Hinblick auf die laufende Regierungskonferenz stellt sich daher zunächst die ganz nüchterne Frage, wie das bestehende Entscheidungssystem des Dritten Pfeilers, seine Instrumente und die bislang erzielten Ergebnisse im Hinblick auf den großen bestehenden Handlungsbedarf zu bewerten sind.

2. Das Entscheidungssystem des Dritten Pfeilers

Das Inkrafttreten des Unionsvertrages brachte für die bisherigen Formen der Zusammenarbeit in den Bereichen Inneres und Justiz umfassende Neuerungen: Das lockere und fragmentarische Gefüge der bestehenden Arbeitsgruppen erhielt eine klare Aufteilung in drei Teilbereiche (Asyl und Einwanderung, Polizei und Zollwesen, justitielle Zusammenarbeit), wurde reorganisiert und ergänzt. Jedem Teilbereich steht heute eine Lenkungsgruppe vor, welche die Arbeiten der verschiedenen Gruppen im Auftrag des aus hohen Beamten der verantwortlichen Ministerien bestehenden sogenannten „K.4-Ausschusses" steuert. Letzterer dient als zentrales Koordinationsgremium und bereitet die Sitzungen des Rates der Innen- und Justizminister vor, wobei der K.4-Ausschuß allerdings formal (gemäß Art. 151 EGV) dem Ausschuß der Ständigen Vertreter (AStV) untergeordnet ist. Zur administrativen Unterstützung der verschiedenen Ratsgremien wurde im Ratssekretariat eine neue Generaldirektion H eingerichtet.

Die strukturellen Neuerungen des Dritten Pfeilers sind insofern positiv zu bewerten, als sie zu einer einheitlich-systematischen Struktur der Gremien und Arbeiten geführt haben, welche die kontinuierliche Zusammenarbeit und den Informationsaustausch zwischen den nationalen Ministerien wesentlich erleichtert und fördert. Dennoch haben sich auch Probleme ergeben: Zum einen ist die neue Struktur mit nicht weniger als fünf Entscheidungsebenen (Arbeitsgruppen, Lenkungsgruppen, K.4-Ausschuß, AStV, Rat) noch schwerfälliger als die im EG-Rahmen übliche. Zum anderen gestaltet sich das Verhältnis zwischen K.4-Ausschuß als dem obersten entscheidungsvorbereitenden Gremium in den Bereichen Inneres und Justiz und dem vornehmlich mit EG-Fragen befaßten AStV nicht immer reibungsfrei. Beides hat wiederholt zu erheblichen Verzögerungen im Entscheidungsprozeß geführt.

Das einheitliche Entscheidungsverfahren ist vor allem durch das im intergouvernementalen Bereich übliche Erfordernis einstimmiger Entscheidungen charakterisiert. Zwar bietet der Vertrag den Mitgliedstaaten die Möglichkeit, die einzelnen Schritte zur Durchführung „gemeinsamer Maßnahmen" mit qualifizierter Mehrheit zu beschließen (Artikel K.3 (2) b EUV), aber von dieser Möglichkeit ist bislang kein Gebrauch gemacht worden, da einige Mitgliedstaaten – darunter vor allem Großbritannien – Mehrheitsentscheidungen in Fragen der Innen- und Justizpolitik prinzipiell ablehnen. Das Erfordernis der Einstimmigkeit trägt – und dies sicherlich nicht zu Unrecht – der Tatsache Rechnung, daß die vom Dritten Pfeiler abgedeckten Politikfelder Kernbereiche der nationalen Souveränität wie vor allem das Einwanderungs- und Asylrecht sowie das Polizeiwesen berühren. In der Praxis liegt hier jedoch eindeutig eines der Hauptprobleme des Dritten Pfeilers: Die Notwendigkeit einstimmiger Entscheidungen führt hier wie auch in anderen der einstimmigen Beschlußfassung unterworfenen Politikbereichen der Union zumeist zu Einigungen auf den kleinsten gemeinsamen Nenner. Dieser drückt sich entweder, wie im Falle des „Übereinkommens über das vereinfachte Auslieferungsverfahren zwischen den Mitgliedstaaten der Europäischen Union"[3], das im Verlaufe seiner Beratung einen Großteil seiner Substanz einbüßte, in einer erheblichen Ausdünnung des angenommenen Textes aus oder in einem Ausweichen auf rechtlich unverbindliche Texte wie „Erklärungen" und „Schlußfolgerungen" (siehe unten), oft genug auch in beidem. In Fällen hartnäckiger Kontroversen um einen Einzelpunkt, kann dieser eine Entscheidung sogar über Jahre verhindern. So sind beispielsweise gegenwärtig aufgrund des Widerstandes Großbritanniens gegen die Einführung bzw. Ausdehnung der Zuständigkeit des Gerichtshofes der EG eine ganze Reihe von Übereinkommen einstweilen blockiert oder sogar gefährdet.

3 Amtsblatt der EG, Nr. C78 vom 30. März 1995.

Von Bedeutung für das Entscheidungsverfahren ist auch das nicht-exklusive Initiativrecht der Kommission: Obwohl sie ihr Initiativrecht im Dritten Pfeiler im Unterschied zum EG-Rahmen mit den Mitgliedstaaten teilen muß, verleiht ihr dieses ein gewisses Gewicht im Entscheidungsprozeß, welches auch der Kohärenz zwischen dem Dritten Pfeiler und den EG-Politiken förderlich ist. Das Initiativrecht der Kommission erstreckt sich jedoch ausdrücklich nicht auf drei wichtige Bereiche des Dritten Pfeilers (gemäß Art. K.3 (2) EUV): die justitielle Zusammenarbeit in Strafsachen, die Zusammenarbeit im Zollwesen und die polizeiliche Zusammenarbeit. Dies sowie auch die nicht-exklusive Natur des Initiativrechts und das Einstimmigkeitserfordernis schränken den Handlungsspielraum der Kommission in der Praxis erheblich ein. Unter diesen Umständen hängt der tatsächliche Einfluß der Kommission in hohem Maße vom Geschick ihres Vorgehens und der Einbringung spezifischer Expertise ab. Wahrscheinlich im Bemühen, kontraproduktive Polarisierungen und Polemiken zwischen den Mitgliedstaaten zu vermeiden, hat es die Kommission bislang vorgezogen, ihre Initiativen auf einige wenige und inhaltlich eher vorsichtig gehaltene Vorschläge wie den neuen Entwurf des Abkommens über die Personenkontrollen an den Außengrenzen vom Dezember 1993[4] zu beschränken. Die Rolle des „Motors" des politischen Prozesses, den die Kommission traditionell im EG-Bereich spielt, kommt ihr im Dritten Pfeiler daher gegenwärtig eindeutig nicht zu, womit eine mögliche treibende Kraft für die Weiterentwicklung der EU-Politik in diesen Bereichen weitgehend ausfällt.

3. Die Instrumente des Dritten Pfeilers

Der Unionsvertrag hat eine Reihe von rechtlichen Handlungsinstrumenten für die Zusammenarbeit in den Bereichen Justiz und Inneres eingeführt. Neben dem eher klassischen und bereits mehrfach genutzten Instrument förmlicher völkerrechtlicher „Übereinkommen" sieht der Vertrag auch die Möglichkeit „gemeinsamer Standpunkte" und „gemeinsamer Maßnahmen" vor (Artikel K.3 EUV). Wie im Falle der Einführung einer einheitlichen Organisationsstruktur der Zusammenarbeit ist auch die Schaffung von spezifischen Rechtsinstrumenten im Prinzip positiv zu bewerten. Hinsichtlich der Terminologie und der Frage der rechtlichen Bindungswirkung haben sich jedoch erhebliche Probleme ergeben. Sowohl die „gemeinsamen Standpunkte" als auch die „gemeinsamen Maß-

4 Vgl. hierzu das Dokument der Kommission: KOM(93) 684 endg.

nahmen“ sind eindeutig der Terminologie der Gemeinsamen Außen- und Sicherheitspolitik entliehen. Dort haben sie als gemeinsame auf Außenwirksamkeit bedachte Aktionen der Mitgliedstaaten ihren vollen wörtlichen Sinn. Die Bereiche Justiz und Inneres sind jedoch ihrer Natur nach vornehmlich Bereiche gesetzgeberischer Aktivität, so daß hier der Bedeutungsgehalt von „Standpunkten“ und „Maßnahmen“ weit weniger offenkundig ist. Tatsächlich ist es zu unterschiedlichen Interpretationen der rechtlichen Bedeutung von „gemeinsamen Standpunkten“ gekommen, was einer der Gründe dafür ist, warum dieses Instrument bislang nur ein einziges Mal genutzt worden ist.[5] Der Gebrauch „gemeinsamer Maßnahmen“ ist bislang ebenfalls auf Einzelfälle wie z. B. die Ausdehnung des Mandats der Europol-Drogenstelle[6] beschränkt geblieben, obwohl hier die rechtlichen Wirkungen nicht strittig sind. Generell ist festzustellen, daß die Mitgliedstaaten bislang weitaus häufiger auf die rechtlich unverbindlichen Texte klassischer intergouvernementaler Zusammenarbeit wie „Entschließungen“, „Erklärungen“ und „Schlußfolgerungen“ zurückgegriffen haben als auf die im Vertrag ausdrücklich vorgesehenen rechtlichen Instrumente. Der rechtliche „Besitzstand“ des Dritten Pfeilers ist daher bislang äußerst mager geblieben.

Artikel K.1 EUV errichtet zwar keine den supranationalen Gemeinschaftskompetenzen vergleichbare Unionskompetenz für die darin aufgeführten Politikfelder, schafft aber einen intergouvernementalen Handlungsrahmen für diese. Auch hier haben sich Probleme ergeben. In Teilbereichen überschneiden sich die Felder des Artikels K.1 teilweise mit Gemeinschaftskompetenzen. Dies gilt insbesondere für die „das Überschreiten der Außengrenzen betreffenden Vorschriften“, wo sich eine Überschneidung mit der Gemeinschaftskompetenz im Bereich des Visumzwanges und der einheitlichen Visumgestaltung ergibt (Artikel 100c EGV), im Bereich der Bekämpfung der Drogenabhängigkeit, wo die Gemeinschaft ebenfalls tätig werden kann (Artikel 129 EGV), und für die Bekämpfung von Betrügereien im internationalen Maßstab, wo die Gemeinschaft befugt ist, Maßnahmen zum Schutz ihrer finanziellen Interessen zu ergreifen (Artikel 209a EGV). Diese Überschneidungen haben zu Unsicherheiten hinsichtlich der Zuständigkeitsverteilung geführt und bedeuten, daß eng miteinander verzahnte Fragen wie etwa die Visumpolitik und die Vorschriften zum Überschreiten der Außengrenzen auf un-

5 Im Zusammenhang mit einer harmonisierten Anwendung des Begriffs des „Flüchtlings“, Amtsblatt. der EG Nr. L63 vom 13. März 1996.

6 Vgl. Amtsblatt der EG Nr. L62 vom 20.3.1995.

terschiedlicher Rechtsgrundlage und in unterschiedlichen Entscheidungsverfahren behandelt werden müssen. Auch dies führt in vielen Fällen zu einer Erschwerung und Verlangsamung der Entscheidungsprozesse.

Artikel K.9 EUV eröffnet dem Rat die Möglichkeit, die Politikfelder des Dritten Pfeilers teilweise in den Bereich der Gemeinschaftskompetenz und der EG-Entscheidungsverfahren zu überführen. Hierzu muß er auf Initiative der Kommission oder eines Mitgliedstaates einstimmig beschließen, daß Artikel 100c EGV auf Maßnahmen in den ersten sechs der in Artikel K.1 aufgeführten Politikfelder anwendbar ist.[7] Das Europäische Parlament hat die Kommission wiederholt gedrängt, von ihrem diesbezüglichen Initiativrecht Gebrauch zu machen, um auf diese Weise den Dritten Pfeiler zumindest teilweise zu „vergemeinschaften". In einer ersten Stellungnahme im November 1993 erklärte die Kommission, daß sie es nicht für ratsam halte, Artikel K.9 zu nutzen bevor einige Erfahrungen mit der Umsetzung der Bestimmungen des Dritten Pfeilers gesammelt worden seien[8], eine Auffassung, der sich der Rat vollauf anschloß. Auf Drängen des Parlaments verfaßte die Kommission dann im November 1995 einen zweiten Bericht zu dieser Frage. In diesem sprach sie sich zwar für eine Vergemeinschaftung aller Teile des Dritten Pfeilers mit Ausnahme der polizeilichen Zusammenarbeit und der justitiellen Zusammenarbeit in Strafsachen aus. Gleichzeitig erklärte sie aber, daß dieses Ziel im Rahmen der Regierungskonferenz aussichtsreicher zu verfolgen sei als durch eine Nutzung des Artikels K.9, der prozedural schwerfällig sei, die Gefahr einer Überschneidung mit der Regierungskonferenz mit sich bringe und den falschen Eindruck erwecken könne, daß eine grundlegende Revision des Dritten Pfeilers auch im Rahmen der bestehenden Vertragsbestimmungen möglich sei.[9] Man darf vermuten, daß ein weiterer Grund für diese Position das Bestreben der Kommission war, aus taktischen Gründen eine Polarisierung der Mitgliedstaaten in der Frage der Vergemeinschaftung von Teilen des Dritten Pfeilers vor Beginn der Regierungskonferenz zu vermeiden. Dennoch ist es sicherlich bedauerlich, daß die Union nun über eine Revision des Dritten Pfeilers berät, ohne ihr wichtigstes Instrument zur vertragsim-

7 Es handelt sich um die Bereiche Asylpolitik, Vorschriften für das Überschreiten der Außengrenzen, Einwanderungspolitik, Bekämpfung der Drogenabhängigkeit, Bekämpfung der Betrügereien im internationalen Maßstab, justitielle Zusammenarbeit in Zivilsachen.

8 Vgl. Europäische Kommission, Dokument SEC(93) 1687.

9 Vgl. hierzu das Dokument der Kommission: KOM(95) 566 endg.

manenten Anpassung der Zuständigkeitsverteilung ein einziges Mal genutzt und getestet zu haben.

4. Die Ergebnisbilanz des Dritten Pfeilers

Die in den einzelnen Politikfeldern des Dritten Pfeilers seit Inkrafttreten des Unionsvertrages erzielten Ergebnisse und hauptsächlichen Defizite lassen sich wie folgt zusammenfassen:

In der *Asylpolitik* konnten vereinzelte pragmatische Fortschritte erzielt werden, wie z.B. die Einigung auf ein einheitliches Formular zur Bestimmung des für die Prüfung eines Asylantrages zuständigen Staates, die Annahme eines Textes über die Beweismittel im Rahmen des Dubliner Übereinkommens zur Bestimmung des für die Prüfung eines Asylantrages zuständigen Staates, die Einigung auf ein paßähnliches Formular für die Überstellung von Asylbewerbern zwischen den Mitgliedstaaten und die Definition einiger einheitlicher Kriterien zur Anerkennung des Flüchtlingsstatus. Das für die weitere Entwicklung der Asylpolitik der Union zentrale Dubliner Übereinkommen zur Feststellung des für die Behandlung eines Asylantrags zuständigen Mitgliedstaates ist jedoch aufgrund langwieriger Probleme bei der Ratifizierung immer noch nicht in Kraft getreten, und Verhandlungen über eine gemeinsame Definition des Flüchtlingsbegriffs, der Aufnahmebedingungen für Asylsuchende und einer Lastenaufteilung zwischen den Mitgliedstaaten haben bislang noch zu keiner Einigung geführt.

Hinsichtlich der *Vorschriften zur Überschreitung der Außengrenzen* konnten im EG-Rahmen (d.h. im Ersten und nicht im Dritten Pfeiler) durch die Aufstellung einer Liste der Länder, für deren Staatsangehörige Visumzwang besteht, sowie die Einigung auf ein einheitliches EU-Visum klare Fortschritte erzielt werden. Umfassende gemeinsame Regelungen zu den Außengrenzkontrollen im Rahmen des Dritten Pfeilers wurden jedoch bislang durch die fehlende Einigung auf das im Dezember 1993 von der Kommission in einem neuen Entwurf vorgelegte Abkommen über die Personenkontrollen an den Außengrenzen vom Dezember 1993 verhindert, das wegen der britisch-spanischen Kontroverse über Gibraltar und der offenen Frage der Jurisdiktion des Gerichtshofes der EG immer noch blockiert ist.

In der *Einwanderungspolitik* konnten sich die Mitgliedstaaten auf Beschränkungen für die Einreise von Drittstaatsangehörigen zur Ausübung einer Beschäftigung, die Definition von Einreisebedingungen für Studenten und Selbständige, die Möglichkeit der Einführung von Rückführungsklauseln in Abkommen mit Drittstaaten sowie Reiseerleichterungen für Schüler von Drittstaaten mit Wohnsitz in einem Mitgliedstaat einigen. Angesichts der enormen Herausforderungen in der Einwanderungspolitik erscheinen diese Ergebnisse jedoch besonders mager. In einer Mitteilung zur Zuwanderungs- und Asylpolitik hatte sich die Kommission bereits 1994 für einen umfassenden Ansatz ausgesprochen, der mit dem Ziel der Bekämpfung der Ursachen von Emigration in Drittstaaten auch andere Politikbereiche (wie z.B. die Entwicklungs- und Handelspolitik) einbeziehen soll und eine Kombination von Kontroll- und Integrationsmaßnahmen vorsieht.[10] Der Umsetzung eines solchen über bloße Kontroll- und Restriktionsmaßnahmen hinausgehenden Ansatzes ist die Union jedoch seit 1993 kaum einen Schritt nähergerückt.

Im Bereich der *Drogenbekämpfung* konnte 1994 die neue Europol-Drogenstelle ihre Arbeit aufnehmen, und dem Europäische Rat von Madrid wurde im Dezember 1995 nach langwierigen Vorarbeiten ein Bericht zu einem umfassenden Aktionsplan vorgelegt. Die Europol-Drogenstelle ist jedoch bislang auf die Sammlung und Weiterleitung von Informationen zum Drogenhandel beschränkt, und die Umsetzung des vorgeschlagenen Aktionsplans steht noch aus.

Bei der *justitiellen Zusammenarbeit* ergibt sich ein sehr gemischtes Bild: Auf der einen Seite konnten vor allem mit den Übereinkommen zur Vereinfachung des Auslieferungsverfahren und zum Schutz der finanziellen Interessen der EG klare Fortschritte erzielt werden. Auf der anderen Seite ist jedoch das Übereinkommen zu den Auslieferungsverfahren weitaus weniger substantiell ausgefallen als anfänglich geplant, das zum Schutz der finanziellen Interessen der EG verabschiedete Abkommen droht durch Kontroversen über die Kompetenzen des Gerichtshofes beeinträchtigt zu werden, und Einigungen in Bereichen wie der Bekämpfung der Beamtenkorruption, der gegenseitigen Anerkennung des Entzuges von Führerscheinen und des Aktionsplans zur Bekämpfung von Rassismus und Fremdenfeindlichkeit stehen trotz langer Verhandlungen immer noch aus.

Im Bereich der *Zusammenarbeit im Zollwesen* war die Nutzung von EDV-Systemen durch die Zollbehörden der Mitgliedstaaten ein zentrales Thema. Das nach schwierigen Verhandlungem im Juli 1995 erzielte

10 Vgl. hierzu das Dokument der Kommission: KOM(94) 23 endg.

Übereinkommen ist jedoch ebenfalls durch eine Kontroverse über die Kompetenzen des Gerichtshofes blockiert.

Die *polizeiliche Zusammenarbeit* konnte neben der schwer errungenen Einigung auf das Europol-Übereinkommen (Juli 1995) auch durch eine Reihe von Empfehlungen weiterentwickelt werden, so z.B. zur Bekämpfung der Geldwäsche, zum Menschenhandel und zur Überwachung des Fernmeldeverkehrs. Operationelle Kompetenzen wurden Europol jedoch nicht übertragen. Das leidige Problem der Kompetenzen des Gerichtshofes gefährdet immer noch die einheitliche Umsetzung des Übereinkommens, und auf umfassende verbindliche Maßnahmen zur Bekämpfung der internationalen Kriminalität konnten sich die Mitgliedstaaten trotz vielfältiger Verhandlungen noch nicht einigen. Hier wie auch in den zuvor genannten Bereichen fällt zudem auf, daß die Union trotz der internationalen Dimension der Probleme kaum substantielle Initiativen zu verstärkter Zusammenarbeit mit Drittstaaten und internationalen Organisation ergriffen hat.

Die Bilanz in den einzelnen Politikbereichen macht deutlich, wie fragmentarisch und in der Substanz beschränkt die bisherigen Ergebnisse der Zusammenarbeit in den Bereichen Justiz und Inneres sind. Umfassendere gemeinsame politische Lösungsansätze oder Strategien, die angesichts der Größe der Herausforderungen eigentlich vonnöten wären, sind bislang nicht zu erkennen. Die überwiegende Mehrzahl der insgesamt schon spärlichen Ergebnisse beziehen sich ausschließlich auf eine Angleichung von Verfahren und erhöhten Informationsaustausch.

5. Zwei Problembereiche: demokratische und rechtliche Kontrolle

Jede Bilanz des Dritten Pfeilers wäre unvollständig ohne die Erwähnung zweier die konstitutionelle Ordnung der Union betreffender Probleme: das Demokratiedefizit[11] und die Frage des Rechtsschutzes.

Die Rolle des Europäischen Parlaments im Rahmen des Dritten Pfeilers ist bislang auf das Recht begrenzt, über die Arbeiten im Rahmen des Dritten Pfeilers informiert und zu „den wichtigsten Aspekten" gehört zu werden (Artikel K.6 EUV). Es kann kaum überraschen, daß diese Beteiligung des Parlaments von Rat und Mitgliedstaaten eher restriktiv ausgelegt werden, so daß das Parlament oft nur spät und unvollständig über

11 Vgl. zur Problematik der Demokratisierung der EU den Beitrag von Andreas Maurer in diesem Band.

relevante Entwicklungen unterrichtet wird. Bemühungen des Parlaments, seine Kontrollmöglichkeiten auf dem Wege einer Interorganvereinbarung zu verbessern, sind vorerst am Widerstand des Rates gescheitert. Diese Abwesenheit effektiver demokratischer Kontrolle des Dritten Pfeilers auf EU-Ebene wird nicht voll durch eine effektive Kontrolle durch die nationalen Parlamente kompensiert, von denen einige ebenfalls unter Informationsmangel leiden und oft vor vollendete Tatsachen gestellt werden. Der Dritte Pfeiler leidet somit an einem klaren Demokratiedefizit, das sich mit jedem Zuwachs der beschlossenen Texte und Maßnahmen vergrößert.

Kaum weniger besorgniserregend ist die Frage der rechtlichen Kontrolle: Obwohl die Politikfelder des Dritten Pfeilers besondere Gefahren hinsichtlich der Verletzung von Rechten der Individuen mit sich bringen (der Datenschutz im Rahmen der polizeilichen Zusammenarbeit ist ein Beispiel von vielen) existiert aufgrund des Ausschlusses des Dritten Pfeilers von der Jurisdiktion des Gerichtshofes in diesem Bereich keine oberste Rechtsschutzinstanz auf EU-Ebene. Hieraus ergeben sich Gefahren nicht nur für den Rechtsschutz, sondern auch für eine einheitliche rechtliche Auslegung der im Rahmen des Dritten Pfeilers ergriffenen Maßnahmen.

6. Grundlinien einer Reform im Rahmen der Regierungskonferenz

Eine Politik legitimiert sich im wesentlichem durch ihre Ergebnisse. Dies muß heute in besonderem Maße für die Europäische Union gelten, die seit der Krise der Ratifizierung des Unionsvertrages unter erheblichem Druck steht, ihre Politiken vor den Bürgern durch positive Ergebnisse zu rechtfertigen. Diese Art von Legitimitätstest hat der Dritte Pfeiler bislang nicht bestanden: seine Ergebnisbilanz ist ebenso mager wie bruchstückhaft. Die Gründe hierfür sind gewiß vielfältig. Die unterschiedlichen Rechtssysteme und politischen Traditionen der Mitgliedstaaten in den Politikfeldern des Dritten Pfeilers, deren enge Verbindung mit der Souveränität der Mitgliedstaaten und die große innenpolitische Bedeutung einiger dieser Felder erschweren die Einigung auf gemeinsame Positionen und Maßnahmen erheblich. Die Existenz des Schengen-Prozesses ist der Entwicklung des Dritten Pfeilers auch nicht unbedingt förderlich, da dieser den Mitgliedern der Schengen-Gruppe die Möglichkeit bietet, anstatt auf Lösungen innerhalb des Dritten Pfeilers zu bestehen, in einem „konkurrierenden System“ (also außerhalb der EU) das zu verwirklichen, was eigentlich unter Titel VI erreicht werden sollte. Diese und andere politische Rahmenbedingungen lassen sich nicht einfach „reformieren“, sicherlich nicht im Rahmen einer einzigen Regierungskonferenz.

Wie unsere Bilanz gezeigt hat, wird die Zusammenarbeit in den Bereichen Justiz und Inneres jedoch auch von einer Reihe von in den gegenwärtigen vertraglichen Bestimmungen angelegten Defiziten beeinträchtigt. Hier liegt ein eindeutiger Bedarf an Reform vor, und hier könnte die Regierungskonferenz mit ihrem Ziel der Vertragsrevision auch zu greifbaren Fortschritten führen. Geht man von einer Beibehaltung des Titels VI als eines vom EG-Bereich getrennten „Pfeilers“ aus, was auch im Bericht der Reflexionsgruppe nicht in Frage gestellt worden ist, so ergeben sich aus den oben aufgewiesenen Defiziten die folgenden Grundlinien für eine Reform:

Erstens sollte die Struktur des Entscheidungssystems durch eine Reduzierung der Zahl der Entscheidungsebenen vereinfacht werden. Zu einem solchen Schritt hat sich sogar die britische Regierung in ihrem Weißbuch zur Regierungskonferenz vom März 1996 prinzipiell bereit erklärt.[12] Dies könnte in erster Linie durch eine Aufwertung des K.4-Ausschusses zum höchsten Koordinationsgremium unter der Ratsebene bei weitgehender Ausklammerung des AStV und/oder durch die Aufhebung der Lenkungsausschüsse erzielt werden.

Zweitens wären die Möglichkeiten von Mehrheitsentscheidungen auszuweiten. Einige Mitgliedstaaten (nicht nur Großbritannien, sondern beispielsweise auch Frankreich) haben hiermit große Schwierigkeiten, und es wäre gewiß unrealistisch, an einen generellen Übergang zu Mehrheitsentscheidungen in den meisten oder sogar allen Feldern des Artikels K.1 zu denken. Aussichtsreicher und trotz ihrer begrenzten Reichweite nützlich wären Zwischenlösungen wie z. B. obligatorische Mehrheitsentscheidungen bei allen Durchführungsakten von „gemeinsamen Maßnahmen“ und die Einführung der Möglichkeit, Fristen für die einstimmige Annahme bestimmter „gemeinsamer Maßnahmen“ zu setzen, nach deren Ablauf Entscheidungen mit qualifizierter Mehrheit möglich werden würden. Beides könnte mit einer Ausweitung des Initiativrechts der Kommission auf alle Bereiche des Artikels K.1 verbunden werden, wie dies von der Kommission in ihrer Stellungnahme zur Regierungskonferenz vom Februar 1996 auch gefordert wurde.[13]

12 Vgl. Dokument 15.

13 Vgl. Dokument 7.

Drittens sollten Fortschritte auf dem Wege einer Überführung von Teilbereichen des Dritten Pfeilers in den EG-Rahmen erzielt werden. Eine sachliche Diskussion hierüber wird leider durch den ideologischen Beiklang jeglicher „Vergemeinschaftung“ sehr erschwert. Es geht jedoch hier nicht um Doktrinen, sondern um Effizienz. Die Bereiche des Dritten Pfeilers, in denen die Gemeinschaft bereits über weitreichende Kompetenzen verfügt, sollten aus Gründen der Effizienz der Maßnahmen und der Einheit der Rechtsordnung voll in den Gemeinschaftsbereich überführt werden. Dies gilt beispielsweise für die Vorschriften zur Überschreitung der Außengrenzen, wo ein unmittelbarer Zusammenhang mit der Abschaffung der Grenzkontrollen im Binnenmarkt und der EG-Kompetenzen in der Visapolitik besteht. In anderen Feldern hingegen wäre eine volle Vergemeinschaftung wahrscheinlich noch verfrüht. Dies gilt auch für die von erheblichem innenpolitischem Zündstoff behaftete Einwanderungs- und Asylpolitik, die von einer Mehrheit der Mitglieder der Reflexionsgruppe für eine Vergemeinschaftung vorgeschlagen worden ist.[14]

Viertens wären die teilweise der GASP entlehnten Instrumente des Dritten Pfeilers seinen tatsächlichen Bedürfnissen anzupassen. In den meisten Fällen werden die Mitgliedstaaten auch in der Zukunft Beschlüsse zu fassen haben, die der rechtlichen Umsetzung in den Mitgliedstaaten bedürfen. Diese Beschlüsse sollten – wo immer möglich – rechtlich verbindlich sein. Von daher wäre es sinnvoll, das EG-Instrument der Richtlinie in den Bereich des Dritten Pfeilers zu übernehmen, wo es an die Seite oder (besser) an die Stelle der „gemeinsamen Standpunkte“ und „Maßnahmen“ treten sollte. Sinnvoll wäre auch die Einführung von vertraglich definierten Verfahren und Instrumenten zur Zusammenarbeit mit Drittstaaten und internationalen Organisationen, da mittlerweile internationale Kooperation in nahezu allen Bereichen des Dritten Pfeilers (wie beispielsweise bei der Bekämpfung der organisierten Kriminalität) ein Schlüsselelement wirksamer Maßnahmen ist.

Fünftens sollte, wie dies vor allem von der Bundesrepublik, Italien und den Niederlanden immer wieder gefordert worden ist, die Rolle des Europäischen Parlaments gestärkt werden. Eine Mindestreform wäre hier die Einführung einer obligatorischen Konsultierung des Parlaments zu allen rechtlich bindenden Beschlüssen und Aktionsprogrammen, die im Rat zur Entscheidung anstehen. In Fällen, wo rechtlich bindende Texte nicht den nationalen Parlamenten zur Zustimmung vorgelegt werden

14 Vgl. Dokument 2.

müssen (dies ist beispielsweise bei den „gemeinsamen Maßnahmen“ der Fall), sollte das Europäische Parlament eine Mitentscheidungs- oder zumindest Zustimmungsbefugnis erhalten.

Sechstens schließlich sollte die Rechtsprechung des Gerichtshofes auf alle im Rahmen des Dritten Pfeilers angenommenen Rechtsakte sowie die Auslegung der Bestimmungen des Titels VI ausgeweitet werden. Dies ist nicht nur zur Wahrung der Rechtssicherheit und Rechtseinheit bedeutsam, sondern auch, um die gegenwärtig bei nahezu jedem Rechtsakt neu entstehenden langwierigen Kontroversen um die Rolle des Gerichtshofes zu vermeiden. Aufgrund des hartnäckigen Widerstandes Großbritanniens gegen jede Ausweitung der Rolle des Gerichtshofes ist dies allerdings sicherlich einer der schwierigsten Punkte der Reformagenda.

7. Abschließende Betrachtung

Die bisherigen Ergebnisse und Verfahrensweisen des Dritten Pfeilers sind weithin kritisiert worden. Sogar im Bericht des Ministerrates über das Funktionieren des Unionsvertrages vom April 1995 wurden erhebliche Funktionsmängel eingestanden.[15] Hier wie auch in anderen kritischen Bewertungen steht im allgemeinen das Problem der mangelnden Effizienz der Zusammenarbeit in den Bereichen Justiz und Inneres im Vordergrund, und dies – wie die obigen Betrachtungen gezeigt haben – sicherlich nicht zu Unrecht.

Die politische Bedeutung des Dritten Pfeilers geht jedoch über vorwiegend effizienzorientierte Erwägungen hinaus. Seit der schwierigen Ratifizierung des Unionsvertrages hat sich weithin die Auffassung durchgesetzt, daß mehr getan werden muß, um die Union den Interessen ihrer Bürger näherzubringen. Diese Notwendigkeit wurde auch im Bericht der Reflexionsgruppe besonders unterstrichen.[16] Die vom Dritten Pfeiler abgedeckten Politikfelder, von der Asyl- und Einwanderungspolitik über die Drogenpolitik bis hin zu den Problemen der inneren Sicherheit, berühren allesamt die Interessen der EU-Bürger, und zwar in unmittelbarer Form als viele andere Fragen der europäischen Politik, die gegenwärtig als Schlüsselthemen der Regierungskonferenz gehandelt werden. Die meisten EU-Bürger sind von der Einwanderungsproblematik, der Drogengefahr oder der wachsenden Kriminalität sehr viel mehr und unmit-

15 Vgl. Paragraph 75 bis 81 des Berichts (Ratsdokument 5082/95).
16 Vgl. Dokument 2.

telbarer betroffen als von den möglichen Defiziten der Gemeinsamen Außen- und Sicherheitspolitik oder den Problemen der Verwirklichung einer gemeinsamen Währung.

Fortschritte im Bereich des Dritten Pfeilers sind daher sehr viel eher als solche in manch anderem Bereich geeignet dem Bürger zu zeigen, daß die Union seinen Besorgnissen und Interessen Rechnung trägt und diesbezüglich zu greifbaren Ergebnissen gelangen kann. Das Reformziel „innere Sicherheit" ist daher nicht nur eine Frage erhöhter Effizienz des Dritten Pfeilers, sondern auch der Glaubwürdigkeit der Union insgesamt.

DIE POSITIONEN DER MITGLIEDSTAATEN UND EU-ORGANE IM ÜBERBLICK: STANDPUNKTE, SPIELMATERIAL UND SPRENGSÄTZE

Melanie Piepenschneider

Die Mitgliedstaaten und Organe[1] der Europäischen Union haben für die Regierungskonferenz, in deren Rahmen innerhalb eines Jahres (1996/97) eine Anpassung des Maastrichter Vertrages verhandelt werden soll, zahlreiche Vorschläge unterbreitet. Mittels einer zeitlich vorgeschalteten Reflexionsgruppe[2] wurde versucht, eine Vorklärung über Problemdefinitionen und mögliche Optionen für Lösungen zu erhalten. In dem zum Europäischen Gipfel in Madrid im Dezember 1995 vorgelegten Endbericht dieser Reflexionsgruppe treten die unterschiedlichen Ansätze zur Bewältigung der anstehenden Aufgaben deutlich hervor.[3]

Bei der Reformdiskussion geht es im Kern um die Grundsatzfrage, welche politischen Instrumente zur europäisch ausgerichteten Problemlösung am besten geeignet sind. Nach der Erfahrung zweier Weltkriege wurde in den fünfziger Jahren diese Debatte durch die stufenweise Ausgestaltung der Integration europäischer Staaten entschieden. Zum Ende des 20. Jahrhunderts stellt sich nun die Frage, welche Entscheidungsebene, die des modernen Nationalstaates oder die der Europäischen Union je nach Problemstellung adäquat ist, beziehungsweise, in welchem arbeitsteiligen Verhältnis die verschiedenen politischen Ebenen Probleme lösen sollen. Wie weit reicht heute (noch?) die Problemlösungskraft des Nationalstaates, in welchen Bereichen ist er überfordert und kann keine angemessenen Strukturen zur Verfügung stellen?[4] Hat die Mög-

1 Vgl. Art. 4 EG-Vertrag, der besagt, daß das Europäische Parlament, der Rat, die Kommission, der Gerichtshof und der Rechnungshof als Organe die der Europäischen Gemeinschaft zugewiesenen Aufgaben wahrnehmen und nach Maßgabe der ihnen im Vertrag zugewiesenen Aufgaben handeln. Der Wirtschafts- und Sozialausschuß sowie der Ausschuß der Regionen unterstützen die Arbeit des Rates und der Kommission.

2 Vgl. den Beitrag von Otto Schmuck in diesem Band.

3 Vgl. Dokument 2.

4 Der Parlamentarische Rat hat mit dem deutschen Grundgesetz bewußt die Abkehr von der Idee des geschlossenen Nationalstaates und eine Öffnung der deutschen Staatlichkeit nach außen hin eingeleitet, vgl. Dittmann, Armin: Maastricht II aus der Sicht des deutschen Ver-

lichkeit, in einer voneinander immer abhängigeren und vernetzten Welt durch die Mitarbeit in (neu) ausgebildeten Institutionen das Gesetz des Handelns mitbestimmen zu können, heute noch dieselbe Attraktivität wie nach dem Zweiten Weltkrieg? Die Beantwortung der Frage nach den Problemlösungsebenen sagt auch etwas über die Verteilung der politischen Entscheidungs- und damit Machtzentren aus. Die Definition von zukünftigen und aktuellen Aufgaben, die Identifizierung der am besten geeigneten Problemlösungsebene[5] im Sinne einer funktionalen Zuordnung und das Ausbalancieren der politischen Ebenen, so daß Handlungsfähigkeit wirklich gewährleistet ist und es nicht zu einer gegenseitigen Blockierung kommt – vor diesen nicht leicht zu lösenden Aufgaben stehen die Verhandlungspartner der Regierungskonferenz. Erschwerend kommt hinzu, daß unter den Mitgliedstaaten der Europäischen Union recht weit auseinandergehende Vorstellungen über die jeweiligen Aufgabenstellungen und die dazugehörige Problemlösungsebene bestehen.

Diskutiert wird dieses komplexe Thema unter den Stichworten: Demokratisierung des europäischen Integrationsprozesses, Kompetenzverteilung, Bereitschaft zur Souveränitätsabgabe an die europäische Ebene, Transparenz und Verantwortlichkeit von politischen Entscheidungen, Bürgernähe und – vor dem Hintergrund von zwölf Beitrittsgesuchen an die Europäische Union – Steigerung der Effizienz des politischen Entscheidungsprozesses.

1. Datenmaterial

Anders als 1990/91 zur Zeit der Verhandlungen um den Maastrichter Vertrag haben verschiedene Akteure zur Vorbereitung der Regierungskonferenz 1996/97 in vielzähligen Papieren ihre Positionen formuliert und in eine öffentliche Diskussion eingebracht. Daraus ist nicht zu schließen, daß 1990/91 die Regierungen ohne vorher festgelegte Vorstellungen in die Verhandlungen gegangen sind – dieses wäre politisch irrational. Aber die Öffentlichkeit wurde nicht in dem Maße unterrichtet, wie es aktuell der Fall ist, beziehungsweise die „Nachfrage“ zum Bei-

fassungsrechts, in: Caesar, Rolf/Ohr, Renate: Maastricht und Maastricht II: Vision oder Abenteuer? Baden-Baden 1996.

5 Vgl. die Debatte um das Subsidiaritätsprinzip in der Europäischen Union; aus der Fülle der Literatur zu diesen Thema, vgl. beispielhaft: Jachtenfuchs, Markus: Die EG nach Maastricht. Das Subsidiaritätsprinzip und die Zukunft der Integration, in: Europa-Archiv, 10 (1992), S. 279–287; Konow, Gerhard: Zum Subsidiaritätsprinzip des Vertrages von Maastricht, in: Die Öffentliche Verwaltung, 10 (1993), S. 405–412.

spiel durch die Medien war nicht in diesem Maße entwickelt. Zudem hatten sich bei weitem nicht so viele Akteure zu Wort gemeldet. Das Thema Reform hat heute hingegen einen höheren Aufmerksamkeitswert. Hinzu kommt, daß die nationalen Parlamente sich erheblich stärker mit eigenen Positionen in den Diskussionsprozeß einklinken. Das Ergebnis der Regierungskonferenz wird voraussichtlich nach den verfassungsrechtlich vorgesehenen Verfahren (was auch ein Referendum einschließen kann) in den Mitgliedstaaten der Europäischen Union ratifiziert werden müssen. Die nationalen Parlamente werden also letztendlich darüber entscheiden, ob diese Änderungen wirklich wirksam werden.

Die zur Regierungskonferenz vorgelegten Positionspapiere lassen sich folgendermaßen klassifizieren[6]:

Vorschläge der Regierungen: Hierbei handelt es sich sowohl um im Kabinett festgelegte Positionen, aber auch um Überlegungen aus einzelnen Ministerien, Redebeiträge oder Artikel von Staats- und Regierungschefs sowie Ministern.

Vorschläge aus den nationalen Parlamenten: Hierbei handelt es sich um Positionen, welche in Ausschüssen, von Fraktionen oder den Parlamenten als Plenarbeschluß gefaßt wurden.

Vorschläge von Gliederungen eines Mitgliedstaates: Diese Kategorie kommt vor allem bei Deutschland und Österreich also bei bundesstaatlich gegliederten Staaten zum Tragen: Die Länder in Deutschland, die Regionen in Belgien und die Bundesländer in Österreich haben eigene Positionen zur Regierungskonferenz entwickelt. In Deutschland ist die Rolle der Länder in der Europapolitik durch die Einführung des Art. 23 GG grundsätzlich gestärkt worden.

Gemeinsame Vorschläge mehrerer Akteure: Auch das Bemühen, Partner zur Durchsetzung von Positionen zu suchen, hat sich in einigen Papieren niedergeschlagen. Die intensivsten Anstrengungen wurden unternommen, die Überlegungen in Frankreich und Deutschland abzustimmen: So haben französische und deutsche Parlamentarier ein gemeinsames Papier erarbeitet, aber auch die Regierungschefs und die Außenminister haben gemeinsame Positionen veröffentlicht. Darüber hinaus gibt es eine gemeinsame Erklärung von Italien und Deutschland; die Benelux-Staaten haben ihre Gemeinsamkeiten definiert ebenso wie die EU-Mitglieder im

6 Vgl. auch: Piepenschneider, Melanie: Regierungskonferenz 1996. Synopse der Reformvorschläge zur Europäischen Union, 2. aktualisierte Auflage 1996 (Arbeitspapier der Konrad-Adenauer-Stiftung).

Nordischen Rat und die bündnisfreien Länder Schweden und Finnland hinsichtlich ihrer sicherheitspolitischen Vorstellungen.

Vorschläge der Organe der Europäischen Union: Die Organe der Europäischen Union haben die sogenannten „Funktionsberichte", welche sie bis Mitte des Jahres 1995 zur Vorbereitung der Regierungskonferenz vorgelegt haben, nicht nur genutzt, um das Funktionieren des Maastrichter Vertrages nach knapp eineinhalb Jahren zu bilanzieren, sondern auch, um eigene Vorschläge zur Weiterentwicklung zu machen.[7] Hier ist vor allem der Bericht des Europäischen Parlaments zu nennen, welcher sehr konkrete Vorstellungen über die zukünftige Europäische Union beinhaltet. Darüber hinaus hat das Europäische Parlament zur Einberufung der Regierungskonferenz und zum Endbericht der Reflexionsgruppe eine Stellungnahme abgegeben. Von der Europäischen Kommission liegen ebenfalls ein Funktionsbericht sowie die Stellungnahme zur Einberufung der Regierungskonferenz vor.

Vorschläge von Parteien: Einige Parteitage wurden genutzt, um Grundsatzbeschlüsse zum Thema Europas zu fassen.

Vorschläge aus anderen internationalen Organisationen, welche eine enge institutionelle oder politische Verbindung zur Europäischen Union aufweisen, wie z.B die Westeuropäische Union.

Vorschläge von Verbänden und gesellschaftlichen Gruppen, sowie *Vorschläge aus der Wissenschaft.*

Die Texte sind unterschiedlich strukturiert, die inhaltliche Prioritätensetzung variiert je nach Interesse und die analytische Schärfe zur Problemerfassung ist je nach Text-Typ mal stärker oder weniger ausgeprägt. Manchmal setzt sich erst aus verschiedenen Texten und Äußerungen ein Bild über die Position des jeweiligen Akteurs zusammen. Es ist auch ein taktisches Kalkül der Verhandlungspartner zu Beginn der Beratungen, die Maximalpositionen in die Diskussion einzubringen beziehungsweise sich mit allzu präzisen Äußerungen zurückzuhalten, um so die Verhandlungsmargen nicht von Anfang an zur Disposition zu stellen. Für die Auswertung im Rahmen dieses Beitrages werden die Regierungspositionen, die Überlegungen in einigen Organen der Europäischen Gemeinschaft (Kommission, Europäisches Parlament) sowie die Leitlinien für

7 Insgesamt wurden acht verschiedene Berichte/Stellungnahmen vorgelegt: Berichte des Europäischen Parlaments, der Kommission, des Rates, des Europäischen Gerichtshofes, des Gerichtes Erster Instanz, des Rechnungshofes sowie die Stellungnahme des Wirtschafts- und Sozialauschusses und des Ausschusses der Regionen.

die Regierungskonferenz, wie sie die Staats- und Regierungschefs auf dem Europäischen Gipfel in Turin Ende März 1996 festgehalten haben, ausschnitthaft vorgestellt, wobei auf folgende Diskussions-Eckdaten eingegangen wird: europapolitische Grundpositionen, institutionelle Fragen, Gemeinsame Außen- und Sicherheitspolitik und die Zusammenarbeit in der Justiz- und Innenpolitik.

2. Positionen der Mitgliedstaaten

Deutschland

Deutschland gilt als das Mitgliedsland, welches sich am vehementesten für die Konsolidierung und auch Weiterentwicklung der Europäischen Union einsetzt[8] – wobei Vertiefung und Erweiterung der Europäischen Union traditionell keinen Gegensatz darstellen, sondern parallel verwirklicht werden sollen. Auch wenn der Begriff von den „Vereinigten Staaten von Europa“[9] in den Texten nicht mehr explizit Verwendung findet, so ist es doch das Bestreben der deutschen Regierung, soweit als möglich die Integration fortzuentwickeln – immer mitreflektierend, daß einige der anderen Mitgliedstaaten diese Position nicht teilen aber von Deutschland so etwas wie eine Führungsrolle in der europäischen Integration erwarten. Falls eine Weiterentwicklung nicht mit allen Mitgliedstaaten möglich sein sollte, weil einzelne Partner nicht bereit oder in der Lage sind, bestimmte Integrationsschritte mitzuvollziehen, so darf dadurch den anderen Mitgliedstaaten nicht die Möglichkeit genommen werden unter Wahrung eines einheitlichen institutionellen Rahmens voranzugehen und eine verstärkte Zusammenarbeit zu entwickeln. Diese Formel wird in Deutschland unter dem Stichwort „flexible Integration“ diskutiert und soll einen Ausweg aus dem Dilemma der in den Mitgliedstaaten unterschiedlich ausgeprägten Bereitschaft zur Vertiefung der europäischen Integration aufzeigen. Die Vorschläge zu konkreten Diskussionspunkten spiegeln das Spannungsverhältnis zwischen einem weiterreichenden Integrationswillen und der Chance auf Realisierung pragmatischer Schritte wider.

8 Das Grundgesetz bekennt sich durch seine Präambel und durch die sogenannte Integrationsentscheidung des Art. 23 GG offensiv zum Ziel eines vereinten Europa. Welche verfassungsrechtlichen Vorgaben und Grenzen der Integration in eine Europäische Union für Deutschland zum Tragen kommen, wird in einem Beitrag von Armin Dittmann systematisch aufgearbeitet. Vgl. Dittmann, a.a.O.

9 Schon Adenauer prägte diesen Begriff am 6. März 1946 bei einer Rundfunkansprache im NWDR.

Institutionelle Fragen: Die Entscheidungsverfahren sollen in der Anzahl auf drei reduziert werden (Anhörung, Zustimmung und Mitentscheidung durch das Europäische Parlament) – eine Position für die sich eine Mehrheit in den Mitgliedstaaten abzuzeichnen beginnt. Die gesetzgeberischen Befugnisse des Europäischen Parlaments sollen ausgeweitet werden (allerdings kein Initiativrecht), wobei die Grenzen durch das Urteil des Bundesverfassungsgerichts zum Maastrichter Vertrag vom Oktober 1993 zu beachten sind: Dem Deutschen Bundestag müssen Aufgaben und Befugnisse von substantiellem Gewicht verbleiben; eine weitere Übertragung von wesentlichen Hoheitsrechten auf die Europäische Union kommt nur dann in Betracht, wenn das bestehende Demokratiedefizit auf europäischer Ebene abgebaut wird, denn das Europäische Parlament sei nach dem aktuellen Integrationsstand noch nicht mit genügend Rechten ausgestattet, um eine hinreichende demokratische Legitimation europapolitischer Entscheidungen alleine zu gewährleisten – so das Urteil. Die Kommission soll in ihrer Funktion nicht beschnitten werden, vielmehr soll ihr Initiativrecht auf die Bereiche ausgedehnt werden, in denen es bisher nicht vorgesehen ist, also vor allem in dem sogenannten Dritten Pfeiler des Maastrichter Vertrages, der Zusammenarbeit in der Justiz- und Innenpolitik. Die Zahl der Kommissionsmitglieder ist zu begrenzen, die nationalen Parlamente sollen in angemessener Weise in den europäischen Einigungsprozeß eingebunden werden. Mehrheitsentscheidungen sollen bei gemeinschaftlicher Gesetzgebung die Regel werden, wobei doppelte Mehrheiten[10] vorzusehen sind.

Gemeinsame Außen- und Sicherheitspolitik: Die Gemeinsame Außen- und Sicherheitspolitik soll fortentwickelt und effizienter gestaltet werden, wozu der Aufbau einer Analyse- und Planungskapazität notwendig ist. Mittels einer im Auftrag des Rates handelnden Person soll die europäische Außen- und Sicherheitspolitik zu einer kontinuierlicheren und sichtbareren Rolle gelangen. Für die Umsetzung von Entscheidungen sollen Mehrheitsquoren vorgesehen werden, deren Ergebnisse bei abweichendem Votum von den anderen Mitgliedsländern loyal mitzutragen sind – auch in finanzieller Hinsicht. Langfristig soll die WEU in die Europäische Union integriert werden. Die transatlantischen Beziehungen und damit die Bindung an die NATO bleiben auch beim Aufbau einer

10 Doppelte Mehrheit heißt: Hinter einer Entscheidung muß sowohl die Mehrheit der (gewichteten) Stimmen stehen sowie die Mehrheit der Bevölkerung der Europäischen Union; vgl. zur Problematik den Beitrag von Andreas Maurer in diesem Band.

eigenen europäischen Verteidigungsidentität essentieller Bestandteil deutscher Interessen in einer europäischen Sicherheitspolitik.

Zusammenarbeit im Bereich Justiz- und Innenpolitik: Im Bereich der Justiz- und Innenpolitik sollen die Visapolitik, das Asylrecht und die Zollzusammenarbeit in die Gemeinschaftszuständigkeit überführt werden. Aspekte der inneren Sicherheit (Schutz vor organisierter Kriminalität, Terrorismus und Bekämpfung der Drogenmafia) sollen auf europäischer Ebene verstärkt werden, wobei eine Öffnungsklausel eingebaut werden könnte, bei der nach einer Reihe von Jahren die Möglichkeit gegeben wird, das bisher Erreichte auf die Gemeinschaftsebene zu übertragen. Es soll einen einheitlichen Rechtsschutz geben, was eine stärkere Zuständigkeit des Europäischen Gerichtshofes bedeutet.

Wichtigster Partner Deutschlands in der Europapolitik ist Frankreich. Wenn es auch bisher in den beiden Ländern immer wieder unterschiedliche Vorstellungen über die Modelle zur Problemlösung gab, so war es doch möglich, diese in gemeinsamen positiven Integrationsschritten zu überwinden. Traditionell gelten Deutschland und Frankreich als die Motoren der Integration.

Frankreich

Frankreichs europapolitische Vorstellungen waren historisch schon immer stärker auf die Behauptung der eigenen Nation ausgerichtet (Charles de Gaulle: „Europa der Vaterländer"). Dies führte dazu, daß Frankreich eigentlich eher klassisch intergouvernementalen Problemlösungen den Vorzug gab, aber auch zu Schritten in die Supranationalität (also der Souveränitätsübertragung auf die Europäische Gemeinschaft im Rahmen der Integration) bereit war – nämlich besonders dann, wenn sich daraus eine Erweiterung des französischen Handlungsspielraumes ergab oder die Gefahr kriegerischer Konfliktaustragung durch Einbindung der europäischen Partner in stabile politische Strukturen beseitigt werden konnte (was sich besonders auf Deutschland bezog) bei gleichzeitiger Anerkennung der Bedeutung der sicherheitspolitischen Rolle Frankreichs in Europa. So hat sich Frankreich im Laufe der Jahre in europapolitischen Fragen als ein zuverlässiger Partner und Mitstreiter Deutschlands erwiesen. Wie bei jedem Wechsel im französischen Präsidentenamt stellte sich auch bei Jacques Chirac, der dieses Amt Mitte 1995 übernahm, die Frage nach seinem europapolitischen Kurs. Zahlreiche deutsch-französische Gespräche dienten dazu, sich gegenseitig über Standpunkte zu informieren und in einer Reihe von Positionspapieren die gemeinsamen Überlegungen herauszuarbeiten.[11] Man einigte sich u.a. darauf, die Flexibilitätsklausel in die Reformdebatte einzubringen. Staatspräsident Jacques Chirac setzte sich zu Beginn der Regierungskonferenz dafür ein, die Verhandlungen mit einem wirklich großen politischen Projekt zu verbinden und präsentierte Überlegungen für ein europäisches Sozialmodell.

Institutionelle Fragen: Frankreich geht hierbei nicht ganz so weit wie Deutschland. Frankreich möchte die Rolle der nationalen Parlamente gestärkt sehen. Ein „Hoher Parlamentarischer Rat" aus nationalen Abgeordneten ist in der Diskussion, welcher zur Kontrolle der Einhaltung des Subsidiaritätsprinzips konsultiert werden soll. Die Anzahl der Kommissare soll begrenzt werden, die Stimmgewichtung im Ministerrat ist neu zu ordnen. Es sollte nicht nur nach demographischen Faktoren, sondern auch nach wirtschaftlichen sowie dem finanziellen Beitrag, den ein Mitgliedstaat in die Kasse der Europäischen Union leistet, gewichtet werden. Die Mehrheitsentscheidungen sollen ausgeweitet werden, allerdings soll auch weiterhin bei Vorliegen von wichtigen nationalen Interessen eine Verschiebung der Abstimmung möglich sein (Beibehalten der Luxemburger Vereinbarung).

Gemeinsame Außen- und Sicherheitspolitik: Frankreich will sich aktiv am Aufbau einer europäischen Verteidigung beteiligen. Wichtig ist, daß die Gemeinsame Außen- und Sicherheitspolitik „erkennbar" ist, d.h. durch einen Repräsentanten entsprechend vertreten wird. Frankreich präferiert hier eine ranghohe Persönlichkeit („Elder-Statesman"), welche auf der internationalen Bühne Einfluß geltend machen kann. Die euroatlantische Partnerschaft hat für Frankreich einen hohen Stellenwert.

Zusammenarbeit in der Justiz- und Innenpolitik: Im Bereich der Justiz- und Innenpolitik tritt Frankreich für Annäherungen an die Gemeinschaftsverfahren ein.

Italien

Italien gilt – ähnlich wie die anderen Gründerstaaten – grundsätzlich als integrationsfreundliches Mitgliedsland. Die dem Mitte-Links-Spektrum zuzuordnende Regierungsmehrheit, welche aus den Wahlen im April 1996 hervorgegangen ist, wirft die Frage nach dem zukünftigen europapolitischen Kurs der italienischen Regierung auf. Soweit man hierüber schon eine Einschätzung abgeben kann, ist eine pragmatisch-realistische Europapolitik zu erwarten, eine grundlegende Wende ist nicht in Sicht.

11 Vgl. hierzu die Dokumente 3 und 4.

Der italienischen Regierung geht es im Rahmen der Regierungskonferenz um eine substantielle Vertiefung der europäischen Integration. Schon in der Vergangenheit verstand es Italien, Integrationsimpulse zu setzen. Für dieses Land bildet die Europäische Union einen Stabilitätsrahmen, welcher in innenpolitisch bewegten Zeiten Kontinuität vermittelt. Neben der Begeisterung für den Europa-Gedanken waren auch Transfer-Leistungen der Union vor allem in den Süden Italiens förderlich für die Zustimmung zum europäischen Einigungswerk. Im ausgehenden 20. Jahrhundert befindet sich Italien in einer zwiespältigen Situation: Auf der einen Seite will es auch weiterhin eine wichtige Rolle beim Fortgang der europäischen Integration einnehmen; auf der anderen Seite droht, daß es wegen der restriktiven Eingangsbedingungen in die Europäische Währungsunion (Konvergenzkriterien) diese Etappe der Vertiefung nicht sofort mitvollziehen kann. Formen der differenzierten Integration, zum Beispiel verschiedener Geschwindigkeiten, sollen – so die Position der „alten" Regierung – höchstens im Zuge der Erweiterung, und nur für eine Übergangszeit unter Festlegung gemeinsamer Ziele und der Bewahrung des acquis communautaire möglich sein.

Institutionelle Fragen: Für die institutionelle Reform schlägt Italien vor, daß die Kommission als Impulsgeberin in ihrer Kontrollfunktion und bei Maßnahmen zur Wahrung des Gemeinschaftsrechts gestärkt werden soll. Das Europäische Parlament soll neben dem Rat gleichberechtigt über Rechtsetzungsakte mitentscheiden. Die nationalen Parlamente sind stärker in Angelegenheiten der EU zu beteiligen, was aber nicht zur Bildung einer dritten Kammer aus Vertretern der nationalen Parlamente führen darf. Die nationalen Parlamente sollten ihre jeweiligen nationalen Regierungen stärker kontrollieren.

Gemeinsame Außen- und Sicherheitspolitik: Die Gemeinsame Außen- und Sicherheitspolitik ist weiterzuentwickeln, wobei die transatlantischen Bindungen voll gewahrt bleiben. Um dieses zu erreichen, soll im Rahmen der Regierungskonferenz ein außenpolitischer Zeitplan verabschiedet werden. Die einstimmigen Entscheidungen in der GASP sind auf wirklich wichtige, nationale Interessen berührende Sachverhalte zu beschränken, beziehungsweise ansonsten durch Mehrheitsentscheidungen zu ersetzen. Zur Vorbereitung von Studien durch eine Analyse- und Planungskapazität und zur Durchführung von Entscheidungen soll ein Sekretariat eingerichtet werden. Die Tätigkeit des Sekretariats soll durch einen Generalsekretär, der die EU auch im Ausland repräsentiert, koordiniert werden; alternativ wird in der italienischen Regierung auch über einen Präsidenten nachgedacht, welcher vom Rat und Europäischem Parlament für zwei oder drei Jahre ernannt werden könnte.

Zusammenarbeit in der Justiz- und Innenpolitik: Auch für diesen Bereich sollen die Mechanismen der Gemeinschaftspolitik anwendbar werden, was den Ausbau des Initiativrechtes der Kommission und die Kontrolle durch das Europäische Parlament bedeutet sowie die Gewährleistung der Einheitlichkeit des Rechtsschutzes durch den Europäischen Gerichtshof.

Benelux-Staaten

Die Benelux-Staaten zählen als Gründerstaaten der EG zu den integrationsfreundlichen Mitgliedstaaten – was sich auch am konsequentesten in den Vorschlägen zur Regierungskonferenz niederschlägt.[12] Diese drei „kleineren“ Mitgliedstaaten haben sich über ihre Teilnahme an der europäischen Integration Handlungsspielräume – auch außenpolitisch – erschlossen, welche die Basis für vielfältige politische Aktivitäten bilden. Deshalb ist es für sie wichtig, daß das Prinzip der Gleichheit der Mitgliedstaaten in der Europäischen Union erhalten bleibt (was zum Beispiel beim gleichberechtigten Zugang zu Positionen in Organen, bei der Regelung über die Ratspräsidentschaft etc. zum Ausdruck kommt). Die Benelux-Staaten bewegen sich bei ihren Vorschlägen in einem Spannungsverhältnis zwischen grundsätzlichem Integrationswillen, einhergehend mit der Einsicht in die Notwendigkeit effizienterer institutioneller Strukturen, und der Ausschöpfung ihrer politischen Machtposition, welche darauf beruht, daß die kleineren Staaten (mittlerweile) die Mehrheit in der Europäischen Union bilden und keine Relativierung ihrer eigenen Rolle zulassen wollen. Neben zahlreichen detaillierten Einzelpositionen haben die drei Staaten eine gemeinsame Leitlinie für die Verhandlungen im Rahmen der Regierungskonferenz ausgearbeitet. Sie sprechen sich explizit gegen ein Europa à la carte aus, wobei die Notwendigkeit einer Differenzierung der Integration eingeräumt wird. Diese müsse aber den nichtteilnehmenden Staaten die Möglichkeit eröffnen, sich später anzuschließen; die Funktionsfähigkeit des Binnenmarktes darf nicht beeinträchtigt werden und ein einheitlicher institutioneller Rahmen muß erhalten bleiben. Die verstärkte Anwendung des Subsidiaritätsprinzips dürfe nicht zu einer Aushöhlung des gemeinschaftlichen Besitzstandes führen. Insbesondere Belgien setzt sich dafür ein, daß Sanktionen gegen

12 Vgl. Dokument 14.

Mitgliedstaaten greifen sollen, wenn ein Land seinen Verpflichtungen in bezug auf die demokratische Freiheit und Menschenrechte verletzt – eine Position, welche in den Regierungen der Mitgliedstaaten langsam Zustimmung findet.

Institutionelle Fragen: Die Kommission soll in ihren Befugnissen gestärkt werden, das ausschließliche Initiativrecht bei ihr verbleiben und sie soll eine größere Verantwortlichkeit gegenüber dem Europäischen Parlament erhalten, was auch einen Ausbau der Rechenschaftspflicht beinhaltet. Die Anzahl der Kommissionsmitglieder ist auf je eines pro Mitgliedsland zu beschränken. Die Benelux-Staaten sprechen sich gegen die Einführung eines Prinzips der doppelten Mehrheit im Rat aus. Sie setzen sich für die Gründung eines Beschäftigungsausschusses ein, welcher dem gewachsenen Stellenwert der Arbeitsmarktpolitik Rechnung tragen soll.

Gemeinsame Außen- und Sicherheitspolitik: In der Gemeinsamen Außen- und Sicherheitspolitik plädieren die drei Staaten für die Einrichtung eines Analyse- und Planungsstabes. Dieser soll von einem hohen Beamten geführt werden, welcher von der Kommission und dem Rat zu ernennen ist. Eine Ständige Gruppe soll darüber hinaus dazu dienen, daß sich die Mitgliedstaaten zwischen den Sitzungen besser abstimmen können. Generell sind die Benelux-Staaten für die Einführung von Mehrheitsabstimmungen in der GASP, deren operative Kosten über den Gemeinschaftshaushalt finanziert werden sollen.

Zusammenarbeit in der Justiz und Innenpolitik: Im Bereich der Justiz- und Innenpolitik setzen sich die Benelux-Staaten dafür ein, daß soweit als möglich Gemeinschaftselemente eingeführt werden, was bedeutet: Es sollen die Bereiche ermittelt werden, welche besser im Ersten Pfeiler anzusiedeln sind; die Kommission soll für die im Dritten Pfeiler verbleibenden Themen neben den Mitgliedstaaten Initiativ- und das Europäische Parlament ein Konsultationsrecht bekommen. Ebenfalls soll geprüft werden, für welche Bereiche Beschlußfassungen mit qualifizierter Mehrheit beziehungsweise nach dem Konsens-minus-eins-Verfahren erfolgen können.

Großbritannien

Großbritannien hat kurz vor Beginn der Regierungskonferenz in einem Weißbuch die Position der Regierung zusammenfassend dargestellt. In diesem Papier wird klargestellt, daß die Europäische Union eine Partnerschaft von Nationen ist, welche untereinander kooperieren. Die Europäische Union sei nur erfolgreich, wenn sie die Integrität ihrer unabhängigen demokratischen Mitgliedstaaten respektiert. Ein monolithisches, zentralisiertes Europa lehnt die britische Regierung ab. Errungenschaft der europäischen Integration ist, daß die Gewohnheit des Konflikts durch die Gewohnheit der Zusammenarbeit ersetzt wurde. Für Großbritannien ist mit dem Maastrichter Vertrag aber der weitestgehende Vergemeinschaftungsgrad erreicht worden. Die Union muß mit zunehmender Erweiterung flexibler werden, gleichgültig, ob dies eines neuen Vertragsmechanismus bedarf oder nicht. Großbritannien spricht sich gegen die Einführung eines neuen Kapitels zum Thema Beschäftigungspolitik aus. Es erwartet von einer solchen Initiative keine positiven Effekte für den europäischen Arbeitsmarkt.

Institutionelle Fragen: Im institutionellen Bereich schlägt Großbritannien eine Teampräsidentschaft aus drei oder vier Mitgliedstaaten vor, die für ein Jahr oder länger dieses Amt ausüben. Die Rechte des Europäischen Parlaments sollen nicht ausgeweitet werden. Hauptträger der Legitimation sind die nationalen Parlamente, welche konsultiert werden sollen, bevor die Kommission eine Gesetzesinitiative formuliert. Die Anzahl der Kommissionsmitglieder ist zu reduzieren, wobei die größeren Mitgliedstaaten immer einen Kommissar ernennen und die kleinen sich in Gruppen abwechselnd auf einen einigen. Als Alternative wären Kommissare mit unterschiedlichem Stimmrecht einzuführen. Die Einbindung der nationalen Parlamente in europapolitische Entscheidungen soll rechtlich verbindlich in den zu revidierenden Vertrag aufgenommen werden. Großbritannien ist für keine Ausweitung der Mehrheitsentscheidungen über den Binnenmarktbereich hinaus. Der britische Außenminister Malcolm Rifkind argumentiert vielmehr, daß Mehrheitsentscheidungen für primäre, grundlegende Entscheidungen ungeeignet sind – unabhängig davon, wie groß die Union einmal werden mag.[13] Die Stimmgewichtung im Rat ist zu ändern, so daß die Mitgliedstaaten mit signifikant höherem Anteil an der Bevölkerung der EU oder diejenigen, welche die Hauptnettobeiträge zur Finanzierung beisteuern, stärker berücksichtigt werden beziehungsweise nicht überstimmt werden können. Die vier größten Mitgliedstaaten sollen weiterhin durch die gleiche Stimmenzahl re-

13 Vgl. die Rede des britischen Außenministers Malcolm Rifkind am 21. März 1996 vor dem Unterhaus, in: Britische Botschaft (Hg.): Europäische Notizen aus Großbritannien, Nr. E4/96 vom 27. März 1996.

präsentiert werden.[14] Von der Einführung einer doppelten Mehrheit wird in Großbritannien nichts gehalten. Ein starker und unabhängiger Europäischer Gerichtshof wird für den Ersten Pfeiler begrüßt, aber es muß sichergestellt werden, daß er in seinen Entscheidungen nicht über die Intentionen des Gesetzgebers hinausgeht. Der Europäische Gerichtshof solle Recht auslegen und nicht Recht schaffen.

Gemeinsame Außen- und Sicherheitspolitik: Die Gemeinsame Außen- und Sicherheitspolitik soll, überall wo es möglich ist, zu gemeinsamen Handlungen führen, darf aber nie an die Stelle der nationalen Außenpolitiken treten. Einstimmigkeit ist weiterhin beizubehalten, denn die Schwäche der europäischen Handlungen im ehemaligen Jugoslawien ist auf die Unterschiede zwischen den nationalen Interessen und nicht auf das Konsenserfordernis bei den Entscheidungen zurückzuführen. Weder das Europäische Parlament noch die Kommission sollen erweiterte Rechte in diesem Politikfeld erhalten; den Europäischen Gerichtshof gilt es hier auch weiterhin außen vor zu halten. Das GASP-Sekretariat soll gestärkt und mit einer Person ausgestattet werden, welche die Außenpolitik der Union repräsentiert und die gesammelten Sichtweisen der Mitgliedstaaten im Sinne einer gemeinsamen Politik und keiner Mehrheitspolitik vertritt. Offen bleibt, wie Entscheidungen für diese gemeinsame Politik zustandekommen sollen. Die WEU soll eine von der Europäischen Union unabhängige, autonome Organisation bleiben, die NATO der Hauptpfeiler der westlichen Sicherheit.

Zusammenarbeit in der Justiz- und Innenpolitik: Es soll keine Vergemeinschaftung der Zusammenarbeit in der Justiz- und Innenpolitik stattfinden, weil auch hier Fragen der nationalen Souveränität betroffen sind.

Dänemark

Dänemark hat durch die Aufnahme von Schweden und Finnland in die Europäische Union zwei Mitstreiter zur Durchsetzung nordischer Interessen erhalten. Da Schweden und Finnland aber nicht eine ähnlich integrationskritische Haltung einnehmen, werden lediglich bestimmte Strategien in bestimmten ausgewählten Politikfeldern mit mehr Nachdruck vertreten. Das Thema Beschäftigung soll ein zentraler Verhandlungsge-

14 Trotz dieser Auffassung hat Großbritannien bei der Neufestsetzung der Kontingente der Mandate für das Europäische Parlament, welche durch die deutsche Einheit notwendig wurde, einem gestaffelten System auch für die vier größten Mitgliedstaaten zugestimmt. So kam es, daß Deutschland heute mit 99 Abgeordneten zwölf mehr als die anderen großen EU-Staaten stellt.

genstand der Regierungskonferenz sein, womit neben der Verstärkung des Umweltschutz-Gedankens, der Verbraucherinteressen und einer Stärkung der Grundrechte Politikelemente zum Tragen kommen, denen diese Staaten-Gruppe ihre spezifische Prägung geben möchte. Die kritische Haltung der dänischen Regierung gegenüber weiteren Fortschritten in der europäischen Einigung resultiert u. a. aus der Notwendigkeit, diese durch ein Referendum legitimieren zu müssen. Die Erfahrungen mit dem ersten gescheiteren Volksentscheid über den Maastrichter Vertrag sind noch in guter Erinnerung. Dänemark setzt sich für eine strikte Trennung der Verantwortlichkeiten der Europäischen Union von denen der Mitgliedstaaten ein. Einer pauschalen Vergemeinschaftung des zweiten und Dritten Pfeilers steht es reserviert gegenüber.

Institutionelle Fragen: Dänemark erwägt, eine Teampräsidentschaft in die Diskussion einzubringen. Die Anfangs- und Schlußdebatten über Rechtssetzungsakte im Rat sollen öffentlich geschehen. Die Kommissionsvorschläge, Grün- und Weißbücher sollen frühzeitig an die nationalen Parlamente weitergeleitet werden, so daß diese rechtzeitig ihre Vorstellungen und Standpunkte vorbringen können.

Gemeinsame Außen- und Sicherheitspolitik: Grundsätzlich soll die intergouvernementale Kooperation im Bereich der GASP gestärkt und unter Aufsicht des Ministerrates eine Analyse- und Planungseinheit gebildet werden. Gemeinsame Aktionen können auch dann angenommen werden, wenn ein oder zwei Mitgliedstaaten nicht an ihr teilnehmen. Für diese Länder müssen die Bedingungen in einem gesonderten Beschluß festgelegt werden.

Zusammenarbeit in der Justiz- und Innenpolitik: In diesem Bereich setzt sich Dänemark für eine Effektivierung der gegenwärtigen intergouvernementalen Kooperation durch die Vereinfachung der Beschlußfassungsverfahren auf der Basis der bereits im Vertrag über die Europäische Union festgelegten Kooperationsmöglichkeiten ein.

Irland

Irland gilt als „Netto-Empfängerland“ der Europäischen Union und steht der europäischen Integration prinzipiell positiv gegenüber, was sich auch in der hohen Zustimmung zum Referendum über den Maastrichter Vertrag gezeigt hat. Im Rahmen der Regierungskonferenz will Irland versuchen, eine Marginalisierung der kleinen Staaten in der Europäischen Union zu verhindern, seinen Status als neutrales Land mit einer solidarischen Kooperation in sicherheits- und verteidigungspolitischen Fragen in Einklang zu bringen und seine Zugehörigkeit zu den Kernstaaten der Europäischen Union betonen. Es spricht sich dafür aus, ein Europa der unterschiedlichen Geschwindigkeiten möglich zu machen. Der einheitliche institutionelle Rahmen ist dabei aber zu wahren. Die Balance zwischen den Institutionen soll erhalten bleiben.

Institutionelle Fragen: Irland ist ein „kleines" Mitgliedsland und hat deshalb keinerlei Interesse durch institutionelle Veränderungen seine eigene Position zu schwächen. Die relative Überproportionalität der kleinen Mitgliedstaaten in der Europäischen Union (z. B. bei der Stimmgewichtung im Rat oder bei den Anzahl der europäischen Abgeordneten) steht deshalb nicht zur Diskussion. Ebenso betont Irland, daß das (eigene) nationale Parlament stärker in die Entscheidungsvorgänge der Europäischen Union eingebunden werden soll, was aber nicht die Schaffung einer neuen Institution auf europäischer Ebene zur Konsequenz haben darf. Die zentrale Rolle des Ratspräsidenten in der externen Repräsentation der EU soll erhalten bleibt. Das Initiativrecht der Kommission soll auch auf den Dritten Pfeiler erweitert werden. Jeder Mitgliedstaat muß einen Kommissar stellen können. Der Gebrauch von Mehrheitsentscheidungen und die Verstärkung der qualifizierten Mehrheit im Ersten Pfeiler sollen von spezifischen Fällen abhängen.

Gemeinsame Außen- und Sicherheitspolitik: Im Bereich der Gemeinsamen Außen- und Sicherheitspolitik stellt Irland fest, daß Entscheidungen in sensiblen Bereichen der breiten Unterstützung bedürfen und das Einstimmigkeitsprinzip bisher keine Gemeinsame Aktion verhindert hätte. Eine Planungs- und Analyseeinheit, welche im Ratssekretariat angesiedelt ist, soll die Arbeit noch effizienter gestalten helfen. In bezug auf sicherheitspolitische Strukturen unterstreicht Irland die Notwendigkeit von Flexibilität: neutrale Staaten sollen ihre Bündnisfreiheit beibehalten dürfen, integrationswillige Staaten aber die Möglichkeit zur Vertiefung bekommen. NATO- und WEU-Betritt kommen zur Zeit nicht in Frage, aber von Fall zu Fall will Irland mit der WEU im Rahmen der in der Petersberg Erklärung genannten Aufgaben (humanitäre und andere Aufgaben zur Friedenssicherung) zusammenarbeiten.

Zusammenarbeit in der Justiz- und Innenpolitik: Die Zusammenarbeit in der Justiz- und Innenpolitik soll gestärkt werden, was u. a. die Einführung qualifizierter Mehrheitsabtimmungen in den Feldern Asyl- und Einwanderungspolitik bedeutet. Das Schengener Abkommen soll nicht Kernbestandteil der europäischen Integration werden.

Griechenland

Griechenland kann man traditionell zu den integrationsfreundlichen Mitgliedstaaten zählen. Da die südeuropäischen Mitgliedstaaten (und Irland) in einem nicht unerheblichen Maße von den Finanzmitteln der Agrar-, Struktur- und Regionalfonds profitieren, wird es interessant sein zu beobachten, ob bei den Verhandlungen der Regierungskonferenz Vorleistungen hinsichtlich einer später – im Rahmen des Erweiterungsprozesses – erforderlichen Konzessionsbereitschaft dieser Länder erbracht werden. Griechenland hat angekündigt, bei der Regierungskonferenz auf Fortschritte im Hinblick auf die Solidarität, den sozialen Zusammenhalt und ein Europa der Bürger zu beharren. Dabei unterstreicht es, daß die institutionelle Gleichheit der Mitgliedstaaten gewahrt bleiben muß und eine Flexibilisierung der Integration nicht angestrebt wird. Das Europäische Parlament ist in seiner Rolle zu stärken, ebenso die nationalen Parlamente.

Gemeinsame Außen- und Sicherheitspolitik: Griechenland plädiert für den Ausbau der Gemeinsamen Außen- und Sicherheitspolitik, wobei die Einstimmigkeitsregel bei vitalen nationalen Interessen beibehalten werden muß. Griechenland tritt auch für eine militärische Beistandsverpflichtung unter den EU-Staaten ein, was vor dem Hintergrund der Spannungen mit der Türkei zu interpretieren ist.

Zusammenarbeit in der Justiz- und Innenpolitik: Die Zusammenarbeit im Bereich der Justiz- und Innenpolitik ist zu vergemeinschaften, wobei auch hier bei vitalen nationalen Interessen auf Einstimmigkeit zurückgegriffen werden können muß.

Spanien und Portugal

Nach dem Regierungswechsel im Frühjahr 1996 stellt sich die Frage, welche europapolitischen Positionen in Zukunft aus Madrid zu erwarten sind. Der frühere Staatssekretär im Europaministerium, Carlos Westendorp, hatte der spanischen Europapolitik durch seinen Vorsitz in der Reflexionsgruppe ein unverkennbares Profil verschafft. Einiges deutet darauf hin, daß sich der Kurs der spanischen Europapolitik auch unter der neuen Regierung in Zukunft nicht radikal ändern wird. Spanien will sich dafür einsetzen, daß es ein größeres Gewicht in der Europäischen Union bekommt, spanische Interessen sollen stärker in die Arbeit der Europäischen Union eingebracht werden. Zudem wollen Spanien und Portugal sich in Zukunft intensiver über gemeinsame europapolitische Positionen verständigen. Schon bei den Verhandlungen über den Maastrichter Vertrag haben die strukturell am schwächsten entwickelten Mitgliedstaaten, nämlich Spanien, Portugal, Griechenland und Irland einen Schulterschluß vollzogen und erfolgreich ihre Interessen eingebracht (Einführung eines Kohäsionsfonds).

Institutionelle Fragen: Auf Überlegungen Spaniens bei der Diskussion über die Notwendigkeit von Veränderungen der Stimmgewichtung im Rahmen der EFTA-Erweiterung geht das Modell der doppelten Mehrheit zurück. Fragen der Neuregelung der Ratspräsidentschaft, der Stärkung der Rechte des Europäischen Parlaments stehen Spanien und Portugal bisher noch eher abwartend gegenüber. Bei der Frage der Ausweitung des Anwendungsbereiches des Mitentscheidungsverfahren und von Mehrheitsentscheidungen im Rat ist Portugal durchaus positiv gestimmt, während Spanien sich bisher zurückhaltend geäußert hat. Aber beide Länder wollen nicht, daß der Einfluß der Europäischen Kommission zurückgedrängt wird. Portugal will bei den Verhandlungen im Rahmen der Regierungskonferenz die Einführung eines Europa-Präsidenten vorschlagen.

Gemeinsame Außen- und Sicherheitspolitik: Im Bereich der Gemeinsamen Außen- und Sicherheitspolitik befürworten beide Länder einen schrittweisen Übergang zu Mehrheitsentscheidungen, die Finanzierung von Maßnahmen der GASP über den Gemeinschaftshaushalt und eine Fusion der WEU mit der Europäischen Union.

Zusammenarbeit in der Justiz- und Innenpolitik: Während Portugal bei der Vergemeinschaftung von Aspekten der Justiz- und Innenpolitik positiv gestimmt ist, ist Spanien hier eher abwartend.

Österreich

Grundsätzlich steht das neue Mitgliedsland Österreich einer Weiterentwicklung der Europäischen Union aufgeschlossen gegenüber; es spricht sich gegen jede Schwächung des erreichten Integrationsstandes aus. Eine Differenzierung der europäischen Integration soll die Ausnahme bleiben und nur zeitlich befristet eingesetzt werden, damit keine unterschiedlichen Klassen von Mitgliedstaaten entstehen.

Institutionelle Fragen: Österreich wünscht, daß die relativ starke Stellung der kleinen und mittleren Mitgliedstaaten, welche durch die Stimmgewichtung im Ministerrat zum Ausdruck kommt, erhalten bleibt. Die Kommission soll ihre drei Hauptfunktionen bewahren (Hüterin der Verträge, Vertretung des Gemeinschaftsinteresses, Initiativmonopol in der Gesetzgebung). Das Recht eines Mitgliedstaates auf einen Vertreter in der Kommission ist unverzichtbar; eine Verkleinerung der Kommission ist für Österreich nur dann vorstellbar, wenn dieser Grundsatz nicht beeinträchtigt wird. Für Österreich ist die primäre Quelle demokratischer Legitimität der EU über die Rückkoppelung der Regierungsvertreter an die Kontrolle durch ihre jeweiligen nationalen Parlamente gewährleistet. Deshalb legt Österreich Wert darauf, die Bedeutung und Einbindung der nationalen Parlamente in den Integrationsprozeß auch im Vertrag ausdrücklich anzuerkennen. Die konkreten Regularien der Einbindung sollen allerdings den Mitgliedstaaten überlassen bleiben. Österreich spricht sich für eine Ausweitung der Mehrheitsentscheidungen im Rat aus, wobei von Fall zu Fall zu prüfen bleibt, ob zur Akzeptanz einer bestimmten Politik weiterhin eine Legitimierung durch Einstimmigkeit erforderlich ist. Für besonders sensible Fragen ist das Einstimmigkeitsprinzip weiterhin unabdingbar.

Gemeinsame Außen- und Sicherheitspolitik: Der Ansicht Österreichs zufolge entspricht ein schrittweiser Übergang zu einem gemeinschaftlichen Herangehen an außenpolitische Themen der Logik des Integrationsprozesses. Österreich unterstreicht, daß es sich mit seinem Beitritt im Geiste der europäischen Solidarität zur vollen Mitwirkung an der Gemeinsamen Außen- und Sicherheitspolitik und auch der Perspektive einer gemeinsamen Verteidigungspolitik verpflichtet fühlt. Wie viele andere Mitgliedstaaten spricht sich auch Österreich für eine Analyse- und Planungskapazität aus, welche sich aus Experten der Mitgliedstaaten, des Ratssekretariats und der Kommission zusammensetzen und institutionell im Ratssekretariat angesiedelt sein soll. Ein formelles Initiativrecht der Planungseinheit erscheint nicht zweckmäßig. Österreich plädiert für einen graduellen Übergang zu Mehrheitsentscheidungen, welche von Vorkehrungen wie „konstruktiver Enthaltung“ oder „Opting out“-Regelungen begleitet sein müßten. Ausgenommen soll der Bereich der militärischen Sicherheit sein, wo auch in Zukunft mit Einstimmigkeit zu entscheiden ist. Ablehnend steht Österreich Überlegungen gegenüber, nach denen eine Gruppe von Staaten im Namen der Europäischen Union tätig wird. Die Hauptverantwortung für das Management soll auch weiterhin bei der Präsidentschaft verbleiben; bei Überlappungen mit Fragen des Ersten Pfeilers soll die Kommission verstärkt in die Durchführung von Maßnahmen einbezogen werden.

Zusammenarbeit in der Justiz- und Innenpolitik: Für den Bereich Justiz- und Innenpolitik schlägt Österreich eine Reihe von Politiken für die Vergemeinschaftung vor, wie Visapolitik, Asylrechtsfragen, Außengrenzkontrollen, Einwanderungspolitik, Bekämpfung von Kriminalität und die Zusammenarbeit im Zollbereich. Strafrechtliche Angelegenheiten dagegen sollen auch weiterhin mit den Instrumenten des Dritten Pfeilers behandelt werden. Auch soll die Möglichkeit von Mehrheitsentscheidungen schrittweise auf verschiedene Bereiche ausgedehnt werden, die Kommission soll eine stärkere Rolle einnehmen und die Rechtskontrolle durch den Europäischen Gerichtshof wahrgenommen werden.

Schweden und Finnland

Schweden und Finnland sind seit dem 1. Januar 1995 Mitglied der Europäischen Union. Auch diese beiden Staaten haben, obwohl sie erst so kurz die Regularien supranationaler Politikgestaltung anwenden können, Vorstellungen für eine Reform entwickelt. Für Finnland ist die Europäische Union von essentieller Bedeutung für seine Sicherheit. Deshalb ist es in einigen konkreten Punkten eher bereit, Integrationsfortschritte mitzuvollziehen, wenn die Konsequenz daraus eine bessere außen- und sicherheitspolitische Handlungsfähigkeit der Union ist.

Institutionelle Fragen: Im institutionellen Bereich sprechen sich die beiden Staaten dafür aus, die Anzahl der Kommissionsmitglieder zu reduzieren, aber jedes Mitgliedsland muß das Recht auf einen Kommissar behalten. Auch und gerade diese neuen Mitgliedstaaten wollen verständlicherweise den durch den EU-Beitritt gewonnenen Gestaltungsspielraum nicht wieder aufgeben. Die Rolle der nationalen Parlamente soll gestärkt werden. Die Stimmgewichtung im Ministerrat gilt es mit den Vorteilen für die kleineren Mitgliedstaaten, nämlich der verhältnismäßig höheren Gewichtung, zu erhalten. Qualifizierte Mehrheitsabstimmungen sollen ausgeweitet werden. Allerdings konnten sich die beiden Staaten nicht auf das Modell einer doppelten Mehrheit einigen. Finnland ist nicht so intensiv an einer Stärkung des Europäischen Parlaments interessiert wie Schweden.

Gemeinsame Außen- und Sicherheitspolitik: Finnland und Schweden, beides sogenannte allianzfreie Staaten, akzeptieren die Gemeinsame Außen- und Sicherheitspolitik als stabilisierendes und friedensstiftendes Element der europäischen Politik und sind auch für die Einsetzung einer geeigneten Analyse- und Planungseinheit. Eine personelle Repräsentation der GASP halten sie für nützlich, stehen aber Überlegungen der Ernennung eines „Herrn" oder einer „Frau GASP" – wie von Frankreich in die Diskussion eingebracht – reserviert gegenüber. Das Einstimmigkeitserfordernis und das Konsensprinzip sollen beibehalten werden. Eine WEU-Vollmitgliedschaft wird von keinem der zwei Staaten zur Zeit gewünscht, ebensowenig eine stärkere Integration der WEU in die Europäische Union. Allerdings möchten Schweden und Finnland, daß auch Nicht-WEU-Mitglieder in Zukunft an der Entscheidungsfindung und Durchführung von sicherheitspolitischen Maßnahmen im Sinne von Krisenmanagement beteiligt werden. Bei Finnland zeigt sich grundsätzlich – durch die etwas anders gelagerte Interessenlage als Nachbar zu Rußland – eine stärkere Bereitschaft zu mehr integrativer Zusammenarbeit in diesem Bereich.

Zusammenarbeit in der Justiz- und Innenpolitik: Im Bereich der Zusammenarbeit in der Justiz- und Innenpolitik soll der intergouvernementale Charakter beibehalten werden und mehr auf Kooperation gesetzt werden.

3. Positionen der Organe der Europäischen Union

Im Rahmen der bis Mitte 1995 zu erstellenden Berichte über das Funktionieren des Maastrichter Vertrages haben die Organe der Europäischen Union ihre Einschätzung zum Integrationsstand formuliert.[15] In der nachfolgenden Kurzdarstellung wird nur auf den Funktionsbericht der Europäischen Kommission und die im März 1996 veröffentlichten Stellungnahmen der Kommission und des Europäischen Parlaments[16] eingegangen. Als drittes Dokument ist noch das „Mandat" des Europäischen Gipfels von Turin in die Auswertung einbezogen.[17]

Europäische Kommission

Die Europäische Kommission ist aufgrund des Vertrages verpflichtet, das Gemeinschaftsinteresse in das Zentrum ihrer Überlegungen und Maßnahmen zu stellen.[18] Die erneute Erweiterung der Europäischen Union darf nicht zur Preisgabe der Errungenschaften von 40 Jahren europäi-

15 Vgl. zu den Funktionsberichten von Rat und Kommission: Bericht des Rates über das Funktionieren des Vertrags über die Europäische Union, 10. April 1995; Bericht der Kommission über die Funktionsweise des Vertrags über die Europäische Union, 10. Mai 1995, SEK(95) 731 endg.

16 Vgl. hierzu die Dokumente 6 und 7.

17 Vgl. Dokument 9.

18 Vgl. Artikel 157, Abs. 2 EG-Vertrag.

scher Einigung führen, so das Präjudiz der Kommission. Sie betont, daß sie kein Europa à la carte möchte, daß es aber erforderlich ist, flexible Verfahren einzuführen. Im Rahmen des Vertrages soll die Möglichkeit geschaffen werden, daß zwischen den Mitgliedstaaten, welche schneller die Vertragsziele verwirklichen wollen, engere Kooperations- und Integrationsformen vereinbart werden können. Diese Vereinbarungen müssen offen für die Staaten sein, die sich anschließen wollen und können. Kommissionspräsident Jacques Santer hat, um das Reformprojekt der Regierungskonferenz mit einem politischen Ziel zu verbinden, einen „Europäischen Vertrauenspakt für Beschäftigung" in die Verhandlungen eingebracht.

Institutionelle Fragen: Die Kommission setzt sich für eine Stärkung der Kollegialität der Kommission ein und plädiert für die Verringerung der Anzahl der Kommissare auf je einen Vertreter pro Mitgliedsland. Das Europäische Parlament soll insbesondere in Fragen, welche die Rechte der Bürger betreffen, stärker eingebunden werden. Die Kommission möchte, daß ihre eigene Rolle konsolidiert wird, plädiert aber nicht für einen Ausbau ihrer Kompetenzen. Vielmehr ist ihr oberstes Anliegen die Neuordnung, Demokratisierung und Vereinfachung des Beschlußverfahrens sowie die Abschaffung des ihrer Meinung nach überflüssigen Zusammenarbeitsverfahrens zwischen Europäischem Parlament und Ministerrat.

Gemeinsame Außen- und Sicherheitspolitik: Die einzelnen Aspekte der Gemeinsamen Außen- und Sicherheitspolitik sollen mit Hilfe von Strukturen und Verfahren verknüpft werden, damit mehr Kohärenz und Kontinuität in den außenpolitischen Aktivitäten der verschiedenen Pfeiler des Maastrichter Vertrages möglich wird. Die Europäische Union soll mit einer Stimme sprechen und diese auch nutzen, um die gemeinsamen Interessen in internationalen Organisationen zu vertreten. Hierzu müssen sich Kommission und Rat besser abstimmen. Die GASP bedarf einer Verbesserung in allen Phasen von der Vorbereitung bis zur Verabschiedung und Durchführung der Beschlüsse. Sie soll der europäische Pfeiler der NATO werden.

Zusammenarbeit in der Justiz- und Innenpolitik: In diesem Bereich sollen die Vertragsunzulänglichkeiten beseitigt werden. Grundsätzlich ist die Einstimmigkeit durch eine qualifizierte Mehrheit zu ersetzen. Die für diesen Bereich zur Verfügung stehenden Instrumente wie gemeinsame Aktionen und Standpunkte mit ihren unklaren Rechtswirkungen sowie das völkerrechtliche Übereinkommen müssen durch leistungsfähigere ersetzt werden. Mit Ausnahme der justitiellen Zusammenarbeit in Zivil- und Strafsachen sollen die Materien der Zusammenarbeit in der Innen- und Justizpolitik vergemeinschaftet werden. Das Schengener Abkommen ist in den Maastrichter Vertrag einzubeziehen.

Europäisches Parlament

Traditionell versteht sich das Europäische Parlament als Föderer der europäischen Integration – auch wenn seit der letzten Europawahl im Jahr 1994 die erklärten Europagegner unter den Abgeordneten an Zahl zugenommen haben. Immer wenn eine größere Reformdebatte in der Europäischen Union notwendig war, hat sich das Europäische Parlament mit Vorschlägen bis hin zu Verfassungsentwürfen eingebracht. Der Grundtenor der Vorschläge ist gekennzeichnet von dem Bestreben, die Integration möglichst weit voranzutreiben. Das Europäische Parlament hat in seiner Stellungnahme zur Regierungskonferenz sehr detailliert und ausführlich seine Position dargelegt. Interessant ist, daß die Forderung nach einer Verfassung für Europa nicht wiedererhoben, sondern nur ein leicht verständlicher Vertrag angestrebt wird. Flexible Formen des Voranschreitens auf dem Weg der Integration werden – unter Betonung einer realistischen Sicht auf die aktuelle Diskussionslage – befürwortet, unter der Bedingung, daß der einheitliche institutionelle Rahmen nicht gesprengt und der Grundsatz der Gleichheit aller Bürger vor dem EU-Gesetz nicht ausgehöhlt werden dürfe. Einen breiteren Raum nehmen Überlegungen ein, wie die Unionsbürgerschaft auszugestalten ist. Die entsprechenden Vorschläge sollen in den Vertrag aufgenommen werden. Mit diesem Schwerpunkt betont das Parlament seine Rolle als Anwalt der Bürger: Nichtdiskriminierung und Gleichbehandlung, politische Rechte, die Definition des Status von Staatsangehörigen aus Drittländern sind einige Stichworte. Die Europäische Union soll sich dem Bürger offen und transparent präsentieren, so soll der Rat bei legislativen Entscheidungen öffentlich tagen. Durch die Verankerung beschäftigungspolitischer Grundsätze wollen die Abgeordneten zum Ausdruck bringen, daß das Thema Bekämpfung der Arbeitslosigkeit zentrales Anliegen des Europäischen Parlamentes ist.

Institutionelle Fragen: Das Europäische Parlament möchte seinen Einfluß auf die Gesetzgebung ausweiten, indem das Mitentscheidungsverfahren zum Standard wird. Ebenso spricht sich das Parlament für die Generalisierung qualifizierter Mehrheitsentscheidungen aus. Nur für Vertragsänderungen, den Beitritt neuer Mitglieder, die Erhöhung des EU-

Haushaltsrahmens und bei Entscheidungen nach der Generalklausel des Art. 235 EG-Vertrag soll Einstimmigkeit vorgeschrieben sein.

Gemeinsame Außen- und Sicherheitspolitik: Die Abgeordneten wünschen sich ein zentrales Gremium zur Ausarbeitung von Studien und Vorschlägen, welches auch die Verarbeitung der verschiedenen nationalen Interessen erleichtert. Ein Mitglied der Kommission, das für Außenpolitik zuständig ist, soll gemeinsam mit dem jeweiligen Ratspräsidenten die Außenvertretung der Europäischen Union übernehmen. Es soll zu Entscheidungen mit qualifizierter Mehrheit im Bereich der GASP übergegangen werden. Die WEU ist schrittweise in die Europäische Union zu integrieren und zum europäischen Pfeiler der NATO entzuwickeln. Bei militärischen Aktionen soll weder ein Mitgliedsland zur Beteiligung gezwungen werden, noch soll es eine Verwirklichung verhindern können.

Zusammenarbeit in der Justiz- und Innenpolitik: Hauptziel der Forderungen des Europäischen Parlaments ist die Vergemeinschaftung der Visums-, Asyl- und Einwanderungspolitik. Auch bei anderen Politikbereichen, wie der Bekämpfung des Drogenhandels und Zusammenarbeit von Justizbehörden bei Zivilrechtsfragen, soll das Europäische Parlament in die Beschlußfassung einbezogen werden. Vom Einstimmigkeitzwang gilt es abzugehen. Keine Vergemeinschaftung strebt das Parlament bei Regeln zur polizeilichen Kooperation an.

Europäischer Rat

Die Staats- und Regierungschefs formulierten als Generalauftrag für die Regierungskonferenz zu überprüfen, welche Verbesserungen an den Verträgen vorgenommen werden müssen, um die Union den Gegebenheiten von heute und den Erfordernissen von morgen anzupassen.[19] Auf dem Europäischen Gipfel in Turin wurde dies präzisiert und ein Frage- und Problemkatalog für die Regierungskonferenz 1996/97 verabschiedet. Die Staats- und Regierungschef betonen, daß es eine unbedingte Pflicht der Europäischen Union sei, auf die Bedürfnisse und Sorgen der Bürger konkret einzugehen. Neben den institutionellen Fragen bitten die Staatschefs auch darum, Regeln zur Flexibilisierung der Integration zu prüfen.

19 Vgl. Dokumente 5, 9 und 10.

4. Schlußbemerkung

Eines zeigen die Vorschläge der unterschiedlichen Akteure deutlich: Vielerorts ist man bereit, alte Standpunkte zu hinterfragen; Postulate gelten in der öffentlichen Debatte nicht mehr viel. Überlegungen, welche noch vor ein oder zwei Jahren weit abgewiesen wurden, wie das Modell eines Kerneuropa[20], finden sich jetzt unter dem Stichwort „flexible Integration" in fast jedem aktuellen Positionspapier. Der Maastrichter Vertrag und die EFTA-Erweiterung der Europäischen Union haben die Bandbreite zu diskutierender Inhalte erweitert. Trotz alledem lassen die Vorschläge, mit denen die Regierungen in die Verhandlungen der Regierungskonferenz hineingehen, bisher wenig Potential für wirklich tiefgreifende Reformen erkennen. Vielmehr verdichtet sich der Eindruck, als ob im letzten Jahrzehnt dieses Jahrhunderts (wieder?) mit Begrifflichkeiten aus der Staatstheorie argumentiert wird, die schon in den fünfziger Jahren in Frage gestellt wurden.[21] Fraglich ist auch, ob das Step-by-step-Konzept, d.h. das getrennte Verhandeln der Agenda 2000[22], welches eine Überfrachtung der Tagesordnung der Regierungskonferenz verhindern soll, sich letztlich als das ergebnissteigernde Vorgehen erweist. Zu Beginn der Regierungskonferenz sind die Fragezeichen größer als die Erwartung produktiver Ergebnisse.

Es scheint, daß das institutionelle System der Europäischen Union, welches – so immer wiederkehrende Äußerungen – für sechs Mitgliedstaaten geschaffen wurde und jetzt einer grundlegenden Anpassung unterzogen werden müßte, da sich die Mitgliederzahl längst mehr als verdoppelt hat und eine Steigerung auf bis das vierfache der ursprünglichen Zahl nicht auszuschließen ist, wiederum „nur" fortgeschrieben wird. (Wobei zu bedenken ist, daß sich einzelne Regierungen fragen, warum sie Institutionen auf europäischer Ebene Rechte einräumen sollen, welche noch

20 Die Diskussion um das Kerneuropa-Modell geht auf ein Positionspapier „Überlegungen zur europäischen Politik" von Wolfgang Schäuble MdB, Karl Lamers MdB, Michael Glos MdB und Günter Rinsche MdEP vom 1. September 1994 zurück.

21 Vgl. Oeter, Stefan: Souveränität und Demokratie als Problem in der „Verfassungsentwicklung" der Europäischen Union. Fragen aus Verfassungstheorie und Verfassungsgeschichte an die deutsche Debatte um Souveränität, Demokratie und die Verteilung politischer Verantwortung im geeinten Europa, in: Zeitschrift für ausländisches öffentliches Recht und Völkerrecht, 3 (1995), S. 659–712.

22 Unter der Agenda 2000 werden alle noch bis zur Jahrtausendwende anstehenden Problemkomplexe der Europäischen Union subsummiert, wie: Erweiterung, Neuverhandlung der Finanzen, Reform der Agrar-, Regional- und Strukturfonds, Einstieg in die dritte Stufe der Europäischen Währungsunion etc.

nicht einmal in ihrem eigenen politischen System vorgesehen sind.) Vielleicht läßt sich sogar nur ein minimaler Konsens zwischen den Mitgliedstaaten erreichen, der noch nicht einmal Vertragsänderungen notwendig macht. Selbst bei den möglichen Vertragsänderungen ist fraglich, ob sie den postulierten Anforderungen gerecht werden. Die Verhaftung in klassischen, auf den Nationalstaat ausgerichteten, parlamentarischen Regierungsmodellen scheint den Blick auf die der europäischen Integration angemessenen Lösungen, die spezifischen funktionellen Anforderungen gerecht werden, zu verstellen. Trotzdem ist es durchaus möglich, daß die im Rahmen der Regierungskonferenz zu treffenden Entscheidungen zu längerfristig entscheidenden Verschiebungen innerhalb des institutionellen Gefüges führen – denn manchmal haben auch kleinste Korrekturen strukturverändernden Charakter.

Es wird entscheidend auf die Verhandlungsführung ankommen, wie – bei Berücksichtigung der alle Mitgliedstaaten gemeinsam betreffenden wirtschaftlichen Probleme und der bis zum Ende dieses Jahrhunderts anstehenden Agenda 2000 – die Machtzentren Europäische Union und Mitgliedstaaten in Zukunft zueinander austariert werden. Denn die Strategie und Taktik der Verhandelnden wird nicht unbeeinflußt bleiben von den Erwartungen, was sie in den nachfolgenden Integrationsetappen verwirklichen können oder nicht. Die Gefahr der Verzettelung ist nicht auszuschließen.

Eine Überwindung des hybriden Systems, dieser Mischung aus supranationalen und intergouvernementalen Elementen des Maastrichter Vertrages, wird schwer durchzusetzen sein. Vieles spricht dafür, daß es zu einer weiteren Ausdifferenzierung und damit im Endeffekt zu einer weiteren Verkomplizierung der Regelungen kommen wird. Nur in einigen wenigen Feldern (wie bei den Entscheidungsverfahren) zeichnet sich mehr Transparenz ab. Eine zunehmende Differenzierung der Integration kann zudem die Einheitlichkeit des europäischen Rechtsraumes – und damit ein Stück Rechtssicherheit für den Bürger in Frage stellen. Eine der Errungenschaften der europäischen Integration stünde dann zur Disposition. Damit sich aus dem Spannungsverhältnis von Vertiefung und Differenzierung keine Sprengkraft für den Integrationsgedanken entwickelt, müßte eine Formel gefunden werden, welche die Zustimmung zu den Vertragsänderungen vom Einstimmigkeitserfordernis löst – ähnlich wie es in völkerrechtlichen Entscheidungszusammenhängen üblich ist (z. B. Zweidrittel-Mehrheit).

Es wird mehr den je eine schwierige Aufgabe sein, die Ergebnisse der Regierungskonferenz dem Bürger zu vermitteln. Da die Diskussion im Vorfeld der Regierungskonferenz mehr Öffentlichkeit erreicht hat als dies bei den Verhandlungen um den Maastrichter Vertrag der Fall war und die Politiker immer wieder betonen, wie wichtig die zu treffenden Entscheidungen für den weiteren Fortgang der europäischen Integration sind, sind auch die Erwartungen nach vorzeigbaren Ergebnissen entsprechend ausgeprägt. Im Vergleich zu den Verhandlungen um den Maastrichter Vertrag könnte es zu einem umgekehrten Verhältnis zwischen Öffentlichkeit und Verhandlungsergebnis kommen: Mit dem Maastrichter Vertrag wurden entscheidende, grundlegenden Weichenstellungen für die europäische Integration vorgenommen (Vereinbarungen zur Währungsunion, Erweiterung der Rechte des Europäischen Parlaments durch das Mitentscheidungsverfahren, Einführung einer Gemeinsamen Außen- und Sicherheitspolitik, Etablierung der Zusammenarbeit in der Justiz- und Innenpolitik etc.). Die Verhandlungen spielten sich aber quasi unter Ausschluß der Öffentlichkeit auf Regierungs- und Beamtenebene ab. Im Rahmen der Regierungskonferenz 1996/97 scheint man sich „nur" auf Feinzisilierungen des Bestehenden einigen zu können. Dagegen ist die öffentliche Aufmerksamkeit hoch, die Anzahl der Akteure, welche Einfluß auf die Verhandlungen nehmen wollen, unübersehbar.

Die europäische Integration scheint zur Zeit mehr Frustration denn Faszination auszulösen, was aber kein Hinweis auf eine generelle Ablehnung europäischer Zusammenarbeit bedeutet. Der Bedarf an europäischer Problemlösung ist allgemein anerkannt und wird auch ernsthaft von keinem Bürger in Frage gestellt. Die Kernfrage, vor der die europäischen Einigungsbemühen stehen, ist: Welches sind die besten Instrumente und Mechanismen, um die Probleme der Zukunft zu bewältigen? Reicht der intergouvernementale – d. h. zwischenstaatliche – Ansatz oder bedarf es supranationaler – überstaatlicher – Entscheidungsverfahren? Wie so oft – und schwer vermittelbar, weil kompliziert – ist nur eine je nach Politikfeld oder sogar Einzelproblemfeld differenzierte Antwort befriedigend. Inwieweit die Regierungskonferenz hier Klärung herbeiführen kann, wird in einem Jahr zu bilanzieren sein.

II. DOKUMENTE

VERZEICHNIS DER DOKUMENTE

Um den Umfang des Bandes nicht übermäßig zu strapazieren, waren Kürzungen in den in diesem Band aufgenommenen Dokumenten unerläßlich. Wesentliche Aussagen zur Zukunft der Europäischen Union wie auch über die wichtigsten Ansatzpunkte zu ihrer Weiterentwicklung im jeweiligen Argumentationskontext blieben davon unberührt. Soweit bestimmte Texte nicht in deutscher Sprache verfügbar waren, wurden die Übersetzungen den Botschaften der betreffenden Mitgliedstaaten vorgelegt, denen wir auch an dieser Stelle für ihre Unterstützung danken. Die Dokumente sind durchnumeriert und nach drei Kategorien geordnet: Grundlagentexte, Positionen der EU-Regierungen, Reformerwartungen von Parteien und Verbänden. Innerhalb dieser Kategorien wurden neben chronologischen Gesichtspunkten die Dokumente der Regierungen entsprechend der Größe der Mitgliedstaaten und der Reihenfolge ihrer Einzel- oder Gruppenbeitritte zur EG/EU erfaßt, d.h. zunächst die Gruppe der Gründerstaaten, dann Großbritannien, Dänemark, Irland usw. Diese Anordnung reflektiert auch den „Verwandtschaftsgrad" bestimmter Positionen der Mitgliedstaaten. Die gemeinsamen deutsch-französischen Vorschläge befinden sich in den Grundlagentexten, da von ihnen wesentliche Impulse für die Regierungskonferenz ausgingen und sich viele Mitgliedstaaten in ihren Memoranden und Stellungnahmen darauf beziehen.

Vor jedes Dokument wurde in kursiver Schrift jeweils eine kurze Erläuterung geschaltet, die seinen Stellenwert markiert und die wesentlichen Aussagen charakterisiert. Zudem haben wir die meisten Zwischenüberschriften in den Dokumenten zum Zwecke der Lesbarkeit übernommen. Ziel war es, der Leserin und dem Leser zu ermöglichen, die Dokumente leichter aufschlüsseln und vergleichen zu können.

Die Übersicht im Anhang dieses Bandes gibt einen Überblick zu den Positionen der Mitgliedstaaten hinsichtlich der wichtigsten Fragen, die auf der Regierungskonferenz behandelt werden.

Grundlagentexte zur Regierungskonferenz

Seite

Positionen der EU-Regierungen

Reformerwartungen von Parteien und Verbänden

GRUNDLAGENTEXTE ZUR REGIERUNGS-KONFERENZ

Dokument 1: Aussagen des Vertrags über die Europäische Union zur Regierungskonferenz 1996

Der Vertrag von Maastricht enthält in Artikel N allgemeine Rechtsvorschriften zum Verfahren der Vertragsänderung. Darüber hinaus gibt es eine Reihe von speziellen Aussagen zur Regierungskonferenz 1996 und zu den dabei zu behandelnden Fragen: Ausweitung des Anwendungsbereichs des Verfahrens der Mitentscheidung des Europäischen Parlaments (Artikel 189b. 8 EGV), Überprüfung der Bestimmungen zur Gemeinsamen Außen- und Sicherheitspolitik (Artikel J.4 und J.10 EUV) und der Politiken und Formen der Zusammenarbeit der Union (Artikel B.5 EUV) sowie die Frage der Kompetenzen in den Bereichen Katastrophenschutz, Fremdenverkehr und Energie (Erklärung 1) und zur Rangordnung der Rechtsakte (Erklärung 16). Die Artikel sind hier vollständig oder nur mit den relevanten Paragraphen abgedruckt.

Art. N [Änderung des Vertrags; Folgekonferenz]

(1) Die Regierung jedes Mitgliedstaats oder die Kommission kann dem Rat Entwürfe zur Änderung der Verträge, auf denen die Union beruht, vorlegen. Gibt der Rat nach Anhörung des Europäischen Parlaments und gegebenenfalls der Kommission eine Stellungnahme zugunsten des Zusammentritts einer Konferenz von Vertretern der Regierungen der Mitgliedstaaten ab, so wird diese vom Präsidenten des Rates einberufen, um die an den genannten Verträgen vorzunehmenenden Änderungen zu vereinbaren. Bei institutionellen Änderungen im Währungsbereich wird auch die Europäische Zentralbank gehört. Die Änderungen treten in Kraft, nachdem sie von allen Mitgliedstaaten gemäß ihren verfassungsrechtlichen Vorschriften ratifiziert worden sind.

(2) Im Jahr 1996 wird eine Konferenz der Vertreter der Regierungen der Mitgliedstaaten einberufen, um die Bestimmungen dieses Vertrags, für die eine Revision vorgesehen ist, in Übereinstimmung mit den Zielen der Artikel A und B zu prüfen.

Art. B.5 [Ziele der Union]

Die Union setzt sich folgende Ziele:

[...] die volle Wahrung des gemeinschaftlichen Besitzstands und seine Weiterentwicklung, wobei nach dem Verfahren des Artikels N Absatz 2 geprüft wird, inwieweit die durch diesen Vertrag eingeführten Politiken und Formen der Zusammenarbeit mit dem Ziel zu revidieren sind, die Wirksamkeit der Mechanismen und Organe der Gemeinschaft sicherzustellen.

Art. 189b [Mitentscheidung des Parlaments; Vermittlungsausschuß; Evolutivklausel]

[...] (8) Der Anwendungsbereich des in diesem Artikel beschriebenen Verfahrens kann nach dem Verfahren des Artikels N Absatz 2 des Vertrags über die Europäische Union auf der Grundlage eines dem Rat von der Kommission spätestens 1996 zu unterbreitenden Berichts erweitert werden.

Art. J.4 [Fragen der Sicherheit; gemeinsame Verteidigungspolitik; Rolle der WEU; Revision]

(1) Die Gemeinsame Außen- und Sicherheitspolitik umfaßt sämtliche Fragen, welche die Sicherheit der Europäischen Union betreffen, wozu auf längere Sicht auch die Festlegung einer gemeinsamen Verteidigungspolitik gehört, die zu gegebener Zeit zu einer gemeinsamen Verteidigung führen könnte.

[...]

(6) Zur Förderung der Ziele dieses Vertrags und im Hinblick auf den Termin 1998 im Zusammenhang mit Artikel XII des Brüsseler Vertrags in seiner geänderten Fassung kann dieser Artikel nach Artikel N Absatz 2 auf der Grundlage eines dem Europäischen Rat 1996 vom Rat vorzulegenden Berichts, der eine Bewertung der bis dahin erzielten Fortschritte und gesammelten Erfahrungen enthalten wird, revidiert werden.

Art. J.10 [Folgekonferenz]

Bei einer etwaigen Revision der sicherheitspolitischen Bestimmungen nach Artikel J.4 prüft die dafür einberufene Konferenz auch, ob weitere Änderungen der Bestimmungen über die Gemeinsame Außen- und Sicherheitspolitik erforderlich sind.

Erklärungen aus dem Anhang des Vertrages über die Europäische Union

Erklärung zu den Bereichen Katastrophenschutz, Energie und Fremdenverkehr

Die Konferenz erklärt, daß die Frage der Einfügung von Titeln über die in Artikel 3 Buchstabe t des Vertrags zur Gründung der Europäischen Gemeinschaft genannten Bereiche in jenen Vertrag nach dem Verfahren des Artikels N Absatz 2 des Vertrags über die Europäische Union anhand eines Berichts geprüft wird, den die Kommission dem Rat spätestens 1996 vorlegen wird. Die Kommission erklärt, daß die Gemeinschaft ihre Tätigkeit in diesen Bereichen auf der Grundlage der bisherigen Bestimmungen der Verträge zur Gründung der Europäischen Gemeinschaften fortsetzen wird.

Erklärung zur Rangordnung der Rechtsakte der Gemeinschaft

Die Konferenz kommt überein, daß die 1996 einzuberufene Regierungskonferenz prüfen wird, inwieweit es möglich ist, die Einteilung der Rechtsakte der Gemeinschaft mit dem Ziel zu überprüfen, eine angemessene Rangordnung der verschiedenen Arten von Normen herzustellen.

Dokument 2: Bericht der Reflexionsgruppe vom 5. Dezember 1995 (Auszüge)

Zur Vorbereitung der Regierungskonferenz 1996 hatte der Europäische Rat von Korfu im Juni 1994 eine Reflexionsgruppe eingesetzt, der die Beauftragten der Außenminister der 15 EU-Staaten, zwei Mitglieder des Europäischen Parlaments sowie ein Mitglied der Kommission angehörten. Die Reflexionsgruppe legte am 5.12.1995 ihren Bericht vor. Er enthält in einem ersten Teil („Eine Strategie für Europa"), der hier leicht gekürzt wiedergegeben wird, die Zusammenfassung der wesentlichen Reformoptionen sowie in einem zweiten, hier nicht abgedruckten Teil, eine Fülle von detaillierten Einzelvorschlägen. Sehr deutlich erkennbar sind in diesem Bericht durch Verwendung der Ausdrücke „alle", „viele", „einige" die Konflikt- und Konsenslinien zwischen den Mitgliedstaaten gegenüber weiterreichenden Reformvorschlägen. Die Formulierung „ein Mitgliedstaat" bezieht sich in der Regel auf Großbritannien. Die Problembereiche bestehen in der Erweiterung der Unionsbürgerrechte, der Verstärkung der innen- und justizpolitischen Zusammenarbeit, der Rationalisierung der Beschlußfassung sowie der Verstärkung der außen-, sicherheits- und verteidigungspolitischen Kooperation.

Erster Teil: Eine Strategie für Europa

Die Herausforderung

[...] Wir sollten die Komplexität Europas als Preis für den Erhalt unserer pluralistischen Identität akzeptieren. Wir sind aber fest davon überzeugt, daß diese Schöpfung der politischen Vernunft Europas – die nicht an die Stelle der Mitgliedstaaten treten kann, von denen sie ja ihre wichtigste politische Legitimation erhält, inzwischen deren unentbehrliches Gegenstück geworden ist – einen unschätzbaren eigenständigen Beitrag geleistet hat, nämlich Frieden und Wohlstand auf der Grundlage gemeinsamer Interessen und gemeinsamen Handelns, und zwar nicht als Ergebnis der Machtverhältnisse, sondern als Ergebnis einer von allen getragenen gemeinsamen Rechtsordnung. [...] Wir müssen deshalb unseren Bürgern deutlich vor Augen führen, weshalb die Union, die auf andere in Europa eine solche Anziehungskraft ausübt, auch für uns notwendig bleibt. [...] Mit dem Ende des Kalten Krieges ist die globale Sicherheit Europas vielleicht erhöht worden, doch dies führte auch zu größerer Instabilität in Europa. Hohe Arbeitslosigkeit, Wanderungsdruck von außen, zunehmende ökonomische Ungleichgewichte und die Zunahme des internationalen organisierten Verbrechens haben in der Öffentlichkeit ein Bedürfnis nach mehr Sicherheit geweckt, dem die Mitgliedstaaten allein nicht gerecht werden können. In einer Welt mit zunehmender Verflechtung schafft diese Realität neue Herausforderungen und eröffnet neue Möglichkeiten für die Union.

Die Antwort

[...] Die europäischen Staats- und Regierungschefs haben bereits die notwendigen Schritte zur Weiterentwicklung der Europa-Strategie in Anbetracht dieser neuen Gegebenheiten abgesteckt: die Konferenz von 1996, der Übergang zur einheitlichen Währung, die Aushandlung eines neuen Finanzrahmens, die mögliche Reform bzw. Verlängerung des Brüsseler Vertrags über die WEU und schließlich das ehrgeizigste Projekt, nämlich die Erweiterung der Union um die assoziierten mittel- und osteuropäischen Länder sowie die baltischen Staaten, Zypern und Malta. [...]

Die Konferenz von 1996

[...] Vor diesem Hintergrund sollten in drei Hauptbereichen Ergebnisse erzielt werden:

Europa muß größere Bedeutung für seine Bürger erhalten. Die Union muß in die Lage versetzt werden, besser zu arbeiten und auf die Erweiterung vorbereitet werden. Die Union ist mit einer größeren außenpolitischen Handlungsfähigkeit auszustatten.

I. Der Bürger und die Union

Die Union ist kein Super-Staat und will dies auch nicht sein. Sie ist jedoch viel mehr als ein bloßer Markt. Sie ist ein einzigartiges Vorhaben, das sich auf gemeinsame Werte stützt. Wir sollten diese Werte festigen, die auch alle Beitrittskandidaten teilen möchten. Die Konferenz muß dafür sorgen, daß die Union größere Bedeutung für ihre Bürger erhält. Der richtige Weg für die Union, um das Engagement ihrer Bürger wiederzuerlangen, besteht darin, daß vornehmlich danach gefragt wird, was auf europäischer Ebene erforderlich ist, damit die Probleme in Angriff genommen werden, die den meisten Bürgern wichtig sind, wie größere Sicherheit, Solidarität, Beschäftigung und Umwelt. [...]

Eintreten für europäische Werte

Die innere Sicherheit Europas beruht auf ihren demokratischen Werten. Als Europäer sind wir alle Bürger demokratischer Staaten, die die Achtung der Menschenrechte garantieren. Viele von uns sind der Meinung, daß der Vertrag diese gemeinsamen Werte eindeutig propagieren muß. Die Menschenrechte gehören bereits zu den Grundprinzipien der Union. Viele von uns sind jedoch der Ansicht, daß die Union sie eindeutiger garantieren sollte, indem sie der Europäischen Konvention zum Schutze der Menschenrechte und Grundfreiheiten beitritt. Angeregt wurde auch ein Katalog von Rechten und eine Bestimmung, wonach Sanktionen verhängt werden oder sogar die Mitgliedschaft in der Union ausgesetzt werden kann, wenn ein Staat schwere Verstöße gegen die Menschenrechte und die Demokratie begeht. Einige von uns sind der Ansicht, daß die einzelstaatlichen Regierungen bereits einen angemessenen Schutz dieser Rechte bieten.

Viele von uns halten es für wichtig, daß im Vertrag europäische Werte wie die Gleichstellung von Mann und Frau, das Verbot der Diskriminierung aufgrund von Rasse, Religionszugehörigkeit, sexuellen Neigungen, Alter oder Behinderung klar formuliert und eine ausdrückliche Verurteilung des Rassismus und der Fremdenfeindlichkeit sowie ein Verfahren zur Durchsetzung dieses Grundsatzes aufgenommen werden. Eines unserer Mitglieder vertritt die Auffassung, daß die Rechte und Verantwortlichkeiten, die wir als Bürger besitzen, Sache unserer Nationalstaaten sind: Würde dieser Rahmen verlassen, so könnte das Gegenteil von dem bewirkt werden, was beabsichtigt sei. Einige halten es auch für erwägenswert, als Ausdruck der Solidarität der Union einen Gemeinschaftsdienst oder ein europäisches „Friedenskorps" für humanitäre Maßnahmen einzuführen; ein solcher Dienst könnte auch bei Naturkatastrophen in der Union eingesetzt werden. Darüber hinaus schlagen einige vor, daß die Konferenz prüfen sollte, wie die Bedeutung des Zugangs zu gemeinwirtschaftlichen Diensten („services publics d'intérêt général") besser anerkannt werden kann.

Wir glauben, daß Europa auch für bestimmte gesellschaftliche Werte steht, die das Fundament unseres Zusammenlebens in Frieden und Fortschritt sind. Viele von uns sind daher der Auffassung, daß das Sozialabkommen Teil des Unionsrechts werden muß. Ein Mitglied ist der Ansicht, daß dies nur dazu dienen würde, die Wettbewerbsfähigkeit einzuschränken.

Freiheit und innere Sicherheit

Die Union ist ein Raum des freien Personen-, Waren-, Kapital- und Dienstleistungsverkehrs. Die Sicherheit der Personen ist jedoch auf europäischer Ebene nicht ausreichend gewährleistet: Während der Schutz weiterhin im wesentlichen Sache der einzelnen Staaten ist, ist die Kriminalität effizient international organisiert. Die Erfahrungen mit der Durchführung des Maastrichter Vertrags in den vergangenen Jahren machen deutlich, daß die Möglichkeiten für ein wirksames europäisches Handeln noch sehr begrenzt sind. Deshalb ist eine gemeinsame Antwort auf europäischer Ebene im Rahmen eines pragmatischen Ansatzes dringend geboten. Wir sind uns alle darin einig, daß die Konferenz die Fähigkeit der Union verbessern sollte, ihre Bürger vor Terrorismus, Drogenhandel, Geldwäsche, Ausnutzung der illegalen Einwanderung und anderen Formen internationalen organisierten Verbrechens zu schützen. Dieser Schutz der Sicherheit der Bürger auf europäischer Ebene darf die individuellen Grundrechte nicht schmälern. Viele von uns sind der Auffassung, daß dies eine stärkere Nutzung gemeinsamer Institutionen und Verfahren sowie gemeinsamer Kriterien verlangt. Ferner obliegt den nationalen Parlamenten die politische Kontrolle derjenigen, die diese gemeinsamen Maßnahmen durchführen.

Viele von uns vertreten die Auffassung, daß wir im Interesse eines effizienteren Vorgehens Fragen in bezug auf Drittstaatsangehörige, wie Einwanderungs-, Asyl- und Visumpolitik, sowie gemeinsame Regeln für die Kontrolle der Außengrenzen ganz der Zuständigkeit der Gemeinschaft unterstellen müssen. Einige möchten den Zuständigkeitsbereich der Gemeinschaft auch auf die Bekämpfung der Drogenabhängigkeit und internationaler Betrügereien sowie auf die Zusammenarbeit in Zollfragen ausdehnen. Für einige von uns jedoch liegt der Schlüssel zum Erfolg darin, daß politischer Wille und eine wirksamere Nutzung der bestehenden intergouvernementalen Regelungen zusammenkommen müssen.

Beschäftigung

[...] Auch wenn uns allen bewußt ist, daß Arbeitsplätze nicht durch bloße Vertragsänderungen entstehen, so wünschen viele doch, daß der Vertrag eine eindeutigere Verpflichtung seitens der Union zur Erreichung einer auf die Schaffung von Arbeitsplätzen ausgerichteten wirtschaftlichen und sozialen Integration und Kohäsion enthält und vorsieht, daß die Union koordinierte Maßnahmen zur Schaffung von Arbeitsplätzen ergreifen kann. Einige von uns raten davon ab, in den Vertrag Bestimmungen aufzunehmen, die Erwartungen wecken, deren Umsetzung jedoch hauptsächlich von Entscheidungen abhängt, die in der Wirtschaft und auf einzelstaatlicher Ebene getroffen werden. Auf jeden Fall betonen die meisten von uns, daß eine engere Koordinierung der Wirtschaftspolitiken in der Union erforderlich ist. [...]

Eine transparentere Union

[...] Viele von uns schlagen vor, daß das Recht auf Zugang zu Informationen als ein Recht der Bürger der Union im Vertrag anerkannt wird. Es wurden Vorschläge gemacht, wie sich der Zugang der Öffentlichkeit zu Dokumenten der Union verbessern läßt; diese Vorschläge sollten von der Konferenz geprüft werden. [...] Wir sind uns alle darin einig, daß das Unionsrecht zugänglicher sein muß. Aus der Konferenz 1996 sollte ein vereinfachter Vertrag hervorgehen.

Subsidiarität

Die Union wird mehr Bürgernähe erreichen, wenn sie sich auf ihre eigentlichen Aufgaben konzentriert. Dies bedeutet, daß sie das Subsidiaritätsprinzip einhalten muß. Dieses Prinzip darf daher weder als Rechtfertigung für eine unaufhaltsame Zunahme der Befugnisse auf europäischer Ebene noch als Vorwand für eine Schwächung der Solidarität oder des Besitzstandes der Union ausgelegt werden.

Wir halten es für erforderlich, seine ordnungsgemäße Anwendung in der Praxis zu verbessern. Die Erklärung von Edinburgh sollte die Grundlage für diese Verbesserung sein, und nach Meinung einiger von uns sollten ihre Kernbestimmungen Vertragsrang erhalten.

II. Ermöglichung eines besseren Funktionierens der Union und Vorbereitung auf die Erweiterung

[...] Die Union muß ihre Beschlußfassungsfähigkeit auch nach einer künftigen Erweiterung behalten. In Anbetracht der Zahl und der Heterogenität der in Frage kommenden Länder macht dies Änderungen in bezug auf Struktur und Arbeitsweise der Organe notwendig. Es kann auch bedeuten, daß flexible Lösungen gefunden werden müssen, bei denen der einheitliche institutionelle Rahmen und der Besitzstand der Gemeinschaft gewahrt bleiben.

Der Europäische Rat [...] ist höchster Ausdruck des politischen Willens der Union und legt deren allgemeine politische Leitlinien fest. Seine Bedeutung dürfte mit Blick auf die politische Agenda der Union künftig noch wachsen.

Weitere Demokratisierung der Union bedeutet sowohl, daß eine angemessene Vertretung in jedem der Organe gegeben ist, als auch, daß das Europäische Parlament im Rahmen des bestehenden institutionellen Gleichgewichts und die Rolle der nationalen Parlamente gestärkt werden. In diesem Zusammenhang sei daran erinnert, daß gemäß dem Vertrag ein einheitliches Verfahren für die Wahl zum Europäischen Parlament festgelegt werden sollte. Viele von uns sind der Ansicht, daß die Verfahren im Zusammenhang mit dem Europäischen Parlament zu zahlreich und zu komplex sind und deshalb auf drei verringert werden sollten: Anhörung, Zustimmung und Mitentscheidung.

Das Mitentscheidungsverfahren in seiner heutigen Form ist zu kompliziert, weshalb wir vorschlagen, daß die Konferenz es vereinfacht, ohne das Gleichgewicht zwischen Rat und Parlament anzutasten. Viele von uns schlagen ferner vor, daß die Konferenz den Anwendungsbereich des Mitentscheidungsverfahrens erweitern sollte. Ein Mitglied vertritt jedoch die Auffassung, daß das Europäische Parlament mit Maastricht umfassende neue Befugnisse erhalten hat und deshalb erst in diese Befugnisse hineinwachsen sollte, bevor es neue anstrebt.

Auch die nationalen Parlamente sollten angemessen beteiligt werden. Dies bedeutet nicht, daß sie in die Unionsorgane eingebunden werden. Nach Ansicht vieler von uns sollten die Beschlußfassungsverfahren so gestaltet werden, daß die nationalen Parlamente die Standpunkte ihrer jeweiligen Regierungen im Beschlußfassungsverfahren der Union angemessen kontrollieren und beeinflussen können. Einige schlagen eine direktere Mitwirkung der nationalen Parlamente vor, und in diesem Zusammenhang unterbreitete ein Mitglied den Vorschlag, einen neuen beratenden Ausschuß einzusetzen. Desgleichen sollte die Zusammenarbeit zwischen den nationalen Parlamenten sowie zwischen ihnen und dem Europäischen Parlament gefördert werden.

Die Beschlußfassungsverfahren und die Arbeitsweise des Ministerrates müssen überprüft werden. Die Union muß in der Lage sein, rechtzeitige und wirksame Beschlüsse zu fassen. Effiziente Beschlußfassung bedeutet aber nicht unbedingt leichte Beschlußfassung. Die Beschlüsse der Union müssen Rückhalt in der Bevölkerung finden. Viele von uns glauben, daß es der Verbesserung der Effizienz dienlich wäre, wenn die Beschlußfassung mit qualifizierter Mehrheit im Rat ausgeweitet würde, was nach Auffassung vieler das allgemeine Verfahren in der erweiterten Gemeinschaft werden sollte. Einige von uns sind der Ansicht, daß dies nur dann gutzuheißen ist, wenn die demokratische Legitimität durch eine Neugewichtung des Stimmenverhältnisses unter angemessener Berücksichtigung der Bevölkerungszahl verbessert wird. Ein Mitglied lehnt eine Ausweitung grundsätzlich ab.

Wir halten die Rolle des Ratsvorsitzes bei der Bewältigung der Aufgaben der Union für entscheidend, und wir befürworten den Grundsatz des turnusmäßigen Wechsels. Das derzeitige System könnte jedoch in einer erweiterten Union immer mehr aus den Fugen geraten. Alternative Ansätze mit einer Kombination von Kontinuität und Rotation sollten eingehender geprüft werden.

Wir sind uns darin einig, daß die Kommission ihre drei Hauptaufgaben behalten muß: Eintreten für das gemeinsame Interesse, Monopol für Gesetzgebungsinitiativen und Hütung des Gemeinschaftsrechts. Ihre Legitimität, die durch die Bestätigung durch das Parlament noch unterstrichen wird, beruht auf ihrer Unabhängigkeit, ihrer Glaubwürdigkeit, ihrer Kollegialität und ihrer Effizienz. Die Zusammensetzung der Kommission war für eine Gemeinschaft von sechs Mitgliedern konzipiert. [...] Allgemein gesehen geht eine Tendenz in der Gruppe dahin, das derzeitige System auch künftig beizubehalten und dabei das Kollegialprinzip und die Kohärenz bei Bedarf zu stärken. Bei dieser Lösung stünde allen Mitgliedstaaten mindestens ein Kommissionsmitglied zu. Einer anderen Auffassung nach sollte dafür gesorgt werden, daß eine größere Kollegialität und Kohärenz erreicht wird, indem die Zahl der Kommissionsmitglieder auf eine niedrigere Zahl als die der Mitgliedstaaten verringert wird und deren Unabhängigkeit vergrößert wird. Es sollten Verfahren festgelegt werden, um diese Mitglieder auf der Grundlage ihrer Qualifikation und ihres Eintretens für die allgemeinen Interessen der Union auszuwählen. Bei der Entscheidung über die künftige Zusammensetzung der Kommission könnte die Konferenz auch prüfen, ob nach Vollmitgliedern und stellvertretenden Mitgliedern unterschieden werden soll.

Einige von uns meinen, daß der Ausschuß der Regionen eine wichtige Rolle im Gesetzgebungsprozeß der Gemeinschaft spielen muß und daß die konsultative Rolle dieser Einrichtung besser genutzt werden sollte. [...]

III. Größere außenpolitische Handlungsfähigkeit der Union

[...] Die Union muß in der Lage sein, ihre Interessen zu erkennen, Maßnahmen zu beschließen und diese wirksam durchzuführen. Die Erweiterung wird diese Aufgabe erschweren, aber auch noch zwingender machen. Dies bedeutet, daß die Union fähig sein muß, ihr außenpolitisches Handeln gemeinsam zu analysieren und zu planen. Dazu wird die Schaffung eines Stabes für die Analyse und Planung der gemeinsamen Außenpolitik vorgeschlagen. Nach Meinung der meisten von uns sollte dieser Stab dem Rat unterstehen. Viele von uns sind auch der Auffassung, daß er sich aus Vertretern der Mitgliedstaaten, des Ratssekretariats und der Kommission zusammensetzen und im institutionellen Rahmen der Union eingerichtet werden sollte. Von einigen ist vorgeschlagen worden, daß der Leiter des Stabes, dessen Funktionen zum gegebenen Zeitpunkt mit denen des Generalsekretärs der WEU zusammengeführt werden könnten, der Generalsekretär des Rates sein sollte.

Dies verlangt auch die Fähigkeit, Beschlüsse zu fassen. Zu diesem Zweck schlagen wir vor, daß die Konferenz prüft, wie die Beschlußfassungs- und Finanzierungsverfahren geändert werden können, damit sie der Natur der Außenpolitik angemessen sind, wobei die Wahrung der staatlichen Souveränität mit dem Erfordernis der diplomatischen und finanziellen Solidarität in Einklang zu bringen ist. Es sollte einvernehmlich geregelt werden, ob und wenn ja, wie flexible Lösungen vorgesehen werden können, die diejenigen, die ein gemeinsames Vorgehen der Union für erforderlich halten, nicht an einem solchen Vorgehen hindern. Einige Mitglieder sind dafür, das Abstimmungsverfahren mit qualifizierter Mehrheit auf die GASP auszudehnen, und andere schlagen vor, die beratende Rolle des Europäischen Parlaments in diesem Bereich weiter auszubauen.

[...] Einige von uns haben vorgeschlagen, daß man einen hochrangigen Vertreter für die GASP einsetzt, damit die Außenpolitik der Union Gesicht und Stimme erhält. Die betreffende Person sollte vom Europäischen Rat ernannt werden und würde im Rahmen eines präzisen Mandats des Rates handeln. Viele haben betont, daß eine strukturierte Zusammenarbeit zwischen dem Vorsitz des Rates und der Kommission erforderlich ist, damit die einzelnen Komponenten der Außendimension der Union, für die sie zuständig sind, als geschlossenes Ganzes funktionieren. [...]

Europäische Sicherheits- und Verteidigungspolitik

[...] Die Konferenz wird als Realität zu berücksichtigen haben, daß diese Entwicklung aus Sicht der NATO-Mitglieder auch die europäische „Säule“ der

Atlantischen Allianz und die transatlantische Verbindung stärken sollte. Die Allianz ist nach wie vor Garant für die kollektive Verteidigung ihrer Mitglieder und spielt eine entscheidende Rolle für die Sicherheit Europas als Ganzes. Desgleichen muß das Recht der Staaten, die nicht Mitglieder der Allianz sind, ihre eigenen verteidigungspolitischen Entscheidungen zu treffen, respektiert werden.

Viele von uns sind der Ansicht, daß die Konferenz überlegen sollte, wie die Entwicklung der operativen Kapazitäten Europas unterstützt werden kann, wie eine engere europäische Zusammenarbeit im Rüstungsbereich gefördert werden kann und wie für eine größere Kohärenz militärischer Maßnahmen mit den politischen, wirtschaftlichen und humanitären Aspekten des europäischen Krisenmanagements gesorgt werden kann. Vor diesem Hintergrund befürworten viele von uns einen weiteren Ausbau der Beziehungen zwischen der Europäischen Union und der Westeuropäischen Union (WEU) als fester Bestandteil in der Entwicklung der Union.

Diesbezüglich wurden in der Gruppe bereits mehrere Optionen für die künftige Entwicklung dieser Beziehung vorgeschlagen. Ein Vorschlag geht dahin, eine engere Partnerschaft von EU und WEU unter Beibehaltung der vollen Autonomie der WEU herzustellen. Nach einer zweiten Option wäre eine engere Verbindung zu schaffen, damit die Union in die Lage versetzt wird, bei humanitären, friedenserhaltenden und anderen Einsätzen zur Krisenbewältigung (bekannt als „Petersberg-Missionen") gegenüber der WEU eine Leitlinienfunktion auszuüben. Eine dritte Option besteht darin, die „Petersberg-Missionen" in den Vertrag aufzunehmen. Viele von uns haben eine vierte Option unterstützt, nämlich die allmähliche Integration der WEU in die EU: Dies könnte durch die Förderung der Konvergenz von EU und WEU erreicht werden, wobei entweder die WEU sich verpflichtet, in militärischen und Einsatzfragen als ausführendes Organ der Union zu fungieren, oder mehrere Schritte in Richtung auf eine vollständige Fusion von EU und WEU vereinbart werden. Im letzteren Falle würden nicht nur die „Petersberg-Missionen", sondern auch eine kollektive Beistandsverpflichtung in den Vertrag aufgenommen werden, und zwar entweder in den Vertrag selbst oder in ein Protokoll zum Vertrag. In diesem Zusammenhang regten einige Mitglieder an, daß die Konferenz prüft, ob in den revidierten Vertrag eine Bestimmung über den gegenseitigen Beistand bei der Verteidigung der Außengrenzen der Union aufgenommen werden kann. [...]

Quelle: Bericht der Reflexionsguppe, Erster Teil: Eine Strategie für Europa; Messina, 2. Juni 1995/Brüssel, 5. Dezember 1995, Dokument des Generalsekretariats des Rates Nr. SN 520/1/95/REV 1 (REFLEX 21).

Dokument 3: Gemeinsamer Brief des deutschen Bundeskanzlers und des französischen Staatspräsidenten an den Vorsitzenden des Europäischen Rates vom 6.12.1995 (Auszüge)

In der Geschichte der europäischen Einigung gingen wesentliche Impulse immer wieder von den beiden Gründungsmitgliedern Deutschland und Frankreich aus. Nach einigen Irritationen in der Folge des Präsidentschaftswechsels in Frankreich im Mai 1995 faßte die deutsch-französische Zusammenarbeit erst gegen Ende des Jahres wieder Tritt. Der deutsche Bundeskanzler Helmut Kohl und der französische Staatspräsident Jacques Chirac unterstrichen mit einem gemeinsamen Brief an den Vorsitzenden des Europäischen Rates am 6.12.1995 erneut die Motorfunktion des deutsch-französischen Tandems. Besonderes Augenmerk wird in diesem Schreiben auf mögliche Formen flexibler Integration gerichtet, um die Handlungsfähigkeit der Europäischen Union auch bei einer erweiterten Mitgliederzahl zu sichern.

Sehr geehrter Herr Vorsitzender,

am 15./16. Dezember tritt der Europäische Rat in Spanien zu seiner nächsten, besonders wichtigen Tagung zusammen. Dort müssen die Staats- und Regierungschefs der Europäischen Union insbesondere die Weichen für einen erfolgreichen Verlauf der Regierungskonferenz 1996 stellen. Dies wird gleichzeitig der Beginn einer Serie von Verhandlungen sein, die zum Ziel haben, das europäische Einigungswerk im Lichte des tiefgreifenden Wandels, der unseren Kontinent seit dem Ende des letzten Jahrzehnts prägt, fortzuentwickeln.

Bei unserem Informellen Treffen auf Mallorca stimmten wir überein, daß die Mitgliedstaaten der Union sich bei der Vorbereitung Europas auf das 21. Jahrhundert fünf Herausforderungen zu stellen haben. Wir müssen in den kommenden fünf Jahren die Anpassung des Vertrages über die Europäische Union erfolgreich zum Abschluß bringen; gemäß dem vereinbarten Zeitplan und unter Einhaltung der festgelegten Kriterien den Übergang zu einer einheitlichen Währung vollziehen; die Erweiterungsverhandlungen mit den assoziierten Staaten Mittel- und Osteuropas sowie des Mittelmeerraums, die Beitrittskandidaten sind, konstruktiv und entschlossen vorbereiten und führen; gleichzeitig die wichtigsten Parameter für die Finanzierung der gemeinsamen Politiken über 1999 hinaus festlegen; [und] die bereits eingeleitete Politik des Dialogs, der Zusammenarbeit und der Partnerschaft mit den Nachbarn der Union – insbesondere mit Rußland, der Ukraine, der Türkei und den Ländern des Mittelmeerraums – aktiv fortsetzen.

Die erfolgreiche Bewältigung all dieser Aufgaben würde es uns ermöglichen, eine große Gemeinschaft zu schaffen, in der Freiheit, Wohlstand und Stabilität herrschen und die unseren gesamten Kontinent umfaßt. Auf diesem Weg und insbesondere zur sorgfältigen Vorbereitung künftiger Erweiterungen wird die Regierungskonferenz eine wichtige Etappe sein. Diese Konferenz muß besonders eingehend vorbereitet werden. [...] Am Vorabend des Europäischen Rates in Madrid möchten wir auch unsererseits einige Überlegungen einbringen. Wir sind der Auffassung, daß die Konferenz einerseits ihrem Mandat in vollem Umfang gerecht, andererseits zeitlich jedoch so begrenzt werden muß, daß die nachfolgenden Termine sich nicht verzögern. Das bedeutet, daß die Konferenz sich auf die folgenden vier vorrangigen Ziele konzentrieren muß:

1. Unserer Auffassung nach muß die Union in die Lage versetzt werden, auf dem Feld der Gemeinsamen Außen- und Sicherheitspolitik klarer und entschlossener zu handeln, indem wir für sie eine bessere Effizienz, Kontinuität, Kohärenz und Solidarität gewährleisten. Dazu bedarf es einer deutlichen Angleichung der Außen- und Verteidigungspolitik unserer Länder im Hinblick auf klar gesteckte Ziele und Prioritäten. In diesem Zusammenhang sollten die Beziehungen zwischen der Europäischen Union und der WEU mit Blick auf den im Brüsseler Vertrag genannten Zeitpunkt 1998 näher bestimmt werden; ebenfalls gilt es, über Anpassungsmaßnahmen nachzudenken, die der GASP die unseren Zielvorstellungen entsprechenden Mittel an die Hand geben und ihr mehr Sichtbarkeit verleihen könnten. Dies würde es ermöglichen, die Gemeinschaftsinstrumente in Verbindung mit den Möglichkeiten, die die Mitgliedstaaten selbst besitzen, gemeinsam zu nutzen.

2. Wir schlagen vor, die Schaffung eines einheitlichen Raumes in Europa zu vollenden, in dem die Freizügigkeit für die Bürger gewährleistet ist; hierzu ist sowohl ein gemeinsames Vorgehen im Asyl- und Einwanderungsbereich erforderlich, wie auch eine verstärkte Zusammenarbeit, die den Schutz unserer Bürger vor den Geißeln unserer Zeit, dem Terrorismus, dem internationalen organisierten Verbrechen und der Drogenkriminalität auf wirksame Weise garantieren kann.

3. Es erscheint uns unabdingbar, die Institutionen der Union effizienter zu gestalten. Dazu bedarf es einer grundlegenden Veränderung der Funktionsweisen von Rat und Kommission. Für den Rat sollte dies auch eine Erweiterung des Anwendungsbereichs von Entscheidungen mit qualifizierter Mehrheit bei gleichzeitiger Überprüfung der derzeitigen Stimmengewichtung beinhalten. Ferner müssen Überlegungen hinsichtlich der Ernennung, der Zusammensetzung und der Aufgaben der Kommission angestellt werden, damit sie in einer erweiterten Union ihrer Rolle in vollem Umfang gerecht werden kann. Schließlich ist zu

prüfen, wie die Verfahren zwischen Rat, Kommission und Parlament transparenter und einfacher gestaltet werden können.

4. In einer von uns angestrebten bürgernäheren Union muß auch die demokratische Verankerung verbessert werden. Dies erfordert, daß sowohl das Europäische Parlament wie auch die nationalen Parlamente mehr als bisher in den europäischen Integrationsprozeß eingebunden werden. Dies erfordert darüber hinaus eine entschlossenere Umsetzung des Subsidiaritätsprinzips.

Insgesamt muß die Union für den Bürger verständlicher werden und stärker auf seine Bedürfnisse eingehen.

Wir wollen, daß in einer erweiterten Union alle Mitgliedstaaten in gleicher Weise am Fortschritt des europäischen Integrationsprozesses teilhaben können. Zeitweilige Schwierigkeiten eines Partners, Schritt zu halten, dürfen die Handlungsfähigkeit der Union und ihre Möglichkeiten, Fortschritte zu erzielen, nicht beeinträchtigen. Aus diesem Grunde erachten wir es im Lichte der bisherigen Erfahrungen und Beispiele für wünschenswert und möglich, in den Vertrag eine allgemeine Klausel einzufügen, die Staaten, die dies wünschen und dazu in der Lage sind, die Möglichkeit eröffnet, unter Wahrung des einheitlichen institutionellen Rahmens der Union eine verstärkte Zusammenarbeit zu entwickeln.

Sehr geehrter Herr Vorsitzender, wenn wir Ihnen diese Gedanken vor dem Europäischen Rat in Madrid unterbreiten, möchten wir Ihnen zugleich versichern, daß Deutschland und Frankreich entschlossen sind, alles zu tun, um den Erfolg der Regierungskonferenz wie auch der anschließenden Verhandlungen sicherzustellen, damit die Union ihrer Verantwortung an der Schwelle zum 21. Jahrhundert gerecht werden kann. Unsere beiden Regierungen sind bereit, auch in Zukunft alle geeigneten gemeinsamen Initiativen zu ergreifen, die dazu beitragen können, die Europäische Union weiter voranzubringen.

Wir erlauben uns, diese Botschaft auch den übrigen Mitgliedern des Europäischen Rates zuzuleiten.

Dr. Helmut Kohl | Jacques Chirac

Quelle: Gemeinsamer Brief des deutschen Bundeskanzlers und des französischen Staatspräsidenten an den Vorsitzenden des Europäischen Rates vom 6.12.1995; überreicht vom Bundespresseamt.

Dokument 4: Deutsch-Französische Leitlinien zur GASP vom 27. Februar 1996 (Auszüge)

Im Februar 1996 trafen sich die Außen- und Europaminister Deutschlands und Frankreichs (Kinkel, de Charette, Hoyer und Barnier) zur Beratung der Regierungskonferenz. Sie verabschiedeten die nachfolgend abgedruckten Leitlinien zur Gemeinsamen Außen- und Sicherheitspolitik. Die wesentlichen Punkte beziehen sich auf eine größere Effizienz der Entscheidungsprozeduren, die Errichtung einer Planungs- und Analyseeinheit, die Schaffung eines neuen Amtes für die GASP, um ihr ein deutlicheres Profil zu geben, und einen Katalog von Maßnahmen zur Stärkung der europäischen sicherheits- und verteidigungspolitischen Identität, einschließlich einer politischen Solidaritätsklausel zwischen den Mitgliedstaaten.

[...] Vordringliches Interesse der Gemeinsamen Außen- und Sicherheitspolitik ist die Stabilisierung der Nachbarregionen im Osten und Süden, die Stärkung der transatlantischen Beziehungen und der Ausbau der Beziehungen zu Rußland und der Ukraine. Die Union hat in all diesen Bereichen in den letzten Jahren bereits große Anstrengungen unternommen und unter Einsatz erheblicher Ressourcen langfristige Strategien entwickelt. [...] Auf der Regierungskonferenz kommt es darauf an, die Gemeinsame Außen- und Sicherheitspolitik, die durch den EUV eingeführt worden ist, in ihrer Effektivität so zu stärken und fortzuentwickeln, daß sie den gemeinsamen Interessen der EU gerecht wird. Bei den angestrebten Reformen geht es darum, Effizienz, Kohärenz, Sichtbarkeit, Kontinuität und Solidarität zu stärken. Die beiden Außenminister werden auf der Regierungskonferenz für die folgenden konkreten Verbesserungen eintreten:

1. Erhöhung der Effizienz

Die Handlungsfähigkeit der Union auf dem Gebiet der Außen- und Sicherheitspolitik muß vor allem durch eine größere Effizienz der Entscheidungsverfahren und eine wirksamere Umsetzung der Beschlüsse gestärkt werden. Die Leitlinienkompetenz des Europäischen Rats muß mit dem Ziel gestärkt werden, die Handlungsfähigkeit der Union zu erhöhen. Die im Vertrag vorgesehenen Entscheidungsverfahren müssen mit dem Ziel angewendet und weiterentwickelt werden, um die Entscheidungsfindung zu vereinfachen und um die Rigiditäten der Einstimmigkeit zu vermeiden. Hierzu können verschiedene, zum Teil kumulative Ansätze geprüft werden:

- Unterscheidung nach politischen Grundsatzentscheidungen und Durchführungsentscheidungen,

- Erwähnung des Prinzips der konstruktiven Enthaltung für den Bereich der GASP im Vertrag,
- Entscheidungen mit qualifizierter Mehrheit bei der Umsetzung.

Insbesondere bei der Umsetzung solcher Beschlüsse kann kein Mitgliedstaat gegen seinen Willen verpflichtet werden, für militärische und polizeiliche Aktionen nationale Kräfte zur Verfügung zu stellen. Diese Mitgliedstaaten dürfen dann die anderen Mitgliedstaaten jedoch nicht an der Ausführung beschlossener Maßnahmen hindern.

2. Verbesserung der Kohärenz

Rat, Mitgliedstaaten und Kommission müssen das bereits im Vertrag enthaltene Kohärenzgebot im Interesse einer effektiven und glaubwürdigen Außen- und Sicherheitspolitik konsequenter anwenden. Mitgliedstaaten und Kommission müssen einmal beschlossenes Handeln der Union aktiv und vorbehaltlos im Geiste der Loyalität und gegenseitigen Solidarität unterstützen. Das heißt insbesondere, daß die Kommission durch einen Beschluß des Rats im gleichen Ausmaß gebunden sein muß wie die Mitgliedstaaten. Es wird ein Verfahren eingeführt, das sicherstellt, daß die Kommission rechtzeitig diejenigen Vorschläge unterbreitet, die durch die Beschlüsse des Rats im Rahmen der GASP erforderlich sind. Um die notwendige Kohärenz zu gewährleisten, muß eine Planungs- und Analyseeinheit geschaffen werden. In diese dem Ratssekretariat angegliederte Einheit müßten Mitgliedstaaten, Kommission und das WEU-Sekretariat geeignetes Personal entsenden und ihm ihre Informationen zugänglich machen. Die Aufgabe dieser Einheit ist es, Erfahrung und Wissen der Beteiligten zu poolen und Handlungsvorschläge zu erarbeiten.

3. Erhöhung der Sichtbarkeit und Kontinuität

Die nötigen institutionellen Voraussetzungen müssen dafür geschaffen werden, um zu ermöglichen, daß die EU im Außenverhältnis klar identifizierbar auftreten kann, mit einer Stimme spricht und über die notwendige Kontinuität und Sichtbarkeit verfügt. Es sollte eine neue Funktion geschaffen werden, die zu einer besseren Sichtbarkeit und Kohärenz der GASP beiträgt. Die vorgenannten Vorschläge ermöglichen es, eine größere Kontinuität zu gewährleisten.

4. Stärkung der europäischen Solidarität, insbesondere auf dem Gebiet der Sicherheit und der Verteidigung

Zur Stärkung der europäischen Solidarität ist weiterhin die Fortentwicklung der europäischen sicherheits- und verteidigungspolitischen Identität durch die Verwirklichung der verteidigungspolitischen Perspektive des EUV unerläßlich. Hierbei kommt der WEU sowohl als europäischem Pfeiler des Atlantischen Bündnisses als auch als Verteidigungskomponente der EU eine wichtige Rolle zu. Konkret streben wir die folgenden Verbesserungen an:

- Im EUV sollte eine politische Solidaritätsklausel für alle Mitgliedstaaten festgeschrieben werden. Solidarität bedeutet dabei natürlich auch Berücksichtigung legitimer Interessen einzelner Mitgliedstaaten.
- Zuweisung der Leitlinienkompetenz für die Sicherheits- und Verteidigungspolitik an den Europäischen Rat, aufgrund derer die WEU Aktionen im Auftrag der Europäischen Union ausführen kann.
- Die Ziele der in der Petersberger Erklärung der WEU enthaltenen Aufgaben sollten im EUV verankert werden.
- Bestätigung der Rolle der Europäischen Union hinsichtlich der Definition der gemeinsamen europäischen Verteidigungspolitik.
- Die europäische Handlungsfähigkeit muß auch dann gegeben sein, wenn sich nicht alle Partner an einer konkreten Aktion militärisch beteiligen. Die Solidarität der anderen Staaten sollte dann durch politische Unterstützung und gegebenenfalls durch eine Form der finanziellen Solidarität zum Ausdruck kommen.
- Mittelfristig halten wir an dem Ziel der Überführung der WEU in die EU fest. Die Regierungskonferenz sollte hier weiterführende Klärungen erbringen. Zu diesem Zweck wird die institutionelle Annäherung zwischen WEU und EU verstärkt.

Die Solidarität muß ihren Niederschlag auch darin finden, daß die operationellen Ausgaben im Rahmen der GASP in der Regel aus dem EG-Haushalt unter Einhaltung des Haushaltsverfahrens und unter Berücksichtigung des Vorrangs des Rats in der Außenpolitik finanziert werden sollen. Eine europäische Rüstungspolitik sollte durch Fortführung der laufenden deutsch-französischen Initiativen auf EU- und WEU-Ebene, die auf eine Stärkung, Verbesserung und Rationalisierung der europäischen Zusammenarbeit abzielen und die Einrichtung einer Europäischen Rüstungsagentur anstreben, entwickelt werden.

Quelle: Die Gemeinsame Außen- und Sicherheitspolitik: Leitlinien, verabschiedet anläßlich des Seminars der Außenminister Frankreichs und Deutschlands, am 27. Februar 1996 in Freiburg, überreicht vom Auswärtigen Amt, Bonn.

Dokument 5: Europäischer Rat von Madrid, Schlußfolgerungen des Vorsitzes, 16. Dezember 1995 (Auszüge)

Im Europäischen Rat kommen die Staats- und Regierungschefs der EU-Mitgliedstaaten sowie der Präsident der Europäischen Kommission mindestens zweimal jährlich zusammen. Wie die Schlußfolgerungen des Vorsitzes des Europäischen Rates von Madrid im Dezember 1995 belegen, begrüßten die Staats- und Regierungschefs der 15 EU-Staaten den Bericht der Reflexionsgruppe (siehe Dok. 2) als Grundlage für die Arbeit der Regierungskonferenz. Hinsichtlich der umstrittenen Fragen einer Beteiligung des Europäischen Parlaments an der Konferenz und einer Berücksichtigung der Belange der Beitrittskandidaten wurden zumindest regelmäßige Unterrichtungsprozeduren ins Auge gefaßt.

[...] DIE REGIERUNGSKONFERENZ

1. Der Europäische Rat hat mit großem Interesse den Bericht der Reflexionsgruppe unter dem Vorsitz von Herrn Westendorp aufgenommen, die vom Europäischen Rat mit der Vorbereitung der Regierungskonferenz 1996 beauftragt worden war. Er ist der Ansicht, daß die Orientierungen, zu denen die Gruppe nach einer eingehenden Analyse der inneren und äußeren Herausforderungen für die Union und der möglichen Antworten gelangt ist, eine gute Grundlage für die Arbeiten der Konferenz darstellen.

2. Die Regierungskonferenz muß die Bestimmungen des Unionsvertrags prüfen, für die dort ausdrücklich eine Revision vorgesehen ist, sowie alle Fragen, die in den Schlußfolgerungen des Europäischen Rates von Brüssel und Korfu und in den Erklärungen anläßlich interinstitutioneller Vereinbarungen zur Prüfung auf der Konferenz vorgesehen wurden. [...]

3. Der Europäische Rat kommt überein, daß das förmliche Revisionsverfahren nach Artikel N des Vertrags so bald wie möglich eingeleitet wird, damit die Konferenz am 29. März in Turin feierlich eröffnet werden kann. Der Europäische Rat nimmt zur Kenntnis, daß der künftige italienische Vorsitz beabsichtigt, geeignete Maßnahmen zur Vorbereitung der Konferenz zu treffen.

4. Die Konferenz wird regelmäßig, im Prinzip einmal pro Monat, auf der Ebene der Außenminister tagen, die die Verantwortung für die Arbeiten insgesamt tragen; diese Tagungen werden von einer Gruppe vorbereitet, die sich aus je einem Beauftragten der Außenminister der Mitgliedstaaten sowie des Präsidenten der Kommission zusammensetzt. Der Generalsekretär des Rates wird die notwendigen Vorkehrungen für die Wahrnehmung der Sekretariatsgeschäfte der Konferenz treffen.

5. Das Europäische Parlament wird eng an den Arbeiten der Konferenz beteiligt, so daß es zum einen regelmäßig und ausführlich über den Stand der Beratungen unterrichtet werden und zum anderen zu allen Diskussionsthemen seinen Standpunkt vortragen kann, wann immer es dies für zweckmäßig erachtet. [...]

6. Die Vertreter der mittel- und osteuropäischen Länder, mit denen Europa-Abkommen geschlossen worden sind, sowie Maltas und Zyperns werden regelmäßig über den Stand der Verhandlungen unterrichtet und können ihre Standpunkte bei Treffen mit dem Vorsitz der Europäischen Union vortragen, die im Prinzip alle zwei Monate stattfinden. Der Europäische Wirtschaftsraum und die Schweiz werden ebenfalls unterrichtet. [...]

Quelle: Europäischer Rat in Madrid; Tagung der Staats- und Regierungschefs der Europäischen Union am 15./16. Dezember 1995, Schlußfolgerungen des Vorsitzes, Bulletin des Presse- und Informationsamtes der Bundesregierung, Nr. 8 vom 30. Januar 1996.

Dokument 6: Entschließung des Europäischen Parlaments zur Einberufung der Regierungskonferenz, 13.3.1996 (Auszüge)

Besonderes Interesse an der Weiterentwicklung der Europäischen Union zeigt traditionell das Europäische Parlament. Nach seiner Entschließung vom 17.5.1995 zur Funktionsweise des Maastrichter Vertrages sowie zwei öffentlichen Anhörungen mit Vertretern aus Verbänden und Nichtregierungsorganisationen gab das Parlament in seiner Entschließung vom 13.3.1996 eine Stellungnahme zur Einberufung der Regierungskonferenz ab. Über die Vorschläge der Reflexionsgruppe zeigten sich die Abgeordneten eher enttäuscht, da sie ihnen in vielen Fragen nicht weit genug gingen und zudem nicht von allen Regierungen unterstützt worden waren. Im ersten Teil seiner Entschließung plädiert das Parlament für den Beitritt der Europäischen Union zur Europäischen Menschenrechtskonvention und die Aufnahme eines Grundrechtekataloges in den Unionsvertrag. Weiterhin streben die Abgeordneten eine tiefgehende Vergemeinschaftung der Innen- und Justizpolitik an. Das Parlament fordert die Einfügung eines Beschäftigungskapitels im Vertrag und die verstärkte Berücksichtigung umwelt- und sozialpolitischer Belange. Bezüglich der Fragen zur Effektivierung der Gemeinsamen Außen- und Sicherheitspolitik vertritt das Parlament ähnliche Positionen wie die Europäische Kommission. Hinsichtlich der institutionellen Reform dringen die Abgeordneten auf die Reduzierung der Entscheidungsverfahren, die Vereinfachung des Haushaltsverfahrens sowie auf die Ausweitung der Abstimmungen mit qualifizierter Mehrheit im Ministerrat. Ferner treten sie für die Wahl des Kommissionspräsidenten durch das Europäische Parlament ein. Zur Einführung bestimmter Flexibilitätsregeln nimmt das Parlament eine reservierte Stellung ein und konzentriert sich auf die Grenzen derartiger Vereinbarungen.

Das Europäische Parlament [...]

begrüßt die Einberufung der Regierungskonferenz im Hinblick auf die notwendigen Verbesserungen und Änderungen an den Verträgen, um Fortschritte auf dem Weg zu einer echten politischen Union zu erzielen. [...]

Verbesserte Definition der europäischen Bürgerschaft und stärkere Achtung der Menschenrechte

Die europäische Bürgerschaft muß genauen rechtlichen Inhalt erhalten; die Rechte und Pflichten im Zusammenhang mit der europäischen Bürgerschaft müssen im ersten Kapitel des Vertrags unter der Überschrift „Erklärung der

Grundrechte und Bestimmungen über die Wahrnehmung der Rechte der europäischen Bürger und Gebietsansässigen" zusammengefaßt werden, und zwar auf der Grundlage der vom Europäischen Parlament am 12. April 1989 verabschiedeten Erklärung der Grundrechte und Grundfreiheiten[1]; dieses neue Vertragskapitel muß deutlich machen, daß die europäische Bürgerschaft den Bürgern neue Rechte und Verpflichtungen im Verhältnis zur Union überträgt und die nationale Bürgerschaft nicht ersetzt, sondern sie ergänzt. Die Europäische Union sollte der Europäischen Menschenrechtskonvention beitreten, damit die in der Konvention festgelegten Menschenrechte nicht nur auf der Ebene der Europäischen Union rechtsverbindlich sind, sondern auch einer Überprüfung durch den Europäischen Gerichtshof für Menschenrechte unterzogen werden können. Die Mitgliedstaaten sollten durch den Unionsvertrag verpflichtet werden, die Grund- und Menschenrechte zu achten.

In den Vertrag sollte ein Katalog von Grundrechten aufgenommen werden, die sich auf die Umsetzung und Anwendung des Rechts der Union und der Gemeinschaften beziehen. Der grenzüberschreitende Aspekt des Grundrechtsschutzes (z.B. Schutz der Vereinigungsfreiheit und Schutz der Familie) sollte dabei Berücksichtigung finden. Die Europäische Union sollte in dieses besondere Kapitel auch den Grundsatz der Gleichbehandlung und Nichtdiskriminierung, insbesondere ungeachtet der Rasse, des Geschlechts, der sexuellen Neigungen, des Alters, der Religion oder einer Behinderung einfügen. In dieses Kapitel müssen ausdrückliche Verweise auf die Abschaffung der Todesstrafe und auf die Ahndung aller Akte von rassistischer oder antisemitischer Gewalt, Belästigung und Mißbrauch aufgenommen werden. [...] Die wirtschaftlichen und sozialen Rechte, die eine transnationale Geltung haben, insbesondere die individuellen und kollektiven Rechte der Arbeitnehmer sollten in diesem Kapitel eindeutig definiert werden.

Der Grundrechtekatalog sollte einen Abschnitt über die politischen Rechte in der Europäischen Union enthalten, der sich vor allem auf die Annahme eines einheitlichen Wahlverfahrens mit einer Frist für die Einführung, ein einheitliches Statut der Mitglieder des Europäischen Parlaments und die Entwicklung der politischen Parteien auf der Ebene der Union erstrecken sollte. [...]

Die Europäische Union sollte die Anerkennung der kulturellen und sprachlichen Vielfalt und den Schutz von traditionellen nationalen Minderheiten und ihren Sprachen seitens der Mitgliedstaaten unterstützen und im Rahmen der Menschenrechte, der Demokratie und der Rechtsstaatlichkeit ausdrücklich die Sprachen und Kulturen der Minderheiten anerkennen, schützen und unterstützen. [...] Die europäischen Bürger dürfen in keinem Fall innerhalb der EU als Aus-

1 Abl. der EG, Nr. C120 vom 16.05.1989, S. 52.

länder angesehen werden. Staatsangehörigen von Drittstaaten, die in der Union rechtmäßig ansässig sind, sollten im Vertrag die Achtung der Menschenrechte, die Gleichbehandlung und Nichtdiskriminierung bei sozialen, wirtschaftlichen und kulturellen Rechten sowie das Stimmrecht bei Kommunalwahlen entsprechend dem Übereinkommen des Europarates zuerkannt werden.

Im Bereich der Europäischen Union (einschließlich Europol) sollte ein umfassender Rechtsschutz durch die nationalen Gerichte, das Gericht erster Instanz und den Europäischen Gerichtshof gewährleistet werden. [...]

Eine effizientere Antwort auf die Sorgen der Bürger bezüglich der inneren Sicherheit

Die folgende Bereiche betreffenden Fragen sollten im Rahmen der Gemeinschaftsverfahren und -organe behandelt werden:

Die Asylpolitik (Artikel K.1.1), die Vorschriften für das Überschreiten der Außengrenzen (Artikel K.1.2), die Vorschriften für die Einwanderungspolitik und die Politik gegenüber den Staatsangehörigen dritter Länder (Artikel K.1.3), die Bekämpfung des Drogenhandels (Artikel K.1.9) mit der ausdrücklichen Erwähnung des Menschenhandels insbesondere betreffend Minderjähriger und Frauen in diesem Artikel, die Bekämpfung von Betrügereien im internationalen Maßstab und der organisierten Kriminalität (Artikel K.1.5), [und] die Fragen im Zusammenhang mit der justiziellen Zusammenarbeit in Zivilsachen (Artikel K.1.6), wenn sie mit der Gewährleistung des freien Personenverkehrs verbunden sind. Die anderen unter Titel VI des EU-Vertrags genannten Bereiche müssen durch stärkeren Rückgriff auf gemeinschaftliche Verfahren und Organe behandelt und unter Berücksichtigung folgender Aspekte geändert werden:

- der Stärkung der Befugnisse der Kommission (Initiativrecht) und des Europäischen Parlaments (Mitentscheidung), um das Niveau der demokratischen Kontrolle zu verbessern;
- der Anerkennung der Zuständigkeit des Gerichtshofes, insbesondere seiner gerichtlichen Zuständigkeit im Falle einer strittigen Auslegung der Texte von Übereinkommen;
- des verstärkten Schutzes der Menschenrechte;
- der Transparenz (insbesondere Veröffentlichung der Vorschläge und Beschlüsse des Rates im Amtsblatt);
- des Verzichts auf den häufigen Rückgriff auf im EUV nicht vorgesehene Rechtsinstrumente (Entschließungen, Empfehlungen, Übereinkommen), um die demokratische Kontrolle zu ermöglichen.

Eine „Übergangs"-Bestimmung für die Vergemeinschaftung dieser Bereiche muß beibehalten werden: die Bedingungen für die Umsetzung von Artikel K.9 des Vertrags müssen durch Anwendung der qualifizierten Mehrheit im Rat flexibler gestaltet werden, wobei das Erfordernis einer Ratifizierung dieser Entscheidung durch die Mitgliedstaaten gemäß ihrer Verfassungsbestimmungen zu berücksichtigen ist. [...]

Die Entwicklung der sozialen und ökologischen Dimension und der Beschäftigungspolitik im Binnenmarkt sowie des wirtschaftlichen und sozialen Zusammenhalts

Der Binnenmarkt, eine dauerhafte Entwicklung sowie der wirtschaftliche und soziale Zusammenhalt setzen die Fähigkeit voraus, die erforderlichen gemeinsamen Politiken in folgenden Bereichen zu verwirklichen: Sozialpolitik, Beschäftigungspolitik, bestimmte Aspekte der Steuerpolitik und Umweltpolitik; in diesen Bereichen müssen Mehrheitsentscheidungen und die Mitentscheidung zur allgemeinen Regel werden. [...] Das Abkommen über die Sozialpolitik wird in den Vertrag einbezogen und sollte verbessert werden. [...] Der Vertrag muß die Kommission verpflichten, einen mit einem Zeitplan versehenen Katalog von Maßnahmen vorzulegen, die für die Verwirklichung der sozialen Union notwendig sind. Der Vertrag sollte eine eindeutige Verpflichtung der Union enthalten, eine Politik zur Überwindung von sozialer Ungerechtigkeit, Ausgrenzung, Diskriminierung und Armut zu betreiben, und der Kommission die erforderlichen Befugnisse für ihre Durchführung übertragen.

Die Beschäftigung muß im Mittelpunkt aller europäischen Maßnahmen stehen, insbesondere der Maßnahmen im Rahmen der Wirtschaftspolitik. [...] Der Vertrag wird durch ein neues Kapitel mit dem Titel „Eine Union für die Beschäftigung" vervollständigt. In diesem Kapitel werden die gemeinsamen Ziele und die entsprechenden Verfahren festgelegt. Darin kommt das Eintreten der vertragsschließenden Parteien für bestimmte Grundsätze auf dem Gebiet der Beschäftigungspolitik zum Ausdruck. [...]

Um die Umwelt konkret als Ziel der Union in den Vertrag aufzunehmen, wie es auch die Reflexionsgruppe vorschlägt, muß in die Präambel des EU-Vertrags eine gesonderte Klausel über Nachhaltigkeit und Umwelt und in Artikel 3 EGV der Schutz der Umwelt aufgenommen werden. [...]

Stärkung der Rolle der Europäischen Union auf dem Gebiet der Außenpolitik durch Entwicklung einer wirksamen gemeinsamen Außen- und Sicherheitspolitik

[...] Die Union muß internationale Rechtspersönlichkeit erhalten. Die Union muß ihre territoriale Unversehrtheit und die Sicherheit ihrer Außengrenzen garantieren.

Die Bestimmungen über die verschiedenen Aspekte der Außenpolitik, d. h. die gemeinsame Handelspolitik, die Entwicklungspolitik (einschließlich EEF – Europäischer Entwicklungsfonds), die humanitäre Hilfe, die GASP einschließlich der Menschenrechtspolitik und der künftigen gemeinsamen Verteidigungspolitik werden in einem einzigen gemeinsamen Kapitel des EUV zusammengefaßt. [...] Der EEF wird in die europäische Politik der Entwicklungszusammenarbeit einbezogen und erhält ebenfalls gemeinschaftlichen Charakter.

Der Rat und die Kommission werden von einem zentralen Gremium zur Ausarbeitung von politischen Studien und Vorschlägen unterstützt, dessen Aufgabe in der Ermittlung der gemeinsamen Interessen der Union und ihrer Mitgliedstaaten besteht und das u. a. eine aktive Präventivdiplomatie erleichtern soll. Es wird von der Kommission in enger Zusammenarbeit mit dem Generalsekretär des Rates geleitet. Das Personal wird vom Rat und von der Kommission gestellt.

Im gesamten Bereich der Außenpolitik einschließlich der GASP müssen die Beschlüsse mit qualifizierter Mehrheit gefaßt werden. Ein Mitgliedstaat, der nicht mit einem gemeinsamen Standpunkt oder einer gemeinsamen Maßnahme militärischer Art in den von der GASP abgedeckten Bereichen übereinstimmt, muß eine Freistellungsmöglichkeit erhalten, darf jedoch den gemeinsamen Standpunkt oder die gemeinsame Maßnahme nicht blockieren. Das für die Außenpolitik zuständige Kommissionsmitglied nimmt in enger Zusammenarbeit mit dem Ratsvorsitz die Vertretung der Union nach außen in der GASP wahr. Es wird nach dem für den Präsidenten der Kommission geltenden Verfahren ernannt. Das Parlament lehnt deshalb die Überlegung verschiedener Mitglieder der Reflexionsgruppe ab, daß es einen „hohen Vertreter" für die GASP geben sollte.

Als erste Maßnahme zur Lösung des Problems der Vertretung der Union gegenüber Drittländern sind die erforderlichen Vorkehrungen zu treffen, damit in den Drittländern, in denen weniger als vier Mitgliedstaaten diplomatisch vertreten sind, eine diplomatische Vertretung der Union geschaffen wird.

Die GASP muß gemeinschaftlich finanziert werden. Mitgliedstaaten, die sich der Freistellungsklausel bedienen, dürfen sich der gemeinsamen Finanzierung nicht entziehen.

Die parlamentarische Kontrolle über die GASP wird vom Europäischen Parlament wahrgenommen, gegebenenfalls in Zusammenarbeit mit den nationalen Parlamenten (beispielsweise bei humanitären Missionen oder Friedensmissionen). Die Finanzierung erfolgt über den EG-Haushaltsplan. Zu gemeinsamen Standpunkten und gemeinsamen Aktionen ist das Europäische Parlament anzuhören.

Sicherheits- und Verteidigungspolitik

Unter gebührender Beachtung der Sensibilität einiger traditionell neutraler und bündnisfreier Mitgliedstaaten wird die WEU stufenweise mit der EU verschmolzen. Hierzu werden alle WEU-Aufgaben einschließlich der Zielsetzungen der Petersberg-Aufgaben der WEU mit Ausnahme von Artikel V des WEU-Vertrags für alle EU-Mitglieder verbindlich aufgenommen. Bei militärischen Aktionen (mit Ausnahme von Artikel V des WEU-Vertrags) kann ein Mitgliedstaat weder zur Teilnahme verpflichtet werden noch – unbeschadet der erforderlichen politischen und finanziellen Solidarität – eine Mehrheit von Mitgliedstaaten an der Durchführung hindern. Eine integrierte WEU sollte als europäischer Pfeiler der NATO funktionieren, aber die traditionell neutralen und bündnisfreien Staaten müssen die Möglichkeit haben, sich nicht an ihrer Errichtung zu beteiligen, auch wenn sie mit einem besonderen Status am Beschlußfassungsprozeß mitwirken. Die Finanzierung von Maßnahmen im Rahmen der WEU erfolgt gemeinschaftlich, nachdem die Integration in die EU vollzogen ist. Artikel 223 EGV, der einer Kontrolle der Rüstungsgüterverkäufe an Drittländer im Wege steht und die Einrichtung einer echten gemeinsamen Rüstungspolitik für die Mitgliedstaaten verhindert, muß gestrichen werden.

Eine positive Reaktion auf das Verlangen der Bürger nach mehr Offenheit und Transparenz

[...] Der Grundsatz der Offenheit der europäischen Institutionen sollte im EU-Vertrag verankert werden. In den EU-Vertrag sollte eine allgemeine Vorschrift über den Zugang zu EU-Dokumenten einbezogen werden. [...] Die Dokumente der Union müssen lesbar sein. Die Verträge müssen zusammengefaßt, neu gegliedert, vereinfacht und redaktionell überarbeitet werden; die fortlaufende Kodifizierung des Gemeinschaftsrechts sollte als gemeinsame Aufgabe von Kommission, Parlament und Rat im Vertrag verankert werden. Protokollerklärungen anläßlich der Verabschiedung von Rechtsakten sind nicht mehr zuzulassen. Der Rat muß öffentlich tagen, wenn er über Rechtsvorschriften entscheidet. Die Protokolle über die Beratungen und die Abstimmungen müssen ebenfalls öffentlich sein. Besondere Stellungnahmen und Vorbehalte der Mitgliedstaaten bei der Gesetzgebung der Union werden ebenfalls veröffentlicht.

Entscheidende Fortschritte im Hinblick auf ein demokratischeres und leistungsfähigeres Europa

[...] Abstimmungen mit qualifizierter Mehrheit sollten innerhalb der EU das generell angewandte Verfahren werden, und dies sollte eines der zentralen Ziele der Regierungskonferenz sein. Sie sollte sich darauf konzentrieren, eine sehr begrenzte Zahl genau festgelegter Ausnahmen zu definieren, für die nach wie vor

Einstimmigkeit erforderlich ist. Für bestimmte besonders sensible Bereiche, d.h. bei Vertragsänderungen und konstitutionellen Beschlüssen (betreffend Erweiterung, Eigenmittel und Artikel 235) bleibt Einstimmigkeit weiterhin erforderlich.

[...] Die Regierungskonferenz sollte zumindest die grundsätzlichen Regeln für die Stimmengewichtung bei künftigen Beitritten festlegen. Unbeschadet der Bereiche, wo die übliche Abstimmung mit qualifizierter Mehrheit bereits stattfindet, sollte die Idee einer neu eingeführten „besonderen" qualifizierten Mehrheit mit einer höheren Schwelle als die übliche qualifizierte Mehrheit auf der Regierungskonferenz geprüft werden, um das Abrücken von der Einstimmigkeit bei bestimmten sensiblen Themen zu erleichtern.

[...] In der jetzigen Phase der Entwicklung der Union ist es wichtig, den Grundsatz von zumindest einem Kommissionsmitglied je Mitgliedstaat beizubehalten. Die von der Reflexionsgruppe dargelegte Option, die Zahl der Mitglieder der Kommission niedriger zu halten als die Zahl der Mitgliedstaaten, sollte nicht verfolgt werden.

Die Reflexionsgruppe hat dem Verfahren für die Ernennung der Kommission nicht genügend Aufmerksamkeit geschenkt. Dieses Verfahren muß reformiert werden, damit der Präsident der Kommission vom Europäischen Parlament direkt auf der Grundlage von Namen, die der Europäische Rat vorschlägt, gewählt wird. [...] Die Unabhängigkeit der Kommission muß gewahrt, ihr Initiativrecht muß beibehalten, und ihre Effizienz im Hinblick auf die Erweiterung verstärkt werden.

[...] Dem Ausschuß der Regionen muß das Recht gewährt werden, sich seine eigene Geschäftsordnung zu geben; er muß verwaltungsmäßig und haushaltsmäßig vom Wirtschafts- und Sozialausschuß unabhängig werden.

[...] Die EU-Legislativverfahren müssen auf der Regierungskonferenz im Interesse von Demokratie und demokratischer Verantwortung sowie Vereinfachung und Änderung des Legislativverfahrens reformiert werden. Es sollte im Bereich der Gesetzgebung ein allgemeines Verfahren geben: die Mitentscheidung. Die Mitentscheidung sollte auf alle Rechtsvorschriften ausgedehnt werden. Rechtsvorschriften sollten im Rat mit qualifizierter Mehrheit angenommen werden. [...] Das Mitentscheidungsverfahren sollte vereinfacht werden, insbesondere durch Streichung der Phase für die Absichtserklärung zur Ablehnung und durch Beendigung des Verfahrens, entweder wenn es Übereinstimmung zwischen Rat und Parlament (sogar bei der ersten Lesung) gibt oder wenn keine Übereinstimmung zwischen Rat und Parlament in einem Vermittlungsausschuß herbeizuführen ist. Das Europäische Parlament sollte auch allen Fällen der Anwendung von Artikel 235, Beschlüssen über die Eigenmittel und allen Fällen der Vertragsreform sowie internationalen Abkommen zustimmen müssen.

Die Regierungskonferenz sollte das bestehende Wirrwarr der Komitologieverfahren dadurch vereinfachen, daß sie die allgemeine Verantwortung für die Durchführungsmaßnahmen der Kommission überträgt [...]. Rat und Parlament müssen von den vorgeschlagenen Maßnahmen unterrichtet werden und die Möglichkeit haben, den Vorschlag der Kommission zu verwerfen und neue Durchführungsmaßnahmen oder die Einleitung eines vollständigen Legislativverfahrens zu fordern. Es ist notwendig, die Rechtsquellen durch eine Rangordnung der Rechtsvorschriften zu verdeutlichen.

[...] Die Unterscheidung zwischen obligatorischen und nichtobligatorischen Ausgaben sollte beseitigt, der Haushalt vereinheitlicht und die Haushaltsverfahren vereinfacht werden. Das Parlament sollte bei den obligatorischen Ausgaben die gleichen Befugnisse haben wie gegenwärtig bei den nichtobligatorischen.

[...] Ein vereinfachter und verständlicherer Vertrag

Die Vereinfachung des Vertrags erfordert die Neuformulierung bestimmter konstitutioneller Vorschriften, um sie für die Bürger verständlicher und ansprechender zu machen; die Streichung von hinfällig gewordenen und überholten Vertragsbestimmungen; die Fusion der drei Gemeinschaftsverträge und anderer Vertragsbestimmungen über die Europäische Union in einem einzigen vereinheitlichten Vertrag; [und] die Umstrukturierung der Bestimmungen des Vertrages mit einer Trennung der konstitutionellen Vorschriften auf der einen Seite und der Vorschriften für spezifische politische Bereiche auf der anderen Seite. Die Vereinfachung des Vertrags darf jedoch nicht dazu führen, daß der gemeinschaftliche Besitzstand gefährdet wird. [...]

Grenzen der Flexibilität

(Das Europäische Parlament) begrüßt die Unterstützung der Reflexionsgruppe für die schon früher vom Parlament dargelegten Kriterien für die Grenzen der zulässigen Flexibilität, was irgendwelche besonderen Vereinbarungen betrifft, die auf der Regierungskonferenz ausgehandelt werden (einschließlich der Notwendigkeit, daß sie nicht zu einem Europa „à la carte" führen und die grundlegenden Prinzipien der Wahrung des gemeinschaftlichen Besitzstandes und des einheitlichen institutionellen Rahmens, der Solidarität, des wirtschaftlichen und sozialen Zusammenhalts und der Gleichheit aller Staaten und Bürger der Union vor dem Vertrag nicht aushöhlen dürfen).

Quelle: Entschließung des Europäischen Parlaments zur Einberufung der Regierungskonferenz und zur Bewertung der Arbeiten der Reflexionsgruppe – Festlegung der politischen Prioritäten des EP im Hinblick auf die Regierungskonferenz; Europäisches Parlament, Protokoll der Sitzung vom 13. März 1996, PE 197.390.

Dokument 7: Stellungnahme der Europäischen Kommission „Vertiefung der Politischen Union und Vorbereitung der Erweiterung", 28. Februar 1996 (Auszüge)

Die Europäische Kommission legte als Hüterin der Verträge am 28.2.1996 ihre Stellungnahme zur Regierungskonferenz unter dem Titel „Vertiefung der Politischen Union und Vorbereitung der Erweiterung" vor. Die Kommission plädiert dafür, das Sozialprotokoll von 1991 zum Bestandteil des Unionsvertrages zu machen, den Umweltschutz in die Politik der Union einzubeziehen und das Mitentscheidungsverfahren, an dem Rat und Europäisches Parlament teilhaben, aus Gründen der Transparenz und Demokratie auszudehnen. Hinsichtlich der Art der Rechtsetzung schlägt sie eine Rangordnung vor. Im Bereich der innen- und justizpolitischen Zusammenarbeit (Dritter Pfeiler) möchte die Kommission ihr Initiativrecht gestärkt und die Rolle des EuGH erweitert sehen. Zudem tritt sie für eine Überführung großer Teile der Zusammenarbeit im Dritten Pfeiler in den Gemeinschaftsbereich (Erster Pfeiler) ein und möchte das Schengener Abkommen in den Unionsvertrag aufgenommen sehen. In der Außen- und Sicherheitspolitik ist sie wie die meisten Mitgliedstaaten für eine gemeinsame Analysegruppe, die sich aus Vertretern der Mitgliedstaaten und der Kommission zusammensetzt; die Finanzierung der operativen Kosten der GASP über den EG-Haushalt und die Aufnahme von Aufgaben zur Wahrung und Wiederherstellung des Friedens als Verpflichtung der Union in den Vertrag. Wie die Bundesrepublik Deutschland und die Beneluxstaaten fordert sie die Generalisierung von Mehrheitsentscheidungen in der GASP. Hinsichtlich der Integration der WEU in die Union plädiert sie für einen Zeitplan zur Prüfung dieser Frage und empfiehlt schon auf kürzere Sicht die Beteiligung der Verteidigungsminister an bestimmten Ratssitzungen. Mit Blick auf die Erweiterung der Union auf neue Mitgliedstaaten ist sie für eine Begrenzung der Zahl der Europaparlamentarier auf 700 und tritt für die Regel ein, daß jeder Mitgliedstaat einen EU-Kommissar stellen kann. Gegenüber dem deutsch-französischen Vorschlag zur Flexibilisierung des Entscheidungsprozesses zeigt sich die Kommission aufgeschlossen, wenn hierbei bestimmte Grundsätze eingehalten werden, um die Einheit der Union nicht zu gefährden.

[...] Die Konferenz 1996 ist sehr wahrscheinlich die einzige und letzte Gelegenheit, in einem Kreis von fünfzehn Mitgliedstaaten Überlegungen anzustellen, wie die Union in einem erweiterten Rahmen funktionieren kann. Sie wird sich von den früheren Erweiterungen durch ihren Umfang und durch die damit verbundene größere Diversität unterscheiden. Ein größeres Europa wird notgedrungen vielfältiger und somit komplexer sein. [...] Die Europäische Union kann daher diese Erweiterung nicht in Angriff nehmen, ohne zuvor einige Verfahren und Funktionsweisen mitunter sogar tiefgreifend zu ändern. [...] Unter diesen Voraussetzungen befürwortet die Kommission die Einberufung der Regierungskonferenz. [...]

Förderung des europäischen Gesellschaftsmodells

[...] Die Mitgliedstaaten der Union verteidigen die Menschenrechte: Sie sind ausnahmslos Mitglieder der Europäischen Konvention zum Schutze der Menschenrechte und Grundfreiheiten. Auch der Union dient dieses Übereinkommen als Richtschnur für ihre Entscheidungen und Handlungen. Die Union müßte jedoch ihrer Verpflichtung auf diese Werte durch entsprechende Bestimmungen im Vertrag oder durch den Beitritt zu dem Übereinkommen noch sichtbareren Ausdruck verleihen. Dies wäre vor allem angesichts der Erweiterung und Diversifizierung der Union gerechtfertigt. [...] Die Regierungskonferenz sollte ferner Bestimmungen in den Vertrag aufnehmen, die insbesondere mit Blick auf die Chancengleichheit zwischen Männern und Frauen über die Garantie des gleichen Entgelts hinaus jede Diskriminierung verbieten und Rassismus und Fremdenfeindlichkeit ausdrücklich verurteilen.

[...] Die Bürger müssen wissen, daß die Union ihnen hilft, bestimmte Grundrechte im sozialen Bereich besser wahrzunehmen. Die soziale Dimension muß auf der Konferenz einen wichtigen Platz einnehmen. Es geht vor allem darum, für alle Bürger der Union einen gemeinsamen Grundstock sozialer Rechte zu sichern. Nach Auffassung der Kommission erfordert dies vor allem, daß das Protokoll über die Sozialpolitik Bestandteil des Vertrags wird und einige Bestimmungen über die Zusammenarbeit der Mitgliedstaaten im Sozialbereich, wie etwa über den Kampf gegen Ausgrenzung und Armut, präziser gefaßt werden. [...]

Nur eine wettbewerbsfähige Wirtschaft kann dauerhafte Arbeitsplätze schaffen. [...] Die Kommission schlägt daher vor, spezifische Bestimmungen über die Beschäftigung in den Vertrag aufzunehmen. Diese müssen auf der Grundlage der gemeinschaftlichen Errungenschaften und Erfahrungen die Beschäftigung als Frage von gemeinsamem Interesse anerkennen und auf folgendes abzielen:

- Schaffung der Voraussetzungen für eine gemeinsame Beschäftigungsstrategie,
- Förderung der Zusammenarbeit zwischen den betreffenden Akteuren,
- Verstärkung der Maßnahmen zur multilateralen Überwachung der Mehrjahresprogramme der Mitgliedstaaten,
- Berücksichtigung der Beschäftigung bei den übrigen Gemeinschaftspolitiken.

[...] Ein angemessener Umweltschutz gehört zu den wichtigsten Belangen der Bürger der Union. Nach Auffassung der Kommission sollten die Vertragsbestimmungen über eine dauerhafte und umweltgerechte Entwicklung in doppelter Hinsicht verstärkt werden: Das Recht auf eine gesunde Umwelt und die Pflicht zu ihrer Erhaltung sollten in die Vertragsbestimmungen über den Unionsbürger aufgenommen werden. Der Umweltschutz sollte ausdrücklich in die anderen Politiken der Union einbezogen werden.

Freiheit und Sicherheit in Europa

[…] Die Kommission schlägt vor, die Unzulänglichkeiten des Vertrags in den Bereichen Justiz und Inneres […] durch klare Zielsetzungen und angemessene Methoden und Instrumente zu beseitigen. Generell geht es darum, den im Vertrag verankerten Grundsatz der Freizügigkeit und des freien Aufenthalts unter angemessenen Sicherheitsbedingungen anzuwenden und zu verstärken. Dabei sind schwerpunktmäßig die folgenden vier Ziele anzustreben:

- Festlegung gemeinsamer Bedingungen für die Einreise, den Aufenthalt und den Status von Staatsangehörigen aus Drittländern in der Union,
- tatsächliche gegenseitige Anerkennung der von den innerstaatlichen Gerichten erlassenen Urteile,
- Bekämpfung der verschiedenen Formen der Kriminalität und des Betrugs,
- Förderung der effektiven Zusammenarbeit zwischen den Verwaltungen der Mitgliedstaaten.

Überdies sollten folgende Instrumente und Verfahren festgelegt werden: Durch die allgemein geltende Regel der Einstimmigkeit wird die Entscheidungsfindung im Rat gelähmt oder auf einen Minimalkonsens beschränkt. Nach Ansicht der Kommission soll sie grundsätzlich durch die qualifizierte Mehrheit ersetzt werden. Eine vermehrte Einbindung des Europäischen Parlaments ist insbesondere bei Fragen erforderlich, die die Rechte des einzelnen Bürgers betreffen können. Schließlich sollte der Kommission in allen einschlägigen Bereichen das Initiativrecht eingeräumt werden. Weder die gemeinsame Aktion und die gemeinsame Stellungnahme mit ihrer unklaren Rechtswirkung noch das herkömmliche völkerrechtliche Übereinkommen, dessen Inkrafttreten ungewiß und verspätet ist, sind geeignete Instrumente; vielmehr benötigt die Union für diese Bereiche leistungsfähigere Rechtsinstrumente. Die Entscheidungen müßten der richterlichen Nachprüfung durch den Gerichtshof unterworfen werden, um nicht zuletzt zumindest eine einheitliche Auslegung der Rechtsvorschriften zu gewährleisten. Die derzeitigen Arbeitsstrukturen des Rates, die eine Vielzahl von Ebenen umfassen und ein effizientes Arbeiten unmöglich machen, müssen vereinfacht werden.

Nach Auffassung der Kommission können die gerade aufgezeigten Resultate insgesamt am einfachsten dadurch erreicht werden, daß die Bereiche Justiz und Inneres – mit Ausnahme der justitiellen Zusammenarbeit in Zivil- und Strafsachen sowie der Zusammenarbeit der Polizeibehörden – in den gemeinschaftsrechtlichen Rahmen überführt werden. […] Dieser Logik folgend sollte der Inhalt des Schengener Übereinkommens in den Vertrag einbezogen werden. […]

Einfachere und demokratischere Beschlußfassung

[...] Im Sinne der gebotenen Transparenz und Demokratie ist es von entscheidender Bedeutung, daß die Regierungskonferenz die Beschlußfassung neu ordnet und vereinfacht. [...] Die Anzahl der Verfahren sollte auf drei beschränkt werden: Beschlüsse mit einfacher Stellungnahme des Parlaments, mit dessen Zustimmung und Mitentscheidung Parlament/Rat. Die Mitentscheidung ist auszudehnen und zu vereinfachen. [...] Die Kommission ist der Auffassung, daß sich das Mitentscheidungsverfahren insgesamt bewährt hat. Es könnte jedoch noch weiter beschleunigt werden und an Effizienz gewinnen, wenn es durch folgende Maßnahmen vereinfacht würde: Einführung von Fristen für die erste Lesung, Abschaffung der Phase der Äußerung der Absicht der Ablehnung in zweiter Lesung und Abschaffung der dritten Lesung.

Zum Anwendungsbereich des Mitentscheidungsverfahrens vertritt die Kommission die Ansicht, daß legislative Akte im Wege der Mitentscheidung verabschiedet werden müssen. Das setzt eine Klärung des Begriffs legislativer Akt voraus. Die Mitentscheidung sollte in jedem Fall in jenen Bereichen angewandt werden, für die derzeit das Verfahren der Zusammenarbeit gilt, das abgeschafft werden sollte.

Der Anwendungsbereich des Verfahrens der Zustimmung wäre zu ergänzen und genau zu definieren. In den Bereichen „im Verfassungsrang" (Änderung der Verträge, Eigenmittel) sollte die Zustimmung des Parlaments verbindlich eingeführt werden. [...] Bei internationalen Übereinkommen ist der Anwendungsbereich des Zustimmungsverfahrens zu klären, insbesondere unter Berücksichtigung der Rolle der Parlamente in den Mitgliedstaaten.

[...] Die Entscheidungsverfahren für Durchführungsakte sind verstärkt auf die Zuständigkeiten der Organe abzustimmen. Dies bedeutet, daß die Kommission ihre Rolle als Exekutivorgan unter der Kontrolle der Legislativgewalt voll wahrnehmen muß. Daher muß die Rolle des Parlaments berücksichtigt werden, wenn der Basisakt im Wege der Mitentscheidung angenommen wird. In diesem Fall sollte ein Verfahren vorgesehen werden, das es Parlament und Rat ermöglicht, sich einem von der Kommission vorgeschlagenen Maßnahmenentwurf zu widersetzen. Die eigentliche Maßnahme wäre sodann im Wege der Mitentscheidung anzunehmen. [...]

Stärkung der außenpolitischen Identität

[...] Die Union sollte mit einer Stimme sprechen können. Ihre Außenpolitik wird erst dann erfolgreich sein, wenn alle Bereiche, für die verschiedene Organe zuständig sind, von einer Stelle betrieben werden. [...] Der Ratsvorsitz und die Kommission sollten sicherstellen, daß die beiden Organe, die in verschiedener

Hinsicht für die Außenpolitik der Union zuständig sind, gut zusammenarbeiten. [...]

Stärkung der Gemeinsamen Außen- und Sicherheitspolitik

[...] Die Beschlüsse müssen sich auf eine bessere und gemeinsame Analyse der Mitglieder der Union stützen. Dazu sollte eine „gemeinsame Analysegruppe" aus Sachverständigen der Mitgliedstaaten und der Kommission geschaffen werden. Dieses gemeinsame Gremium, für das auch die Westeuropäische Union einen Beitrag leisten könnte, würde dem Ratsvorsitz und der Kommission bei der Ausarbeitung kohärenter Vorschläge wertvolle Hilfe leisten. [...] Die Eingliederung eines ständigen politischen Ausschusses in Brüssel in die Stellen des Rates, die für die Beschlußvorlagen zuständig sind, würde die Gestaltung der Außenpolitik erleichtern.

[...] Nach Auffassung der Kommission sollte in der Gemeinsamen Außen- und Sicherheitspolitik die Abstimmung mit qualifizierter Mehrheit zur Regel werden. Für Fragen, die den militärischen Bereich berühren, müßte jedoch eine besondere Regelung gelten. [...] Die Zuständigkeiten für die Durchführung sollte in erster Linie dem Ratsvorsitz und der Kommission zufallen. Diesem Konzept stünde es nicht entgegen, bestimmte Aufgaben gegebenenfalls von Fall zu Fall namentlich bezeichneten und beauftragten Persönlichkeiten zu übertragen. Bei ausgabenwirksamen Beschlüssen im Rahmen der Gemeinsamen Außen- und Sicherheitspolitik ist die gegenwärtige Rechtslage weder transparent noch effizient, da in jedem Einzelfall getrennte Verhandlungen erforderlich sind. Die Kommission schlägt vor, entsprechende Ausgaben in den Haushaltsplan der Gemeinschaft einzusetzen, sofern nicht ausdrücklich etwas Gegenteiliges beschlossen wird.

[...] Der Dreh- und Angelpunkt der Verteidigung ist nach wie vor die NATO, in der ein europäischer Pfeiler entwickelt werden sollte. In diesem Zusammenhang erfüllt die WEU eine wichtige Aufgabe entsprechend der vom Vertrag vorgezeichneten Linie. Gegenüber der NATO und der WEU gehen vorerst nicht alle Mitgliedstaaten dieselben Verteidigungsverpflichtungen ein. Daher sollte die Konferenz die Möglichkeit bieten, Verpflichtungen der Union zu Missionen zur Wahrung oder Wiederherstellung des Friedens (sogenannte Petersberg-Missionen) in den Vertrag aufzunehmen; die sicherheitspolitische Leistungsfähigkeit der Union durch eine angemessene Mitarbeit der Verteidigungsminister im Rat stärken; [und] die Aufgabe der Westeuropäischen Union im Hinblick auf ihre Einbeziehung in die Union nach einem vorgegebenen Zeitplan überprüfen. [...]

Das Europäische Parlament

[...] Die Zahl der Mitglieder des Europäischen Parlaments sollte, damit es eines Tages nicht jeden Rahmen sprengt, unabhängig von der Zahl der beitretenden

Staaten begrenzt werden. Das Europäische Parlament schlägt selbst vor, die Zahl seiner Mitglieder auf 700 zu begrenzen. Die Kommission unterstützt diesen Vorschlag. [...]

Der Ministerrat

[...] Der halbjährliche Wechsel der Präsidentschaft hat zur Folge, daß jeder Mitgliedstaat nur in größeren Abständen den Ratsvorsitz übernimmt. Nach Ansicht der Kommission ist der Ratsvorsitz eine Aufgabe und Belastung zugleich, die jeder Mitgliedstaat im Namen der Union auf sich nimmt und die Aufmerksamkeit der Öffentlichkeit auf den Europagedanken lenkt. Die Konferenz sollte jedoch verschiedene Wege zur Stärkung der Handlungsbefugnisse des Ratsvorsitzes und die Reihenfolge des halbjährlichen Ratsvorsitzes prüfen.

Gewichtung der Stimmen der Mitgliedstaaten: Entscheidungen mit qualifizierter Mehrheit sind für die Beschlußfassung im Rat sehr wichtig. Die Stimmengewichtung als Kompromiß zwischen gleichberechtigten Staaten mit unterschiedlich großer Bevölkerung kommt hinzu. Die heutige Stimmengewichtung ist eine von allen akzeptierte Bevorzugung der Mitgliedstaaten mit kleinerer Bevölkerung. [...] Nach Ansicht der Kommission ist es deshalb zur Erhaltung des heutigen Gleichgewichts gerechtfertigt, bei der Erweiterung die Stimmengewichtung zu ändern oder ein neues Verfahren einzuführen, das sowohl auf die Mehrheit der Mitgliedstaaten als auch auf die Mehrheit der Unionsbevölkerung Rücksicht nimmt.

Schwelle der qualifizierten Mehrheit: Die Erweiterung bringt die Gefahr mit sich, daß die Beschlußfassung komplizierter wird. Daher darf nach Ansicht der Kommission eine Änderung die Entscheidungsfindung nicht erschweren. Die seit den Anfängen der Gemeinschaft bei 71% liegende Schwelle der qualifizierten Mehrheit darf deshalb keinesfalls heraufgesetzt werden. [...]

Die Kommission

Angesichts von erheblich mehr Mitgliedstaaten der Union muß die Legitimität, die Kollegialität und die Handlungsfähigkeit eines Organs erhalten werden, dessen Aufgabe darin besteht, das allgemeine Interesse in voller Unabhängigkeit zu vertreten. Das bedeutet zunächst, daß ihr Initiativrecht, ihre Exekutivbefugnisse und ihre Aufgabe als Hüterin der Verträge gesichert werden. Nach Ansicht der Kommission muß außerdem der Präsident vom Europäischen Rat benannt und vom Parlament bestätigt werden. Der Präsident der Kommission muß dann bei der Zusammensetzung des Kollegiums eine entscheidende Rolle spielen, um die Kollegialität besser sicherzustellen. Daher müssen die Kommissionsmitglieder im Einvernehmen zwischen dem Kommissionspräsidenten und den Regierungen der Mitgliedstaaten designiert werden. Nach Auffassung der Kommission sollte im Hinblick auf die Erweiterung die Zahl der Mitglieder der Kommission auf eines je Mitgliedstaat verringert werden. Die Kommission ist sich dessen bewußt, daß ihre Zusammensetzung und Struktur einer Revision bedürfen, wenn eine bestimmte Zahl von Mitgliedstaaten überschritten wird. Die Konferenz muß in dieser Frage ein geeignetes Verfahren vorsehen. [...]

Die Mehrheitsentscheidung muß zur Regel werden

In einer erweiterten Union würde die Beibehaltung der Einstimmigkeit in vielen Fällen zur Lähmung führen. Die Schwierigkeit, zu einstimmigen Entscheidungen zu gelangen, nimmt mit steigender Mitgliederzahl exponentiell zu. Die Kommission schlägt deshalb vor, die Mehrheitsentscheidung zur allgemeinen Regel zu machen. [...]

Einführung von mehr Flexibilität

[...] Nach Ansicht der Kommission muß die Europäische Union engere Kooperations- und Integrationsformen zwischen bestimmten Mitgliedstaaten ermöglichen, die bei der Verwirklichung der Ziele des Vertrags schneller vorankommen wollen. Ein solches Konzept sollte erst nach der Ausschöpfung aller Aktionsmöglichkeiten zwischen allen Mitgliedstaaten im Rahmen des Vertrags in Betracht gezogen werden. Diese Flexibilität sollte folgenden Grundsätzen folgen, um die Einheit der Union zu gewährleisten:

- Vereinbarkeit mit den Zielen der Union;
- Beachtung des institutionellen Rahmens der Union;
- ständige Offenheit für Staaten, die sich ihr anschließen wollen und können;
- Erhaltung des Binnenmarktes und seiner politischen Begleitmaßnahmen.

Die Kommission soll unter Aufsicht des Gerichtshofs für die Beachtung der weiter oben genannten Grundsätze sorgen. [...]

Quelle: Stellungnahme der Kommission: „Stärkung der Politischen Union und Vorbereitung der Erweiterung“, KOM(96) 90 endg.

Dokument 8: Stellungnahme des Ausschusses der Regionen zur Regierungskonferenz, 21. April 1995 (Auszüge)

Mit dem Maastrichter Vertrag wurde als neuartiges Instrument der regionalen und lokalen Interessenvertretung der Ausschuß der Regionen (AdR) mit ausschließlichen Beratungs-, Empfehlungs- und Anhörungsbefugnissen eingesetzt. Dieser legte am 21.4.1995 seine Stellungnahme über die „Revision des Vertrages über die Europäische Union“ vor. Darin wird neben anderem die institutionelle Stärkung des AdR sowie eine klarere Definition des Subsidiaritätsprinzips und die eindeutigere Kompetenzabgrenzung zwischen EU und Mitgliedstaaten gefordert, ein Interesse, das vor allem von den deutschen Ländern (deren Rechtsstatus kaum mit dem der Regionen in den meisten anderen Mitgliedstaaten vergleichbar ist) getragen wird.

Entschließung

Der Ausschuß der Regionen [...] fordert,

daß das Subsidiaritätsprinzip in Artikel 3b des EG-Vertrags mit einem besonderen Verweis auf die Regionen und lokalen Gebietskörperschaften versehen wird [...];

um eine Anwendung des Subsidiaritatsprinzips zu erleichtern, die Kompetenzen der Union und der Mitgliedstaaten klar festzulegen, so daß die Europäische Union im Rahmen ausdrücklich im Vertrag vorgesehener Kompetenzuweisungen und unter Wahrung des Subsidiaritätsprinzips tätig wird;

daß dem Ausschuß der Regionen und den Regionen mit eigenen Gesetzgebungsbefugnissen bei Nichtigkeitsklagen eine Aktivlegitimation eingeräumt wird [...];

dem Ausschuß der Regionen ebenfalls für die Untätigkeitsklage eine Aktivlegitimation einzuräumen. [...];

dem Ausschuß der Regionen den Status eines Organs einzuräumen [...];

daß das politische Mandat und die politische Legitimität seiner Mitglieder klarer definiert werden, und schlägt zu diesem Zweck eine Änderung von Artikel 198a Absatz 1 des EG-Vertrags vor:

> „Es wird ein beratender Ausschuß aus auf Vorschlag der Regionen und lokalen Gebietskörperschaften benannten Vertretern errichtet, die in ihr Amt gewählt wurden oder einer aus allgemeinen und direkten Wahlen hervorgegangenen Versammlung politische Rechenschaft ablegen müssen; dieser Ausschuß wird nachstehend ‘Ausschuß der Regionen’ genannt.“

die Elemente der Eigenorganisation des Ausschusses zu stärken [...];

hinsichtlich seiner Verwaltung und seines Haushalts uneingeschränkte Unabhängigkeit gegenüber dem Wirtschafts- und Sozialausschuß; [...]

daß die beratende Funktion des Ausschusses ausgebaut wird; [...]

daß der Ausschuß der Regionen mit der Komission bei der Ausübung des Initiativrechts, das diesem Organ zusteht, zusammenarbeitet [...];

daß bei den Politiken der Union, die die Zuständigkeiten der Regionen oder möglicherweise auch der Kommunen sowie insbesondere die Raumordnung berühren und für die im Vertrag die Zusammenarbeit oder Beteiligung der staatlichen Stellen vorgesehen ist, auch eine Zusammenarbeit oder Beteiligung der regionalen oder gegebenenfalls lokalen Behörden vorgesehen wird;

zur Stärkung des wirtschaftlichen und sozialen Zusammenhalts die Förderung der grenzübergreifenden und interterritorialen Zusammenarbeit in den Vertrag aufzunehmen [...];

im Vertrag eine bessere Abstimmung der Gemeinschaftspolitiken vorzusehen, die sich am stärksten auf die städtischen Ballungsgebiete auswirken, und das Prinzip der kommunalen Selbstverwaltung in der Form, in der es in der Europäischen Charta der kommunalen Selbstverwaltung des Europarats definiert ist, im Vertrag festzuschreiben;

daß die Regierungskonferenz die gemeinschaftliche Zusammenarbeit in den Bereichen Justiz und Inneres zum Wohle der Unionsbürger vorantreibt;

die Vertragsrevision als Gelegenheit dafür zu nutzen, den Bürgern die Aufgaben- und Kompetenzverteilung in der Europäischen Union deutlich zu machen und zu diesem Zweck in einem Grundlagentext folgendes zu definieren:

die Grundrechte der europäischen Bürger, die Ziele der Europäischen Union, die Organe der Europäischen Union, die Zuständigkeiten dieser Organe [...];

Quelle: Stellungnahme des Ausschusses der Regionen über die „Revision des Vertrags über die Europäische Union“ vom 21. April 1995 – Entschließung; überreicht vom Ausschuß der Regionen.

Dokument 9: Europäischer Rat von Turin, Schlußfolgerungen des Vorsitzes, 29. März 1996 (Auszüge)

Das Mandat für die Regierungskonferenz wurde von den Staats- und Regierungschefs der EU-Staaten auf dem Europäischen Rat am 29. März 1996 in Turin festgelegt. Am gleichen Tag wurden die Verhandlungen von den Außenministern offiziell eröffnet. Die Schlußfolgerungen des Vorsitzes belegen, daß die Tagesordnung der Regierungskonferenz sehr umfangreich ist und sich auf die Themenkomplexe Bürgernähe, Demokratie und Effizienz, größere Handlungsfähigkeit der Union und – in Anbetracht der schlechten Arbeitsmarktlage in den Mitgliedstaaten – auf die Frage europäischer Beschäftigungspolitik bezieht. Nach zähen Verhandlungen konnte auch ein Modus zur Beteiligung des Europäischen Parlaments vereinbart werden.

[...] Die Staats- und Regierungschefs sind der Auffassung, daß die Konferenz ihre Arbeiten im Lichte des Berichts der Reflexionsgruppe hauptsächlich auf die nachstehend beschriebenen Bereiche konzentrieren sollte, unbeschadet weiterer Fragen, die während der Konferenz gegebenenfalls zur Sprache gebracht werden.

1. Eine bürgernähere Union

Der Europäische Rat bittet die Regierungskonferenz, sich bei ihren Arbeiten stets vor Augen zu halten, daß der Bürger im Zentrum des europäischen Aufbaus steht: Die Union hat die unbedingte Pflicht, auf die Bedürfnisse und Sorgen der Bürger konkret einzugehen. Da die Mitgliedstaaten der Beachtung der Menschenrechte, der demokratischen Werte, der Gleichheit und der Nichtdiskriminierung verpflichtet sind, und da die Union eine Wertegemeinschaft ist, sollte die Regierungskonferenz die Frage prüfen, ob und inwieweit es möglich sein wird, diese Grundrechte zu stärken und ihren Schutz zu verbessern. Die Bürger Europas schenken den Fragen der Bereiche Justiz und Inneres wachsende Aufmerksamkeit. In einer Region des freien Personen-, Waren-, Kapital- und Dienstleistungsverkehrs wie der Union muß die Ausübung dieser Rechte im Einklang mit den Bestimmungen des Vertrags mit einem angemessenen Schutz einhergehen. Hierzu trägt eine verstärkte Kontrolle der Außengrenzen der Union bei. In diesem Zusammenhang wird die Konferenz aufgefordert, sich um angemessene Ergebnisse vor allem in folgenden Punkten zu bemühen:

- Verbesserung der Methoden und Instrumente im Rahmen der festgelegten Ziele;
- besserer Schutz der Unionsbürger vor internationaler Kriminalität, insbesondere vor Terrorismus und Drogenhandel;

- Entwicklung einer kohärenten und wirksamen Asyl-, Einwanderungs- und Visumpolitik;
- Überwindung von Meinungsverschiedenheiten über die gerichtliche und parlamentarische Kontrolle von EU-Beschlüssen in den Bereichen Justiz und Inneres.

Für die Union und die Mitgliedstaaten steht der Kampf gegen die Arbeitslosigkeit an allererster Stelle. Die Förderung der Beschäftigung macht die nationalen Wirtschafts- und Strukturpolitiken zu einer gemeinsamen Angelegenheit. Die Schaffung besserer Beschäftigungsmöglichkeiten erfordert eine stabilitätsorientierte Wirtschaftspolitik, größere Wettbewerbsfähigkeit und ein gesundes Wachstum, d.h. die Vollendung des Binnenmarktes und die Erfüllung der Konvergenzkriterien für die endgültige Verwirklichung der Wirtschafts- und Währungsunion. Es bedarf aber zusätzlicher koordinierter Maßnahmen. Damit sich das Ziel eines hohen Beschäftigungsniveaus bei gleichzeitiger Wahrung des sozialen Schutzes erreichen läßt, sollte die Regierungskonferenz daher prüfen, wie die Union die Grundlagen für eine bessere Zusammenarbeit und Koordinierung im Hinblick auf die Stärkung der nationalen Politiken schaffen kann. Die Regierungskonferenz sollte ferner prüfen, ob und wie über den Vertrag den Bemühungen unserer Regierungen sowie der Sozialpartner größere Wirksamkeit verliehen werden könnte und diese besser koordiniert werden könnten.

Die Regierungskonferenz könnte auch die Frage der Vereinbarkeit zwischen dem Wettbewerb und dem Grundsatz eines allgemeinen Zugangs zu den grundlegenden Dienstleistungen im Interesse der Bürger prüfen. [...] Eine dauerhaft gesunde Umwelt ist ebenfalls ein wichtiges Anliegen unserer Bürger. Die Sicherung einer besseren Umwelt ist eine grundlegende Aufgabe für die Union. Die Regierungskonferenz wird zu prüfen haben, wie der Umweltschutz auf Unionsebene im Hinblick auf eine nachhaltige Entwicklung effizienter und kohärenter gestaltet werden kann.

Die Regierungskonferenz müßte eine bessere Anwendung und Durchsetzung des Subsidiaritätsprinzips gewährleisten, um die Transparenz und Offenheit der Arbeit der Union herzustellen, und sie sollte prüfen, ob es gegebenenfalls möglich ist, die Verträge zu vereinfachen und eine konsolidierte Fassung zu erstellen.

2. Die Institutionen in einer demokratischen und effizienteren Union

[...] Die Konferenz wird folgende Fragen zu prüfen haben:

- Wie lassen sich die Rechtsetzungsverfahren am wirksamsten vereinfachen und klarer und transparenter gestalten?
- Kann das Verfahren der Mitentscheidung in wirklich legislativen Angelegenheiten ausgeweitet werden?

- Welche Rolle soll das Europäische Parlament abgesehen von seinen legislativen Befugnissen spielen, wie soll es sich zusammensetzen und wie soll in bezug auf das einheitliche Verfahren für die Wahl seiner Mitglieder vorgegangen werden?

Die Regierungskonferenz sollte auch prüfen, in welcher Form und inwieweit die nationalen Parlamente, auch gemeinsam, besser zur Erfüllung der Aufgaben der Union beitragen können. Was den Rat anbelangt, dessen Arbeitsweise verbessert werden muß, so sollte die Regierungskonferenz prüfen, in welchem Umfang Mehrheitsentscheidungen getroffen werden sollen, wie die Stimmen zu gewichten sind und wo die Schwelle für Beschlüsse mit qualifizierter Mehrheit liegen soll. Die Konferenz wird zu prüfen haben, wie die Kommission ihre grundlegenden Funktionen effizienter erfüllen kann; dies sollte auch mit Blick auf ihre Zusammensetzung und unter Berücksichtigung ihrer Repräsentativität erfolgen. Die Konferenz sollte prüfen, ob und wie die Stellung und die Arbeitsweise des Europäischen Gerichtshofs und des Europäischen Rechnungshofs verbessert werden können. Sie sollte auch prüfen, wie bei der Rechtsetzung größere Klarheit und höhere Qualität erreicht werden können, und auf welche Weise und mit welchen Mitteln wirksamer gegen Betrug vorgegangen werden kann.

Die Staats- und Regierungschefs bitten die Konferenz zu prüfen, ob und in welcher Weise Regeln entweder allgemeiner Art oder für spezifische Bereiche eingeführt werden können, auf deren Grundlage eine Anzahl von Mitgliedstaaten unter Wahrung des gemeinschaftlichen Besitzstandes, unter Vermeidung von Diskriminierung und Wettbewerbsverzerrungen und unter Beachtung des einheitlichen institutionellen Rahmens eine allen offenstehende verstärkte Zusammenarbeit entwickeln können, die mit den Zielen der Union im Einklang steht.

3. Größere Handlungsfähigkeit der Union nach außen

Die internationale Lage führt zu einer wachsenden Verantwortung der Union und erhöht die Notwendigkeit, ihre Identität auf der internationalen Bühne stärker zur Geltung zu bringen mit dem Ziel, Frieden und Stabilität zu fördern. Das politische Gewicht der Union muß ihrer Wirtschaftskraft entsprechen. Gleichzeitig ist dafür Sorge zu tragen, daß das Handeln der Union nach außen unter uneingeschränkter Wahrung der Rolle der Kommission kohärenter und in allen seinen Dimensionen einheitlicher gestaltet wird. Die EU hat sich selbst das Ziel einer gemeinsamen Außen- und Sicherheitspolitik gesetzt, wozu auf längere Sicht auch die Festlegung einer gemeinsamen Verteidigungspolitik gehört, die zu gegebener Zeit zu einer gemeinsamen Verteidigung führen könnte. Die Erreichung dieses Ziels erfordert eine stärkere Fähigkeit,

- die Grundsätze und die Bereiche einer gemeinsamen Außenpolitik zu ermitteln;

- die erforderlichen Maßnahmen zur Förderung der Interessen der Union in diesen Bereichen und im Einklang mit diesen Grundsätzen festzulegen;
- Verfahren und Strukturen zu schaffen, mit denen Beschlüsse effizienter und rechtzeitig im Geiste von Loyalität und gegenseitiger Solidarität gefaßt werden können;
- angemessene Haushaltsbestimmungen zu vereinbaren.

Mit diesen Zielen vor Augen sollte die Konferenz auch die Frage behandeln, ob und wie die Schaffung einer neuen spezifischen Funktion die Union in die Lage versetzen könnte, sich in einer sichtbareren und kohärenteren Weise darzustellen, die ihre Konturen besser hervorhebt und ihrer Stimme mehr Gehör verschafft. Darüber hinaus wird die Konferenz zu prüfen haben, wie die EU ihre Identität in Fragen der Sicherheit und Verteidigung besser zur Geltung bringen kann. Sie wird dazu die Frage einer klareren Definition des Verhältnisses zur Westeuropäischen Union, die integraler Bestandteil der Entwicklung der Europäischen Union ist, unter besonderer Berücksichtigung des Auslaufens des Brüsseler Vertrags im Jahre 1998 zu prüfen haben. Das Ziel wird auch darin bestehen, die operationellen Fähigkeiten der Union zu verbessern, insbesondere in den Bereichen, die von den Petersberg-Aufgaben der Westeuropäischen Union abgedeckt werden, und in Einklang mit der Charta der Vereinten Nationen. Die Konferenz könnte außerdem prüfen, ob und inwieweit eine engere Zusammenarbeit im Rüstungsbereich durch den Vertrag gefördert werden sollte.

Abschließend bittet der Europäische Rat die Konferenz, die ihre Arbeiten in etwa einem Jahr abschließen sollte, sich während ihrer gesamten Arbeiten von einer umfassenden und konsequenten Vision leiten zu lassen. Ihr Ziel ist es, den Bedürfnissen und Erwartungen unserer Bürger gerecht zu werden, dabei den Prozeß der europäischen Einigung voranzubringen und die Union auf ihre künftige Erweiterung vorzubereiten.

Beteiligung des Europäischen Parlaments an den Arbeiten der Regierungskonferenz

[…] Die Sitzungen des Europäischen Rats, die die Regierungskonferenz betreffen, beginnen, wie dies üblich ist, mit einem Meinungsaustausch mit dem Präsidenten des Europäischen Parlaments, bei dem die Themen der Tagesordnung behandelt werden. Den Sitzungen der Regierungskonferenz auf Ministerebene geht ebenfalls ein Meinungsaustausch mit dem Präsidenten des Europäischen Parlaments, mit Unterstützung der Vertreter des Europäischen Parlaments, voraus, bei dem die Themen der Tagesordnung behandelt werden. Einmal im Monat und immer dann, wenn die Beauftragten der Minister es einvernehmlich für zweckmäßig halten, veranstaltet der Vorsitz anläßlich der Treffen der Ministerbeauftragten eine Arbeitssitzung, die einem vertieften Meinungsaustausch mit den Vertretern des Europäischen Parlaments gewidmet ist. Der Vorsitz stellt die regelmäßige mündliche oder schriftliche Unterrichtung des Europäischen Parlaments sicher. Wie vereinbart, stellt er ferner eine Unterrichtung der nationalen Parlamente durch die Konferenz der Europaausschüsse der nationalen Parlamente der Mitgliedstaaten der Europäischen Union und des Europäischen Parlaments (COSAC) sicher. Die Beteiligung des Europäischen Parlaments beginnt mit der Einladung des Präsidenten des Europäischen Parlaments und der beiden Vertreter des Europäischen Parlaments zur Eröffnung der Regierungskonferenz am 29. März 1996 in Turin. Der Vorsitz stellt das gute Funktionieren der Konferenz und der Beteiligung des Europäischen Parlaments eingedenk des zwischenstaatlichen Charakters der Konferenz, der jeweiligen Zuständigkeiten und der Notwendigkeit einer engen und vertrauensvollen Kooperation zwischen den Organen sicher.

Europäischer Vertrauenspakt für Beschäftigung, Wachstum und Wettbewerbsfähigkeit

[...] Der Präsident der Kommission, Herr Santer, unterbreitete dem Europäischen Rat seine Initiative im Hinblick auf einen Europäischen Vertrauenspakt für Beschäftigung, der auf die Festlegung einer kohärenten gemeinsamen Strategie der europäischen Organe, der Regierungen und der Sozialpartner abzielt. Präsident Chirac erläuterte seinerseits die Vorschläge im französischen Memorandum für ein europäisches Sozialmodell. Der Europäische Rat [...] nahm mit Genugtuung die Absicht des Vorsitzes zur Kenntnis, dieses Thema auf der nächsten Tagung in Florenz auf der Grundlage des von Präsident Santer vorgeschlagenen Vertrauenspakts und der Beiträge einiger Mitgliedstaaten ausführlichst zu erörtern. Im Hinblick darauf beauftragte er den Rat, diese Arbeiten zu koordinieren und die einzelnen Vorschläge, die zur Verwirklichung dieses Zieles beitragen sollen, intensiv weiterzuprüfen. [...]

Quelle: Europäischer Rat von Turin: Schlußfolgerungen des Vorsitzes, 29. März 1996; Dokument des Generalsekretariat des Rates Nr. SN 100/96.

Dokument 10: Europäischer Rat von Florenz, Schlußfolgerungen des Vorsitzes, 22. Juni 1996 (Auszüge)

Die Vorbereitung der Tagung des Europäischen Rates und auch die Verhandlungen selbst wurden weitgehend von den Auseinandersetzungen mit Großbritannien über den „BSE-Konflikt" geprägt. Durch die zwei Monate anhaltende britische Blockade von Entscheidungen, für die die Zustimmung aller Regierungen im Rat erforderlich ist, wurden die Reformnotwendigkeiten im Hinblick auf eine erweiterte Gemeinschaft von 20–25 Staaten deutlich vor Augen geführt. Zu den Arbeiten der Regierungskonferenz ersuchte der Europäische Rat den irischen Vorsitz, für seine Tagung in Dublin (im Dezember 1996) einen allgemeinen Rahmen für einen Entwurf zur Revision der Verträge auszuarbeiten. Als Leitlinie hierfür wurde die Haltung der Mehrheit der EU-Staaten bezüglich der Bereiche Bürgernähe, Gemeinsame Außen- und Sicherheitspolitik sowie Effizienz der Beschlußverfahren vorgegeben.

[...] Die Regierungskonferenz

Der Europäische Rat stellt fest, daß die bisherigen Arbeiten der Konferenz, denen die in Turin entwickelten Zielvorstellungen zugrunde lagen, es ermöglicht haben, die anstehenden Hauptfragen genauer zu bestimmen. Die Beratungen dieser ersten Phase der Konferenz haben in dem Bericht ihren Niederschlag gefunden, der unter der Federführung des Vorsitzes ausgearbeitet wurde und in dem, ohne daß den Verhandlungen selbst vorgegriffen wird, im Hinblick auf den Fortgang der Arbeiten für den kommenden Vorsitz Bilanz gezogen wird.

Die Analyse der Fragen ist nun weit genug fortgeschritten. Die Konferenz kann sich nun der Suche nach ausgewogenen Lösungen für die herausgearbeiteten politischen Grundfragen zuwenden. Der Europäische Rat rechnet damit, daß auf seiner Tagung in Dublin entscheidende Fortschritte erzielt werden, die die Einhaltung des in Turin vorgesehenen Zeitplans ermöglichen, wonach die Konferenz Mitte 1997 zum Abschluß gebracht werden sollte.

Im Hinblick darauf ersucht der Europäische Rat darum, daß der irische Vorsitz für die Tagung in Dublin einen allgemeinen Rahmen für einen Entwurf zur Revision der Verträge ausarbeitet, der insbesondere auf folgende Ziele abstellt:

mehr Bürgernähe, und zwar insbesondere dadurch,

- daß den Erwartungen der Bürger in bezug auf die Erreichung des Ziels eines hohen Beschäftigungsniveaus Rechnung getragen und gleichzeitig der soziale Schutz gewährleistet wird; hierbei ist zu prüfen, wie der Union die Grundlage für eine bessere Zusammenarbeit und Koordinierung im Hinblick auf die Stärkung der nationalen Politiken geboten werden kann. Ferner muß geprüft werden, wie die Bemühungen der Regierungen und der Sozialpartner durch den Vertrag effizienter gestaltet und besser koordiniert werden können;

- daß der Umweltschutz auf Ebene der Union wirksamer und kohärenter gestaltet wird, um eine nachhaltige Entwicklung zu gewährleisten;
- daß bei der Arbeit der Union für Transparenz und Offenheit gesorgt wird;
- daß die Unionsbürgerschaft, die die nationale Staatsbürgerschaft nicht ersetzen soll, unter Wahrung der nationalen Identität und der Traditionen der Mitgliedstaaten gestärkt wird;
- daß ihre Grundrechte gewahrt werden;
- daß den Sicherheitsbedürfnissen der Bürger Rechnung getragen wird, was voraussetzt, daß die Mittel und Instrumente zur Bekämpfung des Terrorismus, der organisierten Kriminalität und des Drogenhandels wesentlich verbessert werden; ebenso ist eine Verbesserung der Asyl-, Visa- und Einwanderungspolitik unter allen ihren Aspekten im Hinblick auf einen diesbezüglichen gemeinsamen Rechtsraum erforderlich;

Ausbau der Gemeinsamen Außen- und Sicherheitspolitik der Union und Ausweitung ihrer Tragweite, was insbesondere voraussetzt, daß im Hinblick auf größere Konsistenz und Wirksamkeit folgende Punkte behandelt werden:

- optimales Zusammenwirken der verschiedenen Akteure bei der Ausarbeitung und Durchführung der außenpolitischen Aktionen der Union (Europäischer Rat, Rat, Kommission, Vorsitz, Mitgliedstaaten und gegebenenfalls das neue Amt für die GASP) gemäß ihrer jeweiligen im Vertrag vorgesehenen Rolle;
- größere Kohärenz zwischen einer reformierten GASP und einer gestärkten Außenwirtschaftspolitik;
- die Beschlußfassungsverfahren und -bedingungen, einschließlich der Möglichkeit, die Einstimmigkeit zu lockern;
- die Mittel für die Gewährleistung einer zuverlässigen und schnellen Finanzierung beschlossener Aktionen;
- die Sicherheits- und Verteidigungsdimension der Union, insbesondere auch die Möglichkeit, Ziele im Sinne der „Petersberg-Aufgaben" in den Vertrag aufzunehmen;
- Schaffung engerer Beziehungen zwischen der Europäischen Union und der WEU, auch im Hinblick auf eine Präzisierung in der Frage ihrer künftigen Beziehungen unter Berücksichtigung der Ergebnisse der Juni-Tagung der NATO in Berlin;
- eine Klausel über eine mögliche politische Solidarität;

und schließlich Sicherstellung – auch im Hinblick auf die Erweiterung – des reibungslosen Funktionierens der Organe unter Wahrung des Gleichgewichts zwischen ihnen sowie unter Gewährleistung der Effizienz des Beschlußfassungsverfahrens, wobei insbesondere folgendes zu berücksichtigen ist:

- für den Rat: der Anwendungsbereich für Abstimmungen mit qualifizierter Mehrheit, die Gewichtung der Stimmen und die Schwelle für Beschlußfassungen mit qualifizierter Mehrheit;
- für die Kommission: Ernennungsmodus und Zusammensetzung;
- für das Europäische Parlament: die Verfahren für die Gestaltung seiner Beteiligung am Rechtsetzungsprozeß sowie seine politische Rolle und seine Kontrollfunktion;
- für den Europäischen Gerichtshof: Verbesserung seiner Rolle und Funktionsweise;
- für die Union insgesamt: Mittel und Wege zur Gewährleistung einer effektiven Anwendung des Subsidiaritätsprinzips, die Frage der ausreichenden Mittel, Weiterprüfung der Möglichkeiten und Bedingungen für eine verstärkte Zusammenarbeit, die Frage des Beitrags der einzelstaatlichen Parlamente – jedes für sich oder gemeinsam – zum europäischen Aufbauwerk.

Der Europäische Rat ersucht schließlich die Regierungskonferenz, alle Möglichkeiten für eine Vereinfachung der Verträge auszuloten, die es gestatten, den Bürgern die Zielsetzungen und die Arbeitsweise der Union näherzubringen.

Quelle: Europäischer Rat von Florenz: Schlußfolgerungen des Vorsitzes, 22. Juni 1996; Dokument des Generalsekretariat des Rates Nr. SN 300/96.

POSITIONEN DER EU-REGIERUNGEN ZUR REGIERUNGSKONFERENZ

Dokument 11: Regierungserklärung von Bundeskanzler Helmut Kohl vor dem Deutschen Bundestag am 7. Dezember 1995 (Auszüge)

Bundeskanzler Kohl legte im Dezember 1995 vor dem Bundestag die Grundzüge der Europapolitik der Bundesregierung mit Blick auf das Jahr 2000 dar. Hierbei stehen die Regierungskonferenz, die Verwirklichung der Wirtschafts- und Währungsunion, die Reform der Finanzverfassung und der Strukturpolitik im Vordergrund. Hinsichtlich der Regierungskonferenz nannte er nur allgemeine Zielsetzungen. Die eigentlich konkreten Vorstellungen fanden in den gemeinsamen deutsch-französischen Initiativen vom 6. Dezember 1995 (s. Dokument 3) und vom 27. Februar (s. Dokument 4) ihren Niederschlag, da die Bundesregierung der Zusammenarbeit mit Frankreich auch bei der Regierungskonferenz eine Schlüsselfunktion einräumt. Wie schon zuvor in seinem gemeinsamen Brief mit Staatspräsident Chirac verwies Bundeskanzler Kohl vor dem Bundestag auf die aus deutscher Sicht zentrale Notwendigkeit, den Integrationsprozeß flexibler zu gestalten, damit beim Aufbau Europas nicht „das langsamste Schiff das Tempo des Geleitzuges bestimmt". Im Unterschied zu früheren Stellungnahmen hielt sich der Bundeskanzler im Hinblick auf die Finalität der europäischen Integration zurück und verwendete auch nicht mehr den Begriff der Vereinigten Staaten von Europa.

[...] II. Beim informellen Treffen der Staats- und Regierungschefs der Europäischen Union in Mallorca am 20./21. September diesen Jahres haben wir uns eingehend der umfangreichen europäischen Agenda bis zum Jahr 2000 gewidmet.

[...] Dritter Themenkomplex des Europäischen Rats ist die *Verwirklichung des Subsidiaritätsprinzips*. Seine konsequente Umsetzung ist zentral für die Akzeptanz der Europäischen Union beim Bürger.

Die Bundesregierung und ich persönlich haben uns in den letzten Jahren immer wieder für eine strikte Beachtung dieses Prinzips stark gemacht. Sicherlich hat es hierbei Fortschritte gegeben. Bei Kommission, Parlament und Mitgliedstaaten ist das Bewußtsein für die Bedeutung dieses Prinzips gewachsen. [...]

Ich gehe davon aus, daß die Regierungskonferenz unter italienischer Präsidentschaft im Frühjahr 1996 eröffnet wird. Sie sollte spätestens im ersten Halbjahr 1997 unter niederländischer Präsidentschaft abgeschlossen werden. [...]

Unser Ziel wird es in Madrid sein, wesentliche Eckpunkte sowie die Ausrichtung der Regierungskonferenz festzulegen, ohne ihrem Inhalt oder ihren Ergebnissen vorzugreifen. [...] Uns geht es darum, unser gemeinsames Engagement für die europäische Einigung deutlich zu machen und unseren Partnern einige Grundüberlegungen zur Zielsetzung der Regierungskonferenz nahezubringen. Wir wollen dabei bekräftigen, daß die Regierungskonferenz aus unserer Sicht vor allem Fortschritte in vier zentralen Bereichen bringen muß:

Erstens: Die Stärkung der Gemeinsamen Außen- und Sicherheitspolitik. Wir müssen erreichen, daß unser gemeinsames außenpolitisches Handeln sichtbarer und effizienter wird.

Zweitens: Eine grundlegende weitere Verbesserung der Zusammenarbeit im Bereich der Innen- und Rechtspolitik. Insbesondere ein Mehr an Innerer Sicherheit auf europäischer Ebene, der Schutz vor organisiertem Verbrechen, Terrorismus und Drogenmafia, ist entscheidend für die Akzeptanz der Europäischen Union beim Bürger.

Drittens: Die Steigerung von Effizienz und Handlungsfähigkeit der Europäischen Union. Es geht darum, Europa verständlicher und einfacher zu gestalten. Wir können nur dann mehr Zustimmung für Europa beim Bürger finden, wenn dieser versteht, was in Brüssel passiert und was dort wie entschieden wird.

Viertens: Die Verbesserung der demokratischen Verankerung der Europäischen Union. Das heißt vor allem, daß die nationalen Parlamente wie auch das Europäische Parlament besser in den europäischen Einigungsprozeß einbezogen werden.

Wir wollen die hier skizzierten Fortschritte gemeinsam mit allen unseren Partnern in Europa vereinbaren und erreichen. Aber es darf und kann auch nicht sein – das sehen Frankreich und Deutschland in gleicher Weise –, daß das langsamste Schiff das Tempo des Geleitzuges bestimmt. Sollten einzelne Partner nicht bereit oder in der Lage sein, bestimmte Integrationsschritte mitzuvollziehen, so sollte den übrigen nicht die Möglichkeit genommen werden, unter Wahrung des einheitlichen institutionellen Rahmens voranzugehen und eine verstärkte Zusammenarbeit zu entwickeln. Nur so werden wir Europa auf Dauer nach vorne bringen können.

Quelle: Regierungserklärung abgegeben von Bundeskanzler Helmut Kohl vor dem Deutschen Bundestag am 7. Dezember 1995: „Aktuelle Fragen der Europapolitik, insbesondere Vorschau auf den Europäischen Rat in Madrid am 15./16. Dezember 1995"; Presse- und Informationsamt der Bundesregierung, Nr. 438/95 vom 7. Dezember 1995.

Dokument 12: Regierungserklärung von Michel Barnier, Staatsminister für Europaangelegenheiten, vor der Französischen Nationalversammlung am 13. März 1996 (Auszüge)

Die französische Europapolitik wird seit dem Referendum von 1992 zur Ratifizierung des Vertrags von Maastricht noch stärker als früher durch innenpolitisch artikulierte Vorbehalte gegenüber weiteren Souveränitätstransfers auf die supranationale Ebene der Union geprägt. Diese werden vor allem durch Parlamentsabgeordnete der Regierungsparteien und der Kommunisten vorgetragen. Der Regierungserklärung gingen neben deutsch-französischen Initiativen (vgl. Dokumente 3 und 4) zahlreiche Forderungskataloge der französischen Nationalversammlung und des Senats sowie Parteimemoranden zur Revision des Maastrichter Vertrages voraus. Die französische Regierung, die den Fraktionsvorsitzenden der Nationalversammlung am 13. November 1995 erste Orientierungen zur Regierungskonferenz vorlegte, konzentriert ihre Forderungen wie die deutsche Bundesregierung auf die Effizienzsteigerung der Gemeinsamen Außen- und Sicherheitspolitik und die Einführung von Formen der flexiblen Integration. Im Unterschied zur Auffassung der Bundesregierung wird aber die Rolle nationaler Parlamente im europäischen Integrationsprozeß wesentlich stärker akzentuiert, ein hoher parlamentarischer Rat aus Mitgliedern der einzelstaatlichen Parlamente gefordert und einer Ausweitung des Mitentscheidungsverfahrens, um dem Europäischen Parlament mehr Rechte einzuräumen, nur unter der Bedingung der Wahrung der institutionellen Machtbalance (zwischen Rat, Kommission und Parlament) zugestimmt. Hinsichtlich der Reform der Beschlußfassung zeigt sich die französische Regierung etwas flexibler als ihre Vorgängerinnen, hält aber nach wie vor am Luxemburger Kompromiß (d. h. dem nationalen Vetorecht bei vitalen Interessen) im Gemeinschaftsbereich und am Konsensprinzip in der Außen- und Sicherheitspolitik (mit Ausnahme von Durchführungsentscheidungen) fest. Darüber hinaus fordert die französische Regierung einen Hohen Vertreter und eine Planungs- und Analyseeinheit für die GASP sowie eine Überprüfung des EU-WEU-Verhältnisses im Jahre 1998, wenn die Bindungspflicht an den WEU-Vertrag ausläuft. Im Zusammenhang mit dem nachfolgend abgedruckten Dokument sei auch auf ein Memorandum für ein europäisches Sozialmodell von Staatspräsident Chirac verwiesen. Hierin plädiert er für die Integration des Sozialprotokolls in den EU-Vertrag sowie für eine Charta der Grundrechte, in der auch wirtschaftliche und soziale Rechte festgeschrieben werden sollten.

[...] Die Regierungskonferenz beginnt am 29. März 1996 in Turin. [...] Diese Regierungskonferenz war im Vertrag über die Europäische Union vorgesehen, um die Lehren aus den ersten Jahren seines Funktionierens zu ziehen. Da sich nun die Erweiterung (der EU) als Aufgabe stellt, ist diese Notwendigkeit unmittelbarer als zuvor. Der Europäische Rat von Korfu hat daher entschieden, daß die Reform der Institutionen der Union eine Vorbedingung für den Beginn der Erweiterungsverhandlungen ist. [...]

Daher plädiert Frankreich mit Unterstützung Deutschlands dafür [...], daß die Regierungskonferenz so kurz wie möglich ist und sich auf die essentiellen Themen der institutionellen Reform konzentriert. Besonderes Augenmerk werden wir darauf richten, daß diese Konferenz nicht noch einmal die Debatte über die Wirtschafts- und Währungsunion eröffnet und daß sie nicht der Diskussion über die gemeinsamen Politiken oder der finanziellen Vorrausschau vorgreift. [...]

Die Regierungskonferenz spielt sich in einem Klima des Skeptizismus ab. [...] Die Regierungskonferenz stellt eine Herausforderung für die Regierung – für uns – dar, auf diesen Skeptizismus zu reagieren und erneut den Beweis dafür zu erbringen, daß Europa und das nationale Interesse miteinander verknüpft sind. Wie soll dieser Beweis erbracht werden?

Zunächst, indem verdeutlicht wird, daß die Europäische Union die wahren Fragen, welche die Bürger interessieren, behandelt. Es ist an der Zeit, wieder über die essentiellen Themen zu sprechen, über die Ziele, welche den Auslöser für die Gründung der Gemeinschaft darstellten: Die Wahrung des Friedens, der auf dem Kontinent immer noch zerbrechlich ist; das Wachstum und die Beschäftigung, die eine Priorität der Union und heute ein Gesellschaftsmodell Europas sein müssen, indem sie die Sorgen um den Freihandel und der Wettbewerbsfägigkeit mit denen der sozialen Solidarität, der kulturellen Herausforderungen und der Lebensqualität verbinden. [...]

Die Europäische Union muß für die Bürger verständlicher werden. [...] Die Auseinandersetzung über die Ratifizierung des Vertrags von Maastricht stellte eine Gelegenheit für eine echte und bürgernahe Debatte über Europa in Frankreich dar [...]. In Zukunft muß die europäische Auseinandersetzung verstetigt werden [...].

Die Europäische Union ist ein in der Welt einzigartiges Rechtssystem, welches die souveränen Staaten verbindet, föderale Elemente mit der vollen Verantwortung der Staaten verknüpft und das Streben nach Harmonisierung mit dem Beachtung nationaler Unterschiede versöhnt. [...]

Unser erstes Ziel ist *die Reform der Institutionen der Union vor der Erweiterung.*

Die Union der Fünfzehn mit Institutionen, welche für Sechs oder Neun geschaffen wurden, funktioniert schon schwerfällig. Mit 20 oder 27 (Staaten) würde dies zur Paralyse und zum sicheren Verlust jedweder Legitimität führen. [...] Ohne eine vorhergehende institutionelle Reform wird die Erweiterung scheitern.

Die Stimmengewichtung im Rat muß geprüft werden, um dem realen Gewicht der Staaten besser Rechnung zu tragen. Unter dieser Bedingung ist Frankreich bereit, den Anwendungsbereich der Abstimmungen mit qualifizierter Mehrheit zu erweitern. Für einige Entscheidungen, beispielsweise die Benennung des Kommissionspräsidenten, muß aber das Einstimmigkeitserfordernis beibehalten werden. In den Bereichen gemeinsamer Politik kann die Einstimmigkeit ein gefährlicher Blockadefaktor in einer erweiterten Union werden. Selbstverständlich behält jeder Mitgliedstaat die Option – welche eines der großen Anliegen des Präsidenten der Republik darstellt – sich im Rahmen des „Luxemburger Kompromisses" auf seine nationale Interessen zu berufen, um eine Abstimmung zu verzögern und die Verhandlungen weiterzuführen.

Die Kommission: Frankreich möchte eine verantwortliche Kommission, eine wirkliche Hüterin der Verträge und des allgemeinen Willens, welche gegenüber dem Europäischen Rat ihre Rechenschaft ablegt. Ihre Mitglieder – zu viele – agieren zu häufig als Interessenvertreter derjenigen Staaten, die sie benannt haben, ohne eine wirkliche Kohärenz mit den Tätigkeiten ihrer Kollegen zu erzielen. Der ursprüngliche Gedanke der Kollegialität geht zunehmend verloren. Der Präsident der Kommission besitzt nicht die institutionellen Mittel einer echten Autorität. Diese Dysfunktionalität wird sich mit der Erweiterung nur verschlimmern.

Frankreich schlägt vor, die Anzahl der Kommissare auf eine Zahl hin zu reduzieren, die den eigentlichen Aufgabenbereichen – etwa zehn – entspricht, sowie dem von den Staats- und Regierungschefs nominierten und durch das Europäische Parlament ernannten Kommissionspräsidenten die notwendigen Zuständigkeiten zur Berufung seines Kollegiums zu übertragen.

Zur Vorbereitung der Erweiterung müssen vertiefte Kooperationen zwischen einzelnen Mitgliedstaaten ermöglicht werden. Diese Kooperationen sollten dann Aktionen der Union werden, wenn der Rat entsprechend beschließt. Dieses mit Deutschland geteilte, wesentliche Anliegen des Präsidenten der Republik stellt ein geeignetes Mittel für ein Europa der 20 oder 27 dar: Die Zielrichtung einer Aktion wird von der Union geteilt, wobei einige Staaten entscheiden, weiter und schneller in dieser Richtung voranzuschreiten, ohne daß sie die anderen (Staaten) daran hindern und die Türen für diese verschlossen werden. [...] Diese „flexible" Methode würde sich vor allem für die Gemeinsame Außen- und Sicherheitspolitik und einige Bereiche des „Dritten Pfeilers" eignen.

Annäherung der Union an die Bürger

[...] Bislang betraf und mobilisierte das europäische Aufbauwerk vor allem die politischen Führer, Unternehmer, Bankiers, Juristen und Diplomaten. Es ist an der Zeit, daß die Europäische Union zu ihrer Legitimität zurückfindet. Zu diesem Zweck muß die Rolle der nationalen Parlamente gestärkt werden. Sie müssen im Entscheidungsverfahren rechtzeitig über die im Rat zur Beratung anstehenden Vorschläge verfügen können. Es muß aber noch weiter gegangen werden: Frankreich schlägt vor, den nationalen Parlamenten zu ermöglichen, ihre Stellungnahmen vor der Beschlußfassung (im Rat), vor allem zur Bewertung auf der Basis des Subsidiaritätsgrundsatzes [...] abzugeben. Wir haben daher die Einrichtung eines „Hohen parlamentarischen Rates" vorgeschlagen, welcher sich aus mehreren Mitgliedern jedes Parlaments zusammensetzt und zur Frage der Subsidiarität sowie zu jedem Vorschlag im Rahmen des „Dritten Pfeilers" angehört werden sollte. [...]

Frankreich wünscht sich ein legitimeres, das heißt vor allem bürgernäheres Europäisches Parlament: In diesem Sinne sollten das Verfahren zu den Europaparlamentswahlen und die Entscheidungsprozeduren des Europäischen Parlaments reformiert werden. Wenn wir wollen, daß unsere Europaabgeordneten rechenschaftspflichtig werden, dann müssen sie den Bürgern bekannt sein! Es ist daher Zeit, daß sie in Wahlkreisen gewählt werden, welche sie näher an die Bürger heranführen. Die Regierungskonferenz wird auch die Ausweitung des Mitentscheidungsverfahrens behandeln. Frankreich wird sich aber jeder Entwicklung widersetzen, die einen Bruch des institutionellen Gleichgewichts zum Nachteil des Ministerrates zur Folge haben wird. [...]

Frankreich ist zur Erzielung der notwendigen Fortschritte bereit, um ein effizienteres Tätigwerden der Fünfzehn gegen den Terrorismus, die internationale Kriminalität, den Drogenhandel, die unkontrollierte Einwanderung und die Geldwäsche zu garantieren, indem auf pragmatische Weise das am besten geeignete Mittel für jedes Problem gewählt wird. Die Auswahl einer nationalen, internationalen oder gemeinschaftlichen Aktion ergibt sich, jenseits jeder Ideologie und Dogmatik, aus reinen Effizienzerwägugen. Frankreich sieht aber einen nennenswerten Fortschritt in der Kooperation im Bereich Justiz und Innere Angelegenheiten nur unter der Bedingung einer verstärkten Einbindung der nationalen Parlamente vor. [...]

Innerhalb der Union wollen wir ebenfalls die Bürgerrechte sowie die uns vertrauten öffentlichen (Grundversorgungs)dienste garantiert wissen. [...] Wir werden in unserem Bemühen zur Verteidigung der Idee öffentlicher Dienste auf Gemeinschaftsebene weiter voranschreiten, ohne zu vergessen, daß die Sanierung unserer öffentlichen Dienste vor allem eine nationale Priorität ist. [...]

Entfaltung einer Gemeinsamen Außen- und Sicherheitspolitik

[...] Unsere Idee besteht zunächst darin, die zentrale Rolle der Staats- und Regierungschefs im Bereich der Außen-, Sicherheits- und Verteidigungspolitik hervorzuheben. Nur der Europäische Rat kann echte gemeinsame Aktionen beschließen, welche sowohl die Mitgliedstaaten als auch den Rat und die Kommission verpflichten. Nur er kann den gemeinsamen Willen der Union ausdrücken. Der Europäische Rat benötigt aber ein Instrument zur Vorbereitung, Begleitung und Verfolgung seiner Beschlüsse. [...] Frankreich schlägt vor, daß der Europäische Rat einen dem Rat gegenüber verantwortlichen „Hohen Vertreter", einen Generalsekretär ernennt, welcher die Stimme und das Gesicht der Gemeinsamen Außen- und Sicherheitspolitik wird. Er wird auf der Grundlage präzise formulierter Mandate tätig. Er (der „Hohe Vertreter") verfügt über ein gemeinsames Analyse- und Planungszentrum im Rat sowie der Kommission und stützt sich auf ihm von den Botschaften der Mitgliedstaaten übermittelte Informationen. Es geht darum, einen Platz diplomatischer Koordination zu schaffen, damit sich die Diplomaten unserer verschiedenen Staaten auch außerhalb von Krisensituationen an ein gemeinsames Arbeiten gewöhnen.

Gleichzeitig müssen die Entscheidungsverfahren der Gemeinsamen Außen- und Sicherheitspolitik verbessert werden: Der Konsens (mit Enthaltungen und Vorbehalten) sollte die Regel für die Aktionsprinzipien bleiben; für die Umsetzung muß aber eine gewisse Flexibilität in der Entscheidung ermöglicht werden.

Das Europa der Verteidigung muß ebenfalls vorangebracht werden. Der Vertrag sollte das Endziel einer gemeinsamen Verteidigung klar benennen [...]. Der Europäische Rat sollte leichter als bisher Orientierungen im Bereich der Verteidigung beschließen und die WEU zu ihrer Umsetzung auffordern können. [...] Die Schaffung dieser neuen Architektur ist schon erkennbar, aber weitere Fortschritte hierzu werden nicht einfach sein. Wahrscheinlich wird dieses Thema aufgrund der Vorbehalte von vier Staaten eines der schwierigsten auf der Regierungskonferenz sein. Übringes verteidigen diese Staaten nicht mehr ihre Neutralität, sondern definieren sich als Nicht-Paktgebundene oder Nicht-Teilnehmer einer militärischen Allianz – dies stellt unzweifelhaft eine Entwicklung dieser Staaten dar, welche bislang als neutral angesehen wurden.

Die Einführung einer Flexibilitätsklausel im Vertrag würde eine derartige Entwicklung eher für alle Mitgliedstaaten akzeptabel werden lassen.

Der Aufbau einer europäischen Verteidigung reduziert sich im übrigen nicht auf die Regierungskonferenz: Die vom Präsidenten der Republik im Hinblick auf die Entwicklung eines echten europäischen Verteidigungspfeilers beschlossene Annäherung an die NATO stellt ein zentrales Element dar. Gleiches gilt für die laufende Reform unserer Armee, für die mit Deutschland abgestimmte Neustrukturierung unserer Verteidigungsindustrien und für die nach den letzten Atomwaffenversuchen notwendig gewordene Bestätigung unseres Abschreckungskonzepts [...]. 1998 wird die Überprüfung des WEU-Vertrages all diese Entwicklungen berücksichtigen müssen. [...]

Diese Regierungskonferenz wird schwierig. Bei einer größeren Anzahl von Mitgliedstaaten begünstigen interne politische Schwierigkeiten eine zögerliche Haltung und eine konservative Neigung gegenüber den europäischen Institutionen. Die Blockaderisiken sind beträchtlich. Sie dürfen nicht verdeckt werden. Aber zur gleichen Zeit entwickeln sich unsere Ideen. Wir wollen in Kooperation mit den Deutschen die treibende Kraft in Europa bleiben. Dieser besondere Dialog mit Deutschland war noch nie weder exklusiv noch dominierend.

Die Regierungskonferenz wird schließlich politisch sein. Die Bürger akzeptieren nicht mehr, daß sich Europa – so wie früher – in der Stille aufbaut. Die Aufgabe der Regierung und der für die Verhandlungen beauftragten Minister wird es sein, ständig zu informieren und zu diskutieren. [...] Nur unter dieser Bedingung wird die Europapolitik Frankreichs verständlich und legitim sein.

Quelle: Déclaration du Gouvernement sur la préparation et les perspectives de la Conférence intergouvernementale, Assemblée Nationale, Compte rendu analytique officiel, 1ère Séance du 13 Mars 1996. Übersetzung: Andreas Maurer.

Dokument 13: Standpunkte der italienischen Regierung vom 18. März 1996 (Auszüge)

Italien übernahm von Januar bis Juni 1996 die Ratspräsidentschaft und damit für diese Zeit den Vorsitz in der Regierungskonferenz. Hierzu legte die italienische Regierung am 23. Januar 1996 ein umfangreiches Arbeitsprogramm und am 18. März 1996 ihre eigenen Positionen zur Regierungskonferenz vor. Die traditionell integrationsfreundliche Haltung Italiens setzt sich unter der neugebildeten Regierung fort. Hierauf deuteten schon das Wahlprogramm der Mitte-Links-Koalition (Olivenbaum) vom 6. Dezember 1995 sowie die zur Regierungskonferenz erstellten Memoranden der Sozialistischen Partei Italiens (PDS) hin. Kernelemente des italienischen Forderungskataloges sind die Schaffung eines Vertragskapitels zur Beschäftigungspolitik, die Stärkung des Europäischen Parlaments, die Ausweitung des Mitentscheidungsverfahrens, die Sicherung der Rolle der Kommission als Motor der europäischen Integration, die Schaffung eines Generalsekretariats für die GASP sowie die Vergemeinschaftung der Innen- und Justizpolitik. Hinsichtlich der deutsch-französischen Vorstellungen über eine Flexibilisierung des Integrationsprozesses wird von italienischer Seite die Wahrung des gemeinschaftlichen Besitzstandes und der institutionellen Einheit der Union betont. Vor dem Hintergrund der Befürchtungen, nicht zum Kreis der Mitgliedstaaten zu gehören, die als erste in die dritte Stufe der Wirtschafts- und Währungsunion eintreten, werden Methoden der differenzierten Integration hauptsächlich auf neue Mitgliedstaaten bezogen.

I. Die Regierungskonferenz: Chancen und Optionen für das Europa der Zukunft

[...] Dem Festhalten an dem pro-europäischen Engagement folgend, das immer die Handlungen der wichtigsten politischen, wirtschaftlichen und sozialen Kräfte unseres Landes gekennzeichnet hat, beabsichtigt die Regierung, ihr Engagement für eine Stärkung des europäischen Integrationsprozesses gemäß den folgenden strategischen Prioritäten erneut zu unterstreichen:

- Erfüllung der föderalen Ausrichtung der Europäischen Union durch größere innere Solidarität und Beständigkeit und durch die Stärkung der Fähigkeit, ein gemeinsames Bild nach außen zu projizieren; mit der Absicht, die gemeinsamen Werte aller Mitgliedstaaten zur Förderung von Frieden, Stabilität und Freiheit zu verteidigen;
- Vermeidung einer Rückkehr zu einem Europa der Vaterländer, was sehr schnell zu einem Szenario von Nationen ohne Europabindung führen würde,

mit der Folge, daß der Einfluß unserer Länder auf internationaler Ebene schwinden würde;

- Stärkung der aktuellen Strukturen und Institutionen, auch um zu verhindern, daß der Erweiterungsprozeß das europäische Aufbauwerk schwächt und sich seine Substanz schließlich auflöst;
- Bewahrung der Europäische Union davor, daß sie sich heimlich in eine riesige, seelenlose Freihandelszone, ohne wirkliche Zukunftsaussichten verwandelt. Eine der Hauptaufgaben der nächsten Jahre wird es sein, unter Beweis zu stellen, daß Europa nicht einfach nur ein Markt und – perspektivisch gesehen – eine Währung sein wird, sondern ein politisches, intellektuelles und menschliches Erlebnis, in das die Völker der Mitgliedstaaten voll involviert sind und dem sie sich nicht einfach nur unterordnen. [...]

III. Die italienischen Standpunkte mit Blick auf die einzelnen Verhandlungsthemen

[...] 1. Mit Blick auf das Verhältnis zwischen den Bürgern und der Union wird Italien folgende Prioritäten verfolgen:

Übernahme bestimmter Grundrechte in den ersten Vertragsteil, die für alle Personen ungeachtet ihrer Nationalität gelten. Insbesondere sollten bestimmte Regelungen zur Nichtdiskriminierung, zum Kampf gegen Rassismus und Fremdenfeindlichkeit sowie zur Achtung der Rechte von Minderheiten ins Auge gefaßt werden;

Entwicklung der im Vertrag vorgesehenen Unionsbürgerschaft durch die Berücksichtigung weiterer bürgerlicher und sozialer Rechte sowie durch die Klarstellung, daß die europäische Staatsbürgerschaft neben der nationalen existiert und diese nicht ersetzt;

gründliche Überprüfung der aktuellen Bestimmungen über die Zusammenarbeit in den Bereichen Inneres und Justiz. Mit Blick auf die Notwendigkeit, effektivere und befriedigendere Ergebnisse in diesem Bereich zu erzielen, streben wir nach

- einer angemesseneren Identifizierung jener Felder, die Gegenstand gemeinsamer Positionen, gemeinsamer Aktionen und Übereinkünfte sind sowie nach einer weiteren Verbesserung dieser Instrumente;
- einer möglichst fortschreitenden Überführung bestimmter Themen in den Gemeinschaftsbereich (Einwanderung, Asyl, rechtlicher Status von Ausländern, die rechtmäßig in der Union leben);
- der Übertragung der rechtlich verpflichtenden Natur gemeinsamer Positionen und Aktionen und die Einführung rechtlicher Instrumente, vergleichbar mit Richtlinien;

- der Möglichkeit, den Gerichtshof in die Lage zu versetzen, in Angelegenheiten der innen- und justizpolitischen Zusammenarbeit in Übereinstimmung mit den Bestimmungen des Vertrags Recht zu sprechen sowie die Gewährung verstärkter parlamentarischer Kontrollrechte;
- der Überführung des Schengener Übereinkommens in den Vertrag im Rahmen eines Mechanismus von differenzierter Solidarität;
- der Rationalisierung der Entscheidungsstrukturen.

Beschäftigung wird eines der zentralen Themen der Konferenz sein müssen. Jugend- und Langzeitarbeitslosigkeit können ernste zerstörerische Effekte auf politischer und sozialer Ebene haben, indem ganze Generationen von der Arbeitswelt ausgeschlossen sind. Italien ist deshalb der Überzeugung, daß der nächste Vertrag ein Kapitel über „Beschäftigung" beinhalten sollte, das die Mitgliedstaaten in die Pflicht nimmt, ihre Arbeitsmarktpolitiken auf der Basis bestimmter strategischer Vorgaben besser zu koordinieren, die bereits auf den Sitzungen des Europäischen Rats von Essen und Cannes verabschiedet worden sind. Diese Position steht in voller Übereinstimmung mit der Gültigkeit der Vertragsbestimmungen über die Wirtschafts- und Währungsunion, die nicht Gegenstand der Überprüfung auf der nächsten Konferenz sein werden. [...]

Die Übernahme bestimmter Politiken in den Vertrag (Energie, Tourismus, Schutz der Bürger) und die Stärkung anderer, bereits existierender Politiken (Sozialpolitik, Verbraucherschutz) würde dazu beitragen, daß die Bürger die Union in einem positiveren Licht sehen. Die Übernahme des Protokolls über die Sozialpolitik wird eines der Hauptziele auf der nächsten Regierungskonferenz sein müssen.

[...] Die Umgestaltung des Vertrags bietet zudem die Gelegenheit, der Union eine Rechtspersönlichkeit zu verschaffen, um somit eine der Hauptschwierigkeiten der aktuellen Drei-Pfeiler-Struktur zu überwinden.

Den Prinzipien Subsidiarität, Bürgernähe und Proportionalität sollte ihrer Bedeutung entsprechend besondere Aufmerksamkeit geschenkt werden. Hierdurch würden nationale und lokale Entscheidungsbefugnisse respektiert und ein regulativer Exzeß auf europäischer Ebene – als mögliche Quelle ungerechtfertigter Belastungen für Unternehmen – vermieden. Aus diesem Grunde wären wir bereit, dem Anhang des Vertrages ein Protokoll hinzuzufügen, das einige Elemente des Verhaltenskodex enthalten würde, der auf dem Europäischen Rat in Edinburgh verabschiedet worden ist. Dennoch könnte eine übermäßige Anwendung des Subsidiaritätsprinzips das Initiativrecht der Kommission schwächen, den Binnenmarkt aufbrechen und die Einheitlichkeit der Gemeinschaftsgesetzgebung auflösen. [...]

2. Heute arbeitet die Union auf der Basis von Mechanismen und Verfahren, die im Grunde für die Gemeinschaft der Sechs geschaffen worden sind und in der Folgezeit den Bedürfnissen einer immer größeren Struktur angepaßt wurden. Dieses System weist bereits Mängel und Widersprüchlichkeiten auf, und es wird keinesfalls weiteren Erweiterungen standhalten. [...]

Die italienische Regierung vertritt die Ansicht, daß die Kommission ihre Rolle als zentrale Institution behalten muß (und zwar in ihrer zweifachen Rolle als 'Hüterin der Verträge' und als Ausdruck einer auf Vertrauen beruhenden Beziehung zu den Mitgliedstaaten und dem Europäischen Parlament). Das Initiativrecht der Kommission sollte auf die Bereiche Inneres und Justiz ausgeweitet werden. Die Zahl der Kommissare ist zu hoch und verlangt eine Aufteilung der Zuständigkeiten, welche nicht dazu beiträgt, die Handlungen der Exekutive konsistenter zu gestalten. Ohne Lösungen auszuschließen, die auf Kompromissen beruhen, und die der enormen Sensibilität kleinerer und mittlerer Staaten Rechnung tragen, wäre es in einer erweiterten Union die beste Lösung, eine Zahl von Kommissaren festzuschreiben, die kleiner ist als die der Mitgliedstaaten.

Unbeschadet der wachsenden politischen Bedeutung des Europäischen Rates und des Rates „Allgemeine Angelegenheiten" in einer Union, die die Verantwortung für komplizierte Angelegenheiten trägt, die auf nationaler Ebene traditionell nur schwer zu übernehmen sind, wäre die wichtigste Innovation die generelle Einführung von Mehrheitsabstimmungen innerhalb der EU (mit der Ausnahme einiger „verfassungsrechtlicher" Bestimmungen) und ihre schrittweise Anwendung in den Titeln V und VI des Vertrags. Die notwendige Ausweitung von Mehrheitsentscheidungen würde am leichtesten erreicht werden durch die Neugewichtung der Stimmen der Mitgliedstaaten, durch die dem Faktor Bevölkerung größere Bedeutung zukommt. Gestärkte qualifizierte Mehrheiten könnten zeitweise in Bereichen angewendet werden, in denen momentan Einstimmigkeit erforderlich ist. Die Regierungskonferenz wird auch das Problem der Arbeitsverfahren und -bedingungen im Rat, die sich in den vergangen Jahren dramatisch verschlechtert haben, lösen müssen. Es ist der Wunsch Italiens, daß das Generalsekretariat und der Rat ernsthaft in qualitativer und quantitativer Hinsicht gestärkt werden, und daß der Rat „Allgemeine Angelegenheiten" sowie der AStV mit den Aufgaben der Koordinierung der EU-Aktivitäten beauftragt werden (in diesem Zusammenhang könnte eine Neuformulierung von Artikel 151 des Vertrags eine Option darstellen). Im Gegensatz dazu wird eine Modifizierung des aktuellen Rotationsprinzips, wonach die Ratspräsidentschaft alle sechs Monate wechselt, nicht als unbedingt erforderlich betrachtet. Dennoch werden innovative Vorschläge, die zu einer echten Verbesserung der aktuellen Situation führen würden, in Betracht gezogen.

[...] Es wäre ratsam, das Europäische Parlament stärker in die Bereiche Gemeinsame Außen- und Sicherheitspolitik sowie Innen- und Justizpolitik einzubeziehen, auch als eine Voraussetzung für größeren Fortschritt in diesen Bereichen. Eine Gleichstellung von Europäischem Parlament und Rat wird ebenfalls verfolgt, indem eine Hierarchie der Normen geschaffen wird, die das Verfahren für die Verabschiedung von Rechtsakten an deren Bedeutung bindet, und die Zahl der Verfahren auf drei reduziert wird: Zustimmungsverfahren (Ausweitung zumindest auf die Überprüfung der Verträge), Mitentscheidung und Konsultation. Das Mitentscheidungsverfahren könnte gestrafft werden, indem einige Stufen, die sich als überflüssig herausgestellt haben, gestrichen werden sowie durch die Abschaffung der Möglichkeit einer dritten Lesung durch den Rat, für den Fall, daß im Vermittlungsausschuß kein Kompromiß gefunden werden konnte. Das Problem der Größe ergibt sich auch für das Europäische Parlament: die Regierungskonferenz sollte es dem Europäischen Parlament überlassen, erstens eine Höchstzahl von 650–700 Mitgliedern festzusetzen, die auch nicht infolge künftiger Erweiterungen überschritten werden darf, und zweitens eine Frist für die Anwendung eines einheitlichen Wahlverfahrens zu setzen.

Ein stärkere Beteiligung der nationalen Parlamente an den Aktivitäten der Union bedeutet zunächst eine Umsetzung der bereits im Vertrag enthaltenen Erklärungen sowie eine verbesserte Konsultation und Information zwischen den unterschiedlichen nationalen Parlamenten und ihren Europaausschüssen. Es wird auch notwendig sein, die Verfahren der Union so zu gestalten, daß ein verbesserter Dialog zwischen den Regierungen und den entsprechenden Parlamenten zustandekommt.

Der Europäische Gerichtshof ist ein fundamentaler Bestandteil des institutionellen Systems der Union, und dies vor allem mit Blick auf künftige Erweiterungen. Seine Kompetenzen sollten nicht nur vollständig bewahrt bleiben, sondern müssen ausgeweitet werden auf die Zusammenarbeit in den Bereichen Justiz und Inneres, die unmittelbar auf die Freiheiten und Rechte der Bürger einwirkt.

Darüber hinaus ist es notwendig, die Rolle des Ausschusses der Regionen sowie des Rechnungshofes zu sichern und weiterzuentwickeln (vor allem, um die Bekämpfung der Betrugskriminalität zu stärken).

Dennoch mag eine Anpassung der Institutionen nicht ausreichen, um die notwendige Dynamik des Integrationsprozesses in einer größeren Union aufrechtzuerhalten. Der nächste Vertrag sollte explizit das Prinzip der Flexibilität (bzw. der differenzierten Integration) sanktionieren, in Verbindung mit einigen grundlegenden Bedingungen wie der Sicherung des einheitlichen institutionellen Rahmens, der vollständigen Bewahrung des gemeinschaftlichen Besitzstands (acquis communautaire), der Versicherung der formalen und substantiellen Gleichheit der Mitgliedstaaten.

3. Die Außenpolitik der Europäischen Union hat ihre Schwächen und Grenzen in bezug auf die Beständigkeit, die Planung sowie die Sichtbarkeit und Wirksamkeit gezeigt. [...] Die Regierungskonferenz sollte ihr Hauptaugenmerk auf folgende Themen richten:

- klare Zuweisung der Zuständigkeiten im Bereich der Außenwirtschaftsbeziehungen, eine bessere Koordinierung der Aktionen der Union im Rahmen der Welthandelsorganisation und in der Entwicklungszusammenarbeit;
- Schaffung eines Organs mit Analyse-, Planungs- und Durchführungsaufgaben im Bereich der Gemeinsamen Außen- und Sicherheitspolitik, um eine bessere Vor- und Nachbereitung der Ratsentscheidungen sicherzustellen;
- verbesserte Sichtbarkeit und Beständigkeit der Außen- und Sicherheitspolitik durch die Schaffung der Position eines Generalsekretärs, der durch die Zusammenarbeit mit der aktuellen Präsidentschaft Kontinuität in den Aktionen der Union sicherstellen würde; Überwachung der Durchführung der Mandate des Rates, unter Beachtung der außenpolitischen Kompetenzen, die der Vertrag der Kommission gewährt und der Geschlossenheit des Bildes, das die Union nach außen bietet;
- Korrektur der Einstimmigkeitsregel, indem zuvor auf höherer Ebene (Europäischer Rat) ein Konsens bezüglich der Prinzipien und Inhalte der Außenpolitik der Union erzielt worden ist. Dieser vorherige Konsens würde es möglich machen, unter Beachtung der politischen und finanziellen Solidarität auf flexiblere Entscheidungsverfahren auszuweichen, wie etwa die konstruktive Enthaltung und die besonders qualifizierte Mehrheit;
- Schaffung einer europäischen Sicherheits- und Verteidigungsdimension durch die Stärkung der Vertragsbestimmungen, die auf eine Gemeinsame Außen- und Sicherheitspolitik zielen, welche zu gegebener Zeit zu einer Gemeinsamen Verteidigung führen könnte. Dies würde in voller Übereinstimmungen mit den transatlantischen Beziehungen geschehen;
- den Boden bereiten für die Integration der WEU in die Europäische Union, indem sofort damit begonnen wird, die „Petersberg-Aufgaben" in den Vertrag und die WEU-Strukturen in die Union zu integrieren. Dieses Ziel sollte in dem Vertrag erwähnt werden;
- die Grundlage schaffen für eine engere Kooperation zwischen den Mitgliedstaaten im Rüstungsbereich, insbesondere durch die Schaffung einer Europäischen multilateralen Struktur.

Eine Planungs- und Analyseeinheit, über deren Schaffung inzwischen allgemeiner Konsens besteht, wird errichtet werden, und – noch wichtiger – es wird im Rahmen einer immer intensiveren Koordinierung aller außenpolitischer Aspekte der Union eine neue Position mit exekutiven Aufgaben zu identifizieren sein.

Die italienische Regierung rechnet deshalb mit einer institutionellen Struktur, in deren Rahmen der Europäische Rat politische Impulse gibt und die Ziele benennt, der Ministerrat das Forum für Entscheidungen ist, der Generalsekretär in der Außenpolitik die für Planung und die folgende Implementierung der Entscheidungen verantwortliche Person ist, unter der politischen Kontrolle des Rates und in Zusammenarbeit mit der aktuellen Präsidentschaft und der Kommission. Ziel ist die Schaffung einer abgestimmten Struktur für Analyse, Planung und Durchführung (sozusagen ein Europäischer Ausschuß für Außenpolitik) in dem die Präsidentschaft, die Kommission und der Generalsekretär in allen Phasen des Prozesses zusammenarbeiten und die erforderliche Beständigkeit, Wirksamkeit und Sichtbarkeit garantieren.

Quelle: Position of the Italian Government on the Intergovernmental Conference for the Revision of the Treaties, 18 March 1996, überreicht durch die Botschaft der Italienischen Republik in Deutschland; Übersetzung: Sven Arnswald.

Dokument 14: Memorandum Belgiens, der Niederlande und Luxemburgs vom 7. März 1996 (Auszüge)

Die Regierung der Niederlande legte bis zum September 1995 vier Memoranden zur Unionserweiterung, der GASP, der Innen- und Justizpolitik sowie zur institutionellen Reform vor. Am 30. Juni 1995 veröffentlichte die luxemburgische Regierung ein Aide-mémoire zur Regierungskonferenz. Schließlich unterbreitete die Regierung Belgiens am 28. Juli 1995 ihre Reformvorschläge dem Parlament. Im Anschluß an diese unilateral abgegebenen Stellungnahmen trafen sich die Regierungschefs der drei Staaten am 7. März 1996 in Den Haag und verabschiedeten ein gemeinsames Memorandum. Hierin fordern sie ganz im Sinne der integrationsfreundlichen Tradition der Beneluxstaaten eine stärkere Rolle von Kommission und Europäischem Parlament, eine Vertiefung der GASP, die teilweise Vergemeinschaftung der Innen- und Justizpolitik sowie eine Sicherung der Rolle kleinerer Staaten, indem jeder Mitgliedstaat durch einen EU-Kommissar vertreten bleibt, am Rotationsprinzip bei der Besetzung der Präsidentschaft festgehalten wird und die Schwelle für qualifizierte Mehrheitsabstimmungen beibehalten wird. Darüber hinaus treten sie für eine Vertragsbestimmung ein, nach der die Nichtbeachtung der Grund- und Menschenrechte durch einzelne Mitgliedstaaten sanktioniert werden kann. Die Anwendung qualifizierter Mehrheitsentscheidungen soll auch auf den Bereich der GASP ausgedehnt werden, für die eine Planungs- und Analyseeinheit unter Leitung eines hohen Beamten vorgeschlagen wird. Im Unterschied zu Deutschland, Frankreich und Italien akzentuieren die Beneluxländer nicht die Rolle eines besonderen GASP-Repräsentanten, sondern plädieren für die Schaffung einer ständigen Gruppe in Brüssel zur Entlastung der Arbeit der politischen Direktoren im Politischen Komitee. Hinsichtlich der Verteidigungspolitik sprechen sie sich sehr eindeutig für die langfristige Eingliederung der WEU in die Zweite Säule der Union, die GASP, und für eine zwischenzeitliche sehr weitgehende institutionelle Annäherung beider Organisationen aus. Die WEU-Petersberg-Aufgaben und sogar die kollektive Verteidigung sollen in den EU-Vertrag übernommen werden. Schließlich wird hinsichtlich deutsch-französischer Flexibilisierungswünsche die Einhaltung bestimmter Kriterien bei der Anwendung differenzierter Integrationsmethoden gefordert, um die Ziele des Vertrags für alle Mitgliedstaaten und den einheitlichen institutionellen Rahmen zu wahren.

Das allgemeine Konzept und die Ziele der Regierungskonferenz

[...] Differenzierung

Schon seit Anbeginn gibt es in der Gemeinschaft Differenzierung bei der Integration: die WWU ist hierfür das jüngste Beispiel. Die drei Länder lehnen eine differenzierte Vorgehensweise keineswegs ab; in einer erweiterten Union ist Differenzierung sicherlich unvermeidlich, solange sie nicht zur Desintegration der Union führt. Ein Europa à la carte ist inakzeptabel. Daher muß Differenzierung bestimmten Kriterien genügen:

- Jede Form differenzierten Vorgehens muß mit den Zielen des Vertrags über die Europäische Union vereinbar sein; dem haben alle Mitgliedstaaten zugestimmt;
- Differenzierung muß die Ultima ratio sein, und sie muß adäquate Möglichkeiten für nichtteilnehmende Länder vorsehen, sich später noch anzuschließen;
- weder der gemeinschaftliche Besitzstand noch das gute Funktionieren des Binnenmarkts dürfen in Frage gestellt werden;
- der einheitliche institutionelle Rahmen muß erhalten bleiben;
- bei der Anwendung dieser Kriterien und der Modalitäten der Differenzierung muß die Kommission ihren Part spielen.

Vertiefung der Politik der Union

Die Europäische Union, ihre Mitgliedstaaten und ihre Institutionen müssen die Menschenrechte garantieren. Eine Verletzung der Menschenrechte durch einen Mitgliedstaat darf in der Union nicht folgenlos bleiben. Der Vertrag muß daher die Möglichkeit von Sanktionen vorsehen, die bis zur Aussetzung bestimmter mit der Mitgliedschaft verbundener Rechte reichen können.

In den EU-Vertrag muß ein expliziter Hinweis auf den Schutz der Menschenrechte und Grundfreiheiten der europäischen Bürger, auf die sozialen Grundrechte sowie auf die Gleichberechtigung von Mann und Frau, die Nichtdiskriminierung und die Bekämpfung von Rassismus und Fremdenfeindlichkeit aufgenommen werden. […]

Die externe Politik der Union

[…] Die Formulierung einer echten Außenpolitik, die antizipieren kann und zu Initiativen fähig ist, erfordert adäquate Instrumente, und zwar auf drei Ebenen: Die Kommission, die schon heute ein Initiativrecht hat, müßte davon in vollem Umfang Gebrauch machen. Es muß ein Untersuchungs- und Planungsstab eingerichtet werden. Daran müssen sich die Mitgliedstaaten und die Kommission und eventuell das Sekretariat der WEU beteiligen. […] Mit der Leitung dieses Stabs kann ein hoher Beamter betraut werden, der vom Ministerrat im Einvernehmen mit der Kommission zu ernennen ist. […] Die Kapazität der Mitgliedstaaten, sich auch zwischen den Sitzungen des Politischen Kommittees miteinander abzustimmen, muß verstärkt werden, und zwar über eine in Brüssel einzurichtende ständige Gruppe […].

Das Erfordernis der Einstimmigkeit lähmt häufig die Beschlußfassung. Es muß über Alternativen nachgedacht werden. Diese müssen essentiellen nationalen Interessen Rechnung tragen. Als Varianten zum Einstimmigkeitsprinzip sind etwa denkbar:

- Beschlußfassung mit „Teilkonsens" oder mit superqualifizierter Mehrheit;
- Beschlußfassung mit qualifizierter Mehrheit für näher zu bestimmende Teilbereiche der GASP;
- Beschlußfassung mit qualifizierter Mehrheit über von der Kommission unterbreitete Vorschläge.

Die Durchführung der Beschlüsse der Union erfordert den gemeinsamen Einsatz der Mittel, über die die Union und ihre Mitgliedstaaten verfügen. Dieser gemeinsame Einsatz obliegt, je nach Fall, der Kommission oder dem Vorsitz. [...] Eine bessere Durchführung setzt zugleich voraus, daß die Finanzierung über den Gemeinschaftshaushalt die Regel wird. Dabei muß allerdings der spezifische Charakter der GASP berücksichtigt werden. Zwischen dem Rat und dem Europäischen Parlament müssen Vereinbarungen getroffen werden, die eine flexible Haushaltsführung ermöglichen.

Verteidigung – WEU/EU

[...] Eine echte Integration von Außen-, Sicherheits- und Verteidigungspolitik kommt erst dann zustande, wenn die WEU in die Zweite Säule der EU eingegliedert wird. [...] Im Vorfeld der Verschmelzung von WEU und EU sprechen sich die drei Länder für eine schnelle, sehr weit gehende institutionelle Annäherung zwischen diesen beiden Unionen aus, dergestalt, daß der Rat der EU die WEU anweisen kann, die militärischen Implikationen von Beschlüssen, die der Rat im Rahmen der GASP gefaßt hat, umzusetzen. Außerdem sind in der Zweiten Säule des Maastrichter Vertrags die Petersberg-Aufgaben und die kollektive Verteidigung unterzubringen, wobei die Durchführung der letztgenannten Aufgabe auch weiterhin im Rahmen des Atlantischen Bündnisses erfolgen wird. [...] Der Einsatz von Streitkräften bleibt im nationalen Zuständigkeitsbereich. Die von der Regierungskonferenz auszuarbeitenden Beschlußfassungsverfahren müssen vorsehen, daß kein einziges Land verpflichtet werden kann, an einer militärischen Operation teilzunehmen. Andererseits dürfen die Länder, die sich nicht beteiligen wollen, weder andere Länder daran hindern, dies zu tun, noch die finanzielle Solidarität blockieren, die eine gemeinsame Aktion voraussetzt. [...]

Die Zusammenarbeit in den Bereichen Justiz und Inneres

Die Ohnmacht [...] manifestiert sich auch bei der Zusammenarbeit im Rahmen der Dritten Säule. [...] Der Mangel an Fortschritten bei der Zusammenarbeit ist namentlich der institutionellen Struktur dieser Säule zuzuschreiben. Die Regierungskonferenz bietet die Chance, diese Struktur gründlich umzugestalten, sowohl durch die Übertragung von Politikbereichen auf die EG-Säule als auch durch Verstärkung der Dritten Säule selbst.

Der gemeinschaftliche Ansatz bietet deutliche Vorteile in bezug auf die Effizienz der Beschlußfassung, den verbindlichen Charakter von Beschlüssen und die demokratische und rechtliche Kontrolle. Es ist daher notwendig, die Bereiche zu ermitteln, die in der Ersten Säule besser untergebracht sind als in der Dritten Säule. Dies gilt für die Bereiche, die mit dem freien Personenverkehr und der Einwanderungspolitik zusammenhängen, d.h. insbesondere die Asyl- und Visumpolitik. Auf diesem Gebiet muß die Union außerdem klare Ziele und einen Zeitplan für ihre Verwirklichung erhalten.

[...] Der Rat und die Kommission müssen sich auf mehrjährige Arbeitsprogramme einigen und dabei auch Vereinbarungen darüber treffen, wer zu welchem Zeitpunkt Vorschläge unterbreitet. Dies bedeutet auch, daß die Kommission für alle in der Dritten Säule verbleibenden Politikbereiche das Mitinitiativrecht besitzen muß. Das Europäische Parlament muß ein Konsulatationsrecht für jeden einzelnen Vorschlag gesetzgeberischer Art erhalten, analog zu seiner Anhörung, wie sie in der Ersten Säule stattfindet. Desgleichen sind die nationalen Parlamente gemäß den Verfahren, die jeder Mitgliedstaat für sich selbst festlegt, rechtzeitig in die Beschlußfassung im Rat einzubeziehen.

[...] Es muß eine klare Vorstellung vom Grad der Verbindlichkeit der jeweils vereinbarten Maßnahmen entstehen. Dabei kann das Konzept der Richtlinie, wie es für die Erste Säule festgelegt worden ist, als nützliches Vorbild dienen. Es muß geprüft werden, für welche Bereiche die Beschlußfassung mit qualifizierter Mehrheit bzw. nach einer „Konsens-minus-Variante" erfolgen kann. [...]

Institutionelle Fragen

[...] Die drei Länder legen großen Wert auf die verstärkte Anwendung des Subsidiaritätsprinzips im Rahmen eines geeigneten Verfahrens, ohne daß dies notwendigerweise eine Änderung des EU-Vertrags selbst impliziert. Die Anwendung des Subsidiaritätsprinzips darf nicht auf eine Aushöhlung des gemeinschaftlichen Besitzstandes hinauslaufen, sondern soll gerade verdeutlichen, wann die Union tätig werden muß und warum. Sie treten außerdem dafür ein, die Parlamente der Mitgliedstaaten stärker in die Angelegenheiten der Union einzubeziehen. Es muß den einzelnen Mitgliedstaaten überlassen werden, wie sie diesen Grundsatz – im Einklang mit ihrer jeweiligen verfassungsrechtlichen Praxis – anwenden.

Die drei Länder sind sich bewußt, wie wichtig eine größere Transparenz für das Vertrauen der europäischen Bürger in die Union ist; deshalb wollen sie die Transparenz vergrößern, und zwar vor allem in folgenden Punkten:

- das Recht der Bürger auf Zugang zu Informationen;
- Ausweitung der Öffentlichkeit der Beratungen im Rat, wenn er als Gesetzgeber auftritt;
- Vereinfachung der Verträge, damit sie besser verständlich werden;
- Verbesserung der Qualität der Gemeinschaftsrechtsakte.

[...] Die Kommission muß hinsichtlich der Ersten Säule ihr ausdrückliches Initiativrecht behalten und größere Befugnisse auf dem Gebiet der Durchführung bekommen. Auch im Bereich der zweiten und der Dritten Säule muß sie eine größere Rolle übernehmen. Die Stärkung der Rolle der Kommission setzt zugleich eine größere politische Verantwortung der Kommission und ihrer Mitglieder gegenüber dem Europäischen Parlament voraus. Auch ist es wünschenswert, die Rechenschaftspflicht in Haushaltsfragen zu vergrößern, insbesondere durch Verbesserung der Position des Europäischen Rechnungshofs. In der Kommission muß jeder Mitgliedstaat mit einer Persönlichkeit vertreten sein. Die Regierungskonferenz muß aktiv nach Modalitäten suchen, die die Effektivität der Kommission nach der Erweiterung der Union gewährleisten.

Die drei Länder legen großen Wert auf die Verstärkung der demokratischen Legitimität der Beschlußfassung auf europäischer Ebene. Sie befürworten daher eine Ausweitung des Mitentscheidungsverfahrens auf die meisten Fragen gesetzgeberischer Art, über die mit qualifizierter Mehrheit der Stimmen entschieden wird. Dieses Mitentscheidungsverfahren muß soweit wie möglich vereinfacht werden. Die Zahl der Verfahren, an denen das Europäische Parlament beteiligt ist, muß auf drei reduziert werden: Konsultation, Zustimmung und Mitentscheidung. Das Europäische Parlament muß enger in die Beschlußfassung im Bereich der Zweiten und Dritten Säule einbezogen werden, und zwar auf der Grundlage einer adäquaten und rechtzeitigen Information durch die Kommission und den Rat. Die Bedeutung einer größeren Rechenschaftspflicht der Kommissare gegenüber dem Europäischen Parlament kam bereits zur Sprache.

Die Effektivität und die Arbeitsweise des Rates müssen verbessert werden. Die drei Regierungen sprechen sich daher dafür aus, daß die Beschlußfassung mit qualifizierter Mehrheit ausgeweitet wird. In einer erweiterten Union muß die qualifizierte Mehrheit auch weiterhin bei ca. 70% der Stimmen liegen. Mit Hilfe eines demographischen Kriteriums kann verifiziert werden, daß der qualifizierten Mehrheit auch eine Mehrheit der Bevölkerung der Union entspricht.

Die drei Länder sprechen sich dafür aus, das Funktionieren des heutigen Rotationssystems für den Vorsitz im Interesse größerere Kontinuität zu verbessern: die bereits genannten Vorschläge zur Verstärkung der externen Politik der Union, bessere Vorbereitung und Koordinierung zwischen den einander abwechselnden Vorsitzländern und eine stärkere Rolle für die *Troika*, insbesondere was den politischen Dialog betrifft. [...]

An den heutigen Befugnissen des Gerichtshofs darf nicht gerüttelt werden. Sie müssen auf die Zusammenarbeit in den Bereichen Justiz und Inneres ausgeweitet werden.

Im Rahmen der Betrugsbekämpfung und des Schutzes der finanziellen Belange der Gemeinschaft muß die Rolle des Rechnungshofs – in Zusammenarbeit mit den nationalen Rechnungshöfen – gestärkt werden.

Quelle: Memorandum Belgiens, der Niederlande und Luxemburgs zur Regierungskonferenz, 7. März 1996; überreicht durch die Botschaft des Königreichs Belgien in Deutschland.

Dokument 15: Weißbuch der britischen Regierung: „Eine Partnerschaft von Nationen", 21. März 1996 (Auszüge)

Im März 1996 legte die britische Regierung ein Weißbuch zur Regierungskonferenz vor, in dem sie sich deutlich von Ambitionen zur Weiterentwicklung des Integrationsprozesses absetzt. Jeglicher supranationalen Ausprägung der europäischen Strukturen wird eine „Partnerschaft der Nationen" gegenübergestellt, deren Qualität und Reichweite ausschließlich vom nationalen Interesse bestimmt wird. Flexible oder differenzierte Integrationsmethoden bedürfen der Akzeptanz aller Mitgliedstaaten wobei die Teilnahme im Sinne eines „à la carte"-Modells jedem Mitgliedstaaten freistehen soll. Die britische Regierung spricht sich gegen eine Ausweitung von Mehrheitsentscheidungen in der Ersten Säule und gegen eine Ausweitung der Rechte des Europäischen Parlaments sowie für eine stärkere Kontrolle der Europäischen Kommission aus. Bei Entscheidungen in der Gemeinsamen Außen- und Sicherheitspolitik besteht sie auf dem Einstimmigkeitsprinzip und lehnt die Integration der WEU in die EU ab. Damit steht das Vereinigte Königreich in Opposition zu wesentlichen Reformzielen der Mehrheit der EU-Staaten. In Detailfragen sieht die britische Regierung freilich Verbesserungsmöglichkeiten, zu denen sie eine Fülle pragmatisch orientierter Vorschläge unterbreitet.

[...] Die britische Haltung

[...] Die Regierung hat eine klare Vorstellung von dem Europa, an das sie glaubt. Wir sind dem Erfolg der Europäischen Union verpflichtet, ebenso wie einer positiven Rolle zum Erreichen dieses Erfolges. Wir vertrauen darauf, daß er erzielt werden kann, wenn die EU sich als eine Union von Nationen entwikkelt, die gemeinsam auf der Grundlage der Verträge kooperieren, die sie aus freien Stücken und mit Billigung durch die nationalen Parlamente jedes Mitgliedstaates eingegangen sind. [...] Wir akzeptieren keine Harmonisierung um ihrer selbst willen, oder weitere europäische Integrationsschritte, die von ideologischen Motiven statt von praktischen Nutzenerwägungen geleitet werden. [...] Eine gemeinsame europäische Entscheidungsfindung im Gegensatz zur Kooperation kann nur gerechtfertigt werden, wo sie britischer Sicherheit, Wohlstand und Lebensqualität nützt; wo sie den Verlust uneingeschränkter nationaler Kontrolle über die Entscheidungsfindung in den betroffenen Bereichen rechtfertigt; das gilt ebenso dort, wo ein gemeinsames Vorgehen die Nationalstaaten in die Lage versetzt, gemeinsame Kontrolle auszuüben, die ihnen einzeln nicht möglich wäre. In Verfolgung dieser Vorstellungen sind die britischen Bemühungen innerhalb der EU stets darauf gerichtet gewesen, ihre Arbeitsweise effektiver zu gestalten, insbesondere durch die Förderung eines Programms von Deregulierung und freiem Wettbewerb. Der Kurswechsel unter dem neuen Kommissionspräsidenten Santer nach dem Motto „weniger, aber besser“, ist ein willkommenes Signal.

Flexibilität

[...] Die Union muß einen gewissen Grad an Flexibilität akzeptieren, oder, wie es gelegentlich beschrieben wird, einer variablen Geometrie, ohne in die Falle eines zweigeteilten Europas mit einem harten Kern von Ländern oder Politikbereichen zu geraten. [...] Eine strenge Disziplin ist nützlich und notwendig in bestimmten Bereichen, wie etwa bei Regeln für den internationalen Handel und den Binnenmarkt. Aber Einheitlichkeit sollte nie um ihrer selbst willen angestrebt werden. Es mag Bereiche geben, in denen es für einige Mitgliedsländer vollkommen angebracht ist, sich enger und schneller als andere zu integrieren. Dennoch ist es wichtig, daß nur solche Politikbereiche zu Unionspolitiken werden und unter die Gemeinschaftsinstitutionen, insbesondere auch den Haushalt, fallen, wo dies von allen befürwortet wird. Zudem sollte kein Mitgliedstaat von einem Politikbereich ausgeschlossen werden, an dem er teilnehmen will, sofern er dazu in der Lage ist. Politiken müssen allen offenstehen.

[...] Unsere vordringliche Sorge wird die Wahrung und die Förderung der nationalen Interessen des Vereinigten Königreiches in Verhandlungen sein, die voraussichtlich viele Monate dauern werden. Es wäre vollkommen falsch, wenn sich in einer solchen Situation eine Regierung von vornherein die Hände binden würde. Vielmehr werden wir im Verlauf der Verhandlungen eine wohlüberlegte Haltung dazu entwickeln, welches Ergebnis den allgemeinen Interessen des Vereinigten Königreiches am besten dienen würde. [...] Die Regierung wird auf eine Reihe von Maßnahmen drängen, welche die Qualität der Rechtsetzung verbessern und Integrationsentwicklungen entgegenwirken, darunter:

a) Subsidiarität: [...] Auf der Regierungskonferenz wird die Regierung Vorschläge einbringen, um die Subsidiarität stärker im Vertrag zu verankern. Das Vereinigte Königreich hat vorgeschlagen, in den Vertrag Elemente der Subsidiaritätsrichtlinien des Gipfels von Edinburgh 1992 aufzunehmen. Diese Idee wurde im Bericht der Reflexionsgruppe aufgegriffen. Die Regierung wird auch auf eine systematischere Konsultation der Wirtschaft, der Parlamente und anderer interessierter Gruppen durch die Kommission drängen, bevor sie Vorschläge für neue Rechtsakte einbringt.

[...] Einige haben die Einführung einer sogenannten ‘Normenhierarchie’ vorgeschlagen, um zwischen verschiedenen Kategorien von Rechtsakten zu unterscheiden, von denen einige durch die Kommission mit nur geringer Kontrolle durch den Rat verabschiedet werden könnten. Die Regierung lehnt diesen Ansatz ab.

Qualifizierte Mehrheitsabstimmung

Den Hintergrund für das System der Abstimmung mit qualifizierter Mehrheit bildet eine politische Übereinkunft, die als Luxemburger Kompromiß bekannt ist [...]. Es besteht kein Anlaß, diese nationale Vorsichtsmaßnahme auf der Regierungskonferenz zu schwächen. [...] Die Regierung ist der Überzeugung, daß es gute Gründe im Sinne demokratischer Legitimität für eine Stärkung des relativen Einflusses der bevölkerungsreicheren Mitgliedstaaten gibt. [...] Ohne eine Reform wird die Schieflage zuungunsten der bevölkerungsreicheren Mitgliedstaaten, die auch die größten Nettobeitragszahler zum EG-Haushalt sind, noch stärker betont werden, wenn zusätzliche, vor allem kleine Staaten, beitreten.

Zwei unterschiedliche Ansätze sind vorgeschlagen worden, um die gegenwärtige Schieflage zu überwinden. Die einfachste Lösung bestünde in der Änderung der Stimmenzahl, die jedem Mitgliedstaat im System zugebilligt wird, so daß die Stimmengewichtung in einem besseren Verhältnis zur Bevölkerung eines jeden Mitgliedstaates steht. Ein anderer Ansatz liefe darauf hinaus, ein zweites, bevölkerungsbezogenes Kriterium zu schaffen. Rechtsakte des Rates würden zu ihrer Verabschiedung sowohl eine bestimmte Stimmenzahl als auch die Unterstützung eines bestimmten Anteils der EU-Bevölkerung erfordern. In beiden Fällen wäre für die Verabschiedung von Entscheidungen eine bestimmte Stimmenzahl erforderlich. [...] Die Bevölkerung kann nicht der einzige Faktor bei der Bestimmung des relativen Einflusses sein. Andere, weniger faßbare Faktoren wie zum Beispiel das souveräne Recht selbst der kleinsten Staaten auf Mitsprache und die globale politische Verantwortung eines Mitgliedstaates sind für das Erreichen eines vernünftigen Gleichgewichts ebenso von Bedeutung. Die Regierung glaubt deswegen, daß die vier größten Mitgliedstaaten weiterhin ein gleiches Stimmengewicht haben und die kleineren Mitgliedstaaten einen vernünftigen Einfluß innerhalb des Systems ausüben sollten. [...]

Anwendungsbereich der Mehrheitsentscheidung

[...] Zu einem Zeitpunkt, wo ernsthafte öffentliche Besorgnis über die Zentralisierung der Entscheidungsfindung besteht, gibt es kein überzeugendes Argument dafür, ein Übergehen der Vorbehalte von Mitgliedstaaten in besonders sensiblen Bereichen zu erleichtern. Deshalb wird die Regierung einer Ausweitung der qualifizierten Mehrheitsentscheidung nicht zustimmen.

Das Präsidentschaftssystem

[...] Die Regierung sieht einen gewissen Reiz in der sogenannten 'Gruppen-Präsidentschaft' von drei oder vier Mitgliedstaaten, die den Vorsitz für ein Jahr oder länger innehaben. Dies könnte besonderes gut für den GASP-Pfeiler geeignet sein, wo die Anwesenheit eines großen Mitgliedstaates mit globalen außenpolitischen Interessen in jeder Gruppe der externen Vertretung der EU zusätzliche Glaubwürdigkeit verleihen würde. [...]

Die Anzahl der Kommissare

Die Regierung wird sich weiterhin für eine effizientere, gestrafftere und verantwortlichere Kommission einsetzen, die sich auf die wirksame Durchsetzung europäischen Rechts, eine ordnungsgemäße Haushaltsführung sowie ein striktes Vorgehen gegen Betrug konzentriert. [...] Die Regierung versteht die Bedeutung, die die Mitgliedstaaten der Tatsache beimessen, ihren eigenen Kommissar zu stellen. Mit künftigen Erweiterungen mag es allerdings nicht angemessen erscheinen, das gegenwärtige System beizubehalten. Auf der Regierungskonferenz wird man erörtern, wie ein akzeptables Gleichgewicht erreicht werden kann. Neben anderen Möglichkeiten ist vorgeschlagen worden, daß zum Beispiel große Mitgliedstaaten immer einen Kommissar ernennen könnten, während kleinere Mitgliedstaaten nicht immer dieses Privileg genießen würden; es könnte eine zweigeteilte Kommission geben, mit stimmberechtigten und nicht-stimmberechtigten Mitgliedern; oder eine, in der nicht alle Kommissare einen besonderen Geschäftsbereich erhielten.

Die Rolle nationaler Parlamente

Nationale Parlamente bleiben die erstrangige Quelle für die demokratische Legitimität in der Europäischen Union, indem sie die nationalen Minister im Rat in der Verantwortung halten. Die Regierung ist bestrebt, diese Rolle weiterzuentwickeln [...durch] Einfügung der Hauptelemente der Erklärung Nr. 13 (über die Rolle der nationalen Parlamente) als rechtlich bindend in den Vertrag, inklusive einer Minimalfrist für Parlamente zur Prüfung von Gemeinschaftsdokumenten und insbesondere Gesetzgebungsentwürfen mit Ausnahme von dringenden Fällen; sie unterstützt eine stärkere Rolle für nationale Parlamente im Pfeiler Justiz und Innenpolitik. [...]

Das Europäische Parlament

Die Regierung ist davon überzeugt, daß das Europäische Parlament am ehesten öffentliche Unterstützung gewinnen und seine Rolle entwickeln kann durch die verantwortliche Ausübung der Rechte, die es derzeit genießt, und besonders durch die Überwachung und Begrenzung der Ausgaben der Gemeinschaft; durch einen Beitrag zum Kampf gegen Betrug und Mißwirtschaft und durch eine verstärkte Aktivität bei der Aufsicht über Einzelausgaben der Europäischen Kommission. Die Regierung ist allerdings nicht der Ansicht, daß das Europäische Parlament neue Rechte benötigt. Ebensowenig akzeptieren wir in einer Union der Nationalstaaten, daß das Europäische Parlament die erstrangige Rolle der nationalen Parlamente ersetzen könnte.

Der Europäische Gerichtshof

Die Arbeitsweise des Gerichtshofes könnte [...] noch verbessert werden. [...] Die Regierung ist dabei, eine Reihe von Vorschlägen zu erarbeiten. Darunter fallen: eine Stärkung der Fähigkeit des Gerichtshofes, die Rückwirkung seiner Urteile zu begrenzen; die Einführung des Prinzips, daß ein Mitgliedstaat für Schäden nur haftbar gemacht werden kann, wenn ein ernsthafter und offensichtlicher Bruch seiner Verpflichtungen vorliegt; die Anwendung eines nationalen Zeitlimits in allen Fällen, die auf EG-Recht beruhen, außer da, wo das Unterlassen eines Mitgliedstaates, eine Richtlinie umzusetzen, einen ernsthaften und offensichtlichen Bruch seiner Pflichten darstellt; ein internes Revisionsverfahren; einfachere Verfahren für die schnelle Änderung von Gemeinschaftsrecht, das in einer Weise ausgelegt wurde, die nie vom Rat beabsichtigt war; ein beschleunigtes Verfahren für dringende Fälle; und eine Vertragsbestimmung, die die Anwendung der Subsidiarität in der Auslegung des EG-Rechts klärt. Die Regierung wird in Kürze ein Memorandum veröffentlichen, das ihre Vorschläge im Detail darlegt.

Gemeinsame Außen- und Sicherheitspolitik

[...] Wo immer möglich, wünschen wir, daß die GASP von einer gemeinsamen Analyse über eine gemeinsame Politik zu gemeinsamem Handeln führt. Gleichzeitig müssen wir uns darüber im klaren sein, daß die GASP nie zu einem Ersatz für die nationale Außenpolitik werden kann. Wo besondere britische Interessen auf dem Spiel stehen, werden wir auf der Wahrung unseres Handlungsspielraums bestehen. Eine Verpflichtung, uns durch kollektive Entscheidungen zu binden, die wir nicht unterstützen, werden wir deshalb nicht akzeptieren. [...] Wir haben bereits Vorschläge unterbreitet, um die Koordination zwischen den Mitgliedstaaten in der Planung, Analyse und Umsetzung gemeinsamer Politiken weiterzuentwickeln. Diese umfassen regelmäßigere Treffen des Politischen Komitees, das die Ministerentscheidungen vorbereitet, und eine Stärkung des GASP-Sekretariats. Die Regierungskonferenz wird weitere Möglichkeiten in Betracht ziehen, um die Planung und Analyse der GASP zu verbessern, ebenso wie Vorschläge zur Verstärkung von Kontinuität und Kohärenz. Im besonderen sind wir bereit, den Gedanken zu erwägen, eine Einzelperson zu ernennen, die im Rahmen der GASP die Außenpolitik der Union gegenüber dem internationalen Umfeld repräsentiert. Die konkrete Ausgestaltung dieses Amtes müßte sorgfältig konzipiert werden, um deutlich zu machen, daß eine solche Person dem Ministerrat ohne Einschränkung verantwortlich wäre und die gemeinsame Sichtweise der Mitgliedstaaten vertreten, nicht aber über diese entscheiden würde. [...]

Die Regierung ist bestrebt, die europäische Verteidigungskooperation weiterzuentwickeln, die auch zum Erreichen unserer außenpolitischen Ziele und zur Verbesserung der Effektivität unserer Streitkräfte beitragen kann. Aber Verteidigungsfragen berühren den Kern nationaler Souveränität. Dies spiegelt sich in der NATO wider, die der Grundstein unserer Sicherheit seit 1949 ist. Außer in Extremsituationen können Streitkräfte in NATO-Operationen, die das Risiko eines Konflikts bergen, nur mit Billigung des Nordatlantikrates – immer durch Konsens – eingesetzt werden. Die Entscheidung über die Entsendung von Soldaten werden von nationalen Regierungen gefällt, die nationalen Parlamenten verantwortlich sind. Sie werden nicht von der Europäischen Union getroffen. Mitgliedstaaten müssen freie Hand haben, um in Verteidigung ihrer nationalen Interessen zu handeln. Unsere Vorschläge wurzeln in dieser Überzeugung. Sie beruhen auch auf dem Glauben an die überragende Bedeutung der Atlantischen Allianz als Fundament unserer künftigen Sicherheit. Die NATO dient sowohl dazu, die territoriale Verteidigung ihrer Mitglieder zu sichern, als auch dazu, die Sicherheit in Europa und im weiteren Umfeld zu bewahren, von der unsere Prosperität und unser Wohlergehen abhängen. Die Aufrechterhaltung eines starken US-Engagements zugunsten der europäischen Sicherheit spielt hierbei eine wesentliche Rolle. Im neuen strategischen Umfeld sind Streitkräfte mit zunehmender Wahrscheinlichkeit auch nötig für Aufgaben des Krisenmanagements ohne Bezug zur territorialen Verteidigung. Die jüngste Aufstellung einer Peace Implementation Force in Bosnien durch die NATO zeigt, daß die Allianz oft eine zentrale Rolle in dieser Hinsicht wird spielen müssen. Aber im Fall von kleineren friedenssichernden, humanitären, oder anderen Krisenmanagement-Operationen wird vernünftigerweise nicht immer von den Vereinigten Staaten oder Kanada eine Beteiligung zu erwarten sein. Eine Europäische Verteidigungskooperation muß deshalb so organisiert sein, daß europäische Länder auch in der Lage sind, falls nötig, eigenständig vorzugehen, gleichzeitig aber ihren vollen Anteil an den Lasten in der NATO tragen und keine neue Strukturen aufbauen, welche die schon in der Allianz bestehenden verdoppeln.

Aus der Sicht der Regierung bietet die WEU den besten Rahmen für die weitere Entwicklung dieser Kooperation. Die Tatsache, daß ihre 10 Vollmitglieder auch der Atlantischen Allianz angehören, befähigt sie, enge Beziehungen zur NATO zu unterhalten. […] Ihre Fähigkeit, auf Ersuchen der Europäischen Union zu handeln, ergänzt den Beitrag, den die EU mit ihren eigenen politischen und ökonomischen Instrumenten für die Sicherheit leisten kann. Die WEU bietet auch ein Netzwerk von Ländern mit assoziiertem oder Beobachterstatus, das insgesamt 27 europäische Länder einbezieht. Dies versetzt sie in die Lage, die größtmögliche Bandbreite an beteiligten Staaten abzudecken, eingeschlossen NATO-Verbündete, die nicht Mitglieder der EU sind, und mitteleuropäische Länder.

[...] Die Regierung ist [...] der Überzeugung, daß die WEU eine eigenständige Organisation bleiben sollte, mit eigener Vertragsgrundlage, und daß ihre operativen Fähigkeiten weiterentwickelt werden sollten, um sie in die Lage zu versetzen, effektiv Aufgaben in den Bereichen Friedenssicherung, humanitäre Aktionen oder Krisenmanagement zu übernehmen. Dies stellt die höchste Priorität der Präsidentschaft des Vereinigten Königreiches in der WEU im ersten Halbjahr 1996 dar. Es bedeutet auch, die Prozeduren für die Nutzung von NATO-Ressourcen und Einrichtungen durch die WEU, basierend auf dem von den Regierungschefs der Allianz im Januar 1994 vereinbarten Konzept der Alliierten Streitkräftekommandos (Combined Joint Task Forces), in Kraft zu setzen. Da bei künftigen Missionen der WEU militärische und zivile Einrichtungen häufig nebeneinander operieren werden, basiert unser Ansatz auf der Entwicklung einer vertieften Partnerschaft zwischen EU und WEU. [...]

Justiz und Inneres

[...] Es besteht keinerlei Veranlassung, den Mitgliedstaaten in diesen Bereichen supranationale Lösungen aufzuzwingen, ungeachtet der nationalen Empfindungen oder abweichender gesellschaftlicher und rechtlicher Traditionen. Die Zusammenarbeit erfordert daher besondere Verfahren. Diese werden im sogenannten 'Dritten Pfeiler', eingeführt durch Titel VI des Maastrichter Vertrags, bereitgestellt und unterliegen der Einstimmigkeit; die Regierung ist der festen Ansicht, daß alle Entscheidungen weiterhin auf dieser Grundlage getroffen werden müssen. [...] Die Rolle der Kommission, des Europäischen Parlaments und des Europäischen Gerichtshofes ist streng begrenzt. Die Regierung glaubt, daß dies der richtige Weg ist, um die Angelegenheiten des Dritten Pfeilers zu regeln. [...] Die Regierung ist bereit, andere Verbesserungen in den Bestimmungen für die Zusammenarbeit in den Bereichen Justiz und Inneres ins Auge zu fassen, von denen nicht alle notwendigerweise Vertragsänderungen erfordern. Aber Veränderungen des Wesens des Dritten Pfeilers, die zum Beispiel für die Gemeinschaftsinstitutionen eine erheblich größere Rolle vorsehen, würden beträchtliche grundsätzliche Schwierigkeiten verursachen. Ebensowenig würde die Regierung die Überführung von Angelegenheiten aus dem Dritten Pfeiler in den Gemeinschaftsbereich befürworten, wie einige Partner vorgeschlagen haben. [...]

Die wesentlichen Vorschläge des Vereinigten Königreiches sind:

- Beschleunigung der Arbeitsvorbereitung für den Rat durch den Wegfall der Ebene der Lenkungsgruppen wo angemessen.
- Kontrolle der Zunahme von Arbeitsgruppen.
- Klärung der Befugnisse der Ausschüsse auf den unterschiedlichen Ebenen.

- Einführung eines 'A-Punkt'-Verfahrens (d.h. formale Zustimmung zu Punkten, die zuvor ausgehandelt wurde) im K.4-Ausschuß.
- Schaffung separater Vorkehrungen für eine praktische operative Zusammenarbeit. Die Erfordernisse hierfür unterscheiden sich von denen für die Aushandlung von Rechtsinstrumenten.
- Stärkung des Ratssekretariats, welches die Arbeit der Mitgliedstaaten in diesem Bereich unterstützt.
- Schaffung eines neuen Instrumentariums zur Pflege der Beziehung mit Drittstaaten in den Bereichen Justiz und Inneres.
- Verbesserung der Vorkehrungen für die Weiterleitung von Dokumenten an Mitgliedstaaten.

Unionsbürgerschaft, Menschenrechte und Nichtdiskriminierung

[...] Eine nochmalige Verankerung der Europäischen Menschenrechtskonvention im Vertrag würde keinen nützlichen Zweck erfüllen und könnte zwischen den Rechtssetzungen des EuGH und des Europäischen Gerichtshofes für Menschenrechte Verwirrung stiften. In Fragen der Diskriminierung ist die Regierung stolz auf ihre nationale Bilanz und zeigt sich überzeugt von der Angemessenheit des bereits existenten rechtlichen Rahmens. Sie glaubt, daß Probleme der Diskriminierung, insbesondere in derart sensiblen Bereichen wie Rasse oder Religion, am besten auf dem Weg der nationalen Gesetzgebung, geregelt werden. [...] Allgemeiner geht es der Regierung darum, daß die Schaffung von Rechten nicht am Ende zu einem Druck zugunsten gegenseitiger Pflichten führt. [...] Die EU jedoch ist kein Staat und sollte darauf achten, keine Vorstellungen zu entwikkeln, welche die Angst der Menschen schüren, sie habe die Absicht, ein solcher zu werden. [...]

Es ist kein Geheimnis, daß andere Mitgliedstaaten auf der Regierungskonferenz den Ausstieg des Vereinigten Königreichs aus dem Sozialprotokoll gerne rückgängig gemacht sähen. Die Position der Regierung ist jedoch wohlbekannt und ebenso unverändert. Wir sind nicht bereit, das in Maastricht erarbeitete Sozialprotokoll zu akzeptieren. [...]

Quelle: „A Partnership of Nations: The British Approach to the European Union Intergovernmental Conference 1996", Presented to Parliament, March 1996. Übersetzung: Udo Diedrichs.

Dokument 16: Verhandlungsgrundlage der dänischen Regierung: „Ein offenes Europa", 11. Dezember 1995 (Auszüge)

Die dänische Regierung vertritt im Hinblick auf die Regierungskonferenz einen pragmatischen Reformansatz. Sie fordert für den Bereich der Ersten Säule effizientere Verfahren. Die Befugnisse der EU beim Umweltschutz und in der Beschäftigungspolitik sollen gestärkt werden. Die dänische Regierung weist darauf hin, daß ihr Verhandlungsspielraum bei der Unionsbürgerschaft, bei der WWU sowie bei der Zweiten und Dritten Säule begrenzt ist, da die dänische Haltung durch das zweite Referendum von 1993 über den Maastrichter Vertrag in hohem Maße festgelegt ist. Gegebenenfalls müßte über Vertragsänderungen in diesen Bereichen eine neue Volksabstimmung mit durchaus offenem Ausgang durchgeführt werden.

I. Ein offenes Europa

[...] Die dänische Regierung ist der festen Überzeugung, daß die Regierungskonferenz auch Fragestellungen einbeziehen sollte, die den Bürgern am Herzen liegen, zum Beispiel Beschäftigung, Umweltschutz, der Kampf gegen das internationale Verbrechen und größere innere und äußere Sicherheit für den Bürger. [...] Die dänische Regierung wird sich darum bemühen, zu gewährleisten, daß die Fragen der Subsidiarität, der Transparenz und der Vereinfachung der EU-Zusammenarbeit auf eine positive Resonanz innerhalb der Regierungskonferenz stoßen werden.

[...] Dänemarks Haltung zur Unionsbürgerschaft, WWU, Verteidigungspolitik sowie den Bereichen Justiz und Inneres wurde durch das Referendum vom 18. Mai 1993 festgelegt und kann nur durch ein weiteres Referendum geändert werden.

II. Grundlagen für die Erweiterung

[...] Die EU muß auch mit 27 Mitgliedern effektiv arbeiten. Es wird schwieriger werden, unter so vielen Ländern Einigung zu erzielen. Deshalb tritt die dänische Regierung für Diskussionen darüber ein, inwieweit die Anwendung der qualifizierten Mehrheit (wirtschaftliche Zusammenarbeit – Erster Pfeiler) ausgeweitet werden kann.

Die meisten neuen Mitglieder sind kleine Länder. Eine Erweiterung der EU um zahlreiche kleine Länder könnte zu einer Situation führen, in der Entscheidungen – die mit qualifizierter Mehrheit getroffen werden – eine schwächere Zustimmungsbasis haben als heute. Die dänische Regierung ist bereit, alternative

Lösungen in Betracht zu ziehen, die ein Gleichgewicht zwischen kleinen und großen Ländern erhalten. Eine Möglichkeit könnte darin bestehen, Entscheidungen mit einer qualifizierten Mehrheit im Rat zu treffen, die zugleich mindestens die Hälfte der Gesamtbevölkerung der EU repräsentiert.

[...] Die dänische Regierung ist bereit, Möglichkeiten in Betracht zu ziehen, welche die Präsidentschaft effektiver machen und vermeiden, daß zu lange Zeitspannen zwischen der Teilnahme der einzelnen Mitglieder an der Präsidentschaft liegen. Dies könnte z.B. durch geteilte Präsidentschaften gewährleistet werden.

Die dänische Regierung befürwortet weniger und einfachere Verfahren für das Zusammenwirken von Ministerrat, Parlament und Kommission. Dies beinhaltet eine Vereinheitlichung der parlamentarischen Einflußnahme auf verschiedene Bereiche, obwohl dies nicht als ein Aufruf zu bedeutenden Änderungen bezüglich des Gleichgewichts zwischen den EU-Institutionen betrachtet werden sollte. Alle Mitgliedstaaten sollten in der Kommission vertreten sein. [...]

Das Europäische Parlament muß weiterhin eine wichtige Rolle im Entscheidungsprozeß und als demokratische Kontrollinstanz spielen. Um die Arbeit des EP zu gewährleisten, würde die dänische Regierung eine Festlegung der Obergrenze für die Zahl der Abgeordneten akzeptieren.

Die Regierung ist sich der Notwendigkeit, nationale Parlamente einzubeziehen, bewußt. [...] EU-Institutionen und nationale Parlamente sollten stärker Informationen austauschen. Kommissionsvorschläge, Grünbücher und Weißbücher sollten nationalen Parlamenten rechtzeitig zugeleitet werden, um es ihnen zu gestatten, informierte Stellungnahmen zu den diskutierten Fragen zu erstellen.

III. Grundrechte für Bürger

Es sollte geprüft werden, ob Grundrechte der EU-Bürger Eingang in die Präambel des Vertrages finden, in erster Linie Menschenrechte und demokratische Rechte. Zugleich würde dies die demokratischen Grundlagen der EU-Zusammenarbeit stärken.

IV. Wirtschaftliche Zusammenarbeit (Erster Pfeiler)

[...] Der neue Vertrag sollte ein besonderes Kapitel zur Beschäftigung enthalten und das Ziel eines hohen Beschäftigungsniveaus bekräftigen sowie sich auf Beschäftigung als gemeinsame Aufgabe, die ein koordiniertes Vorgehen nötig macht, konzentrieren.

[...] Auf der Regierungskonferenz wird die dänische Regierung versuchen, einen Konsens über die Anfügung einer Erklärung/eines Protokolls zu den Umweltbestimmungen des Vertrages (Artikel 130s) zustandezubringen, um die Einführung von Abgaben zur Lösung grenzüberschreitender Umweltprobleme mit qualifizierter Mehrheit zu ermöglichen. Die Erklärung/das Protokoll sollte in Form einer positiven Liste von Umweltabgaben in klar definierten Bereichen verfaßt sein und beinhalten, daß die Beträge, die erhoben werden, den einzelnen Mitgliedstaaten erwachsen, und daß die angegebenen Summen Minimal-Gebühren darstellen. Dies sollte nichts an der Tatsache ändern, daß die allgemeine Finanz- und Ausgabenpolitik weiterhin in den nationalen Kompetenzbereich fällt. [...]

Sozialpolitik ist ein bedeutsamer Teil der EU-Zusammenarbeit. Das neue Protokoll, das 1992 hinzugefügt wurde, hat die Erwartungen nicht erfüllt. Nach Meinung der dänischen Regierung sollte das Protokoll neu in die Vertragsbestimmungen selbst hineingeschrieben werden. [...] Die dänische Regierung befürwortet ebenso die Einbeziehung von Bestimmungen über grundlegende Rechte von Beschäftigten, unter Berücksichtigung des Protokolls über Sozialpolitik, in den Vertrag. [...]

V. Gemeinsame Außen- und Sicherheitspolitik

Die Zusammenarbeit zwischen EU-Mitgliedstaaten im Bereich der Außenpolitik ist intergouvernemental geprägt. Dieses Prinzip sollte aufrechterhalten werden. [...] Um eine wirksame Zusammenarbeit zu gewährleisten, ist die dänische Regierung bereit, das Prinzip zu akzeptieren, wonach eine gemeinsame Aktion beschlossen werden kann, obwohl ein oder zwei Staaten sich nicht beteiligen. In solchen Fällen wird sich die dänische Regierung um eine Einzelentscheidung über die Bedingungen für nicht-teilnehmende Länder an einer solchen gemeinsamen Aktion bemühen. [...] Die dänische Regierung befürwortet den Vorschlag, eine Analyse- und Planungseinheit unter dem Dach des Ministerrates aufzubauen, um eine bessere gemeinsame Grundlage für Entscheidungen im Bereich der Außenpolitik zu schaffen.

Eine Anzahl europäischer Länder wünscht eine bessere Ausstattung der EU, um wirksam Aufgaben wie humanitäre Einsätze, Krisenmanagement und Friedensbewahrung in Übereinstimmung mit der UNO-Charta übernehmen zu können. Die dänische Regierung ist bereit, die EU-Staaten an solchen Aufgaben teilnehmen zu lassen, sollten sie es wünschen. [...]

VI. Inneres und Justiz

Die Zusammenarbeit im Bereich Inneres und Justiz [...] sollte auf einer intergouvernementalen Grundlage stattfinden. Die Mitgliedstaaten sehen sich einer Anzahl von Herausforderungen gegenüber, die nur in Kooperation bewältigt werden können, z.B. Asyl, Flüchtlinge in Europa und der Kampf gegen das zunehmend verbreitete grenzüberschreitende Verbrechen, darunter Organisierte Kriminalität, Drogenhandel und illegale Einwanderung.

Die bestehende intergouvernementale Zusammenarbeit muß verstärkt werden, um diese Herausforderungen zu bewältigen. Dies kann durch die Vereinfachung des Entscheidungsprozesses und eine wirksamere Anwendung der laut Vertrag bestehenden Möglichkeiten der Zusammenarbeit erreicht werden. [...]

VII. Verbesserte Zusammenarbeit

[...] Die dänische Regierung ist der Ansicht, daß eine größere Offenheit in der gesetzgeberischen Arbeit des Rates herrschen sollte. Nach Meinung der dänischen Regierung sollte die erste und die abschließende Lesung der Vorschläge für Gemeinschaftsrechtsakte im Rat in Form offener Sitzungen stattfinden. Die dänische Regierung wünscht die Einfügung des Rechts auf Akteneinsicht für Bürger, Unternehmen und Organisationen in den Vertrag und befürwortet die Zusendung von Kommissionsvorschlägen an die betroffenen Organisationen zwecks Konsultierung. Die Reaktionen dieser Organisationen sollten veröffentlicht werden. [...] Die dänische Regierung wird sich darum bemühen, eine Präzisierung des Prinzips der Subsidiarität herbeizuführen. Dies könnte z.B. durch eine Aufzählung der Kompetenzen der EU in den einzelnen Artikeln erzielt werden. Die meisten Entscheidungen sollten so nahe wie möglich am Bürger getroffen werden. Es besteht ein Bedarf, klar die Aufgaben der EU von denjenigen der Mitgliedstaaten zu trennen. Die dänische Regierung wünscht eine Vereinfachung der EU-Zusammenarbeit. Die Debatte in den Mitgliedstaaten seit 1992 hat erwiesen, daß die Zusammenarbeit innerhalb der EU oft als unnötigerweise kompliziert und unverständlich betrachtet wird.

Die gegenwärtige Anzahl an Entscheidungsmechanismen (20) sollte beträchtlich verringert werden. Mehrere Vertragsbestimmungen sind nicht länger anwendbar. Diese sollten ebenso wie veraltete Rechtsakte gestrichen werden; der gesamte Vertrag sollte überarbeitet werden, um klarer formulierte Artikel zu gewinnen. Es sollte auch in Betracht gezogen werden, ob Vorschläge der Kommission mit dem Auslaufen der Amtszeit des Parlaments oder der Kommission verfallen. [...]

Quelle: The Danish Government: „Basis for Negotiation; An Open Europe – Intergovernmental Conference 1996“, 11 December 1995; überreicht durch das Außenministerium des Königreichs Dänemark; Übersetzung: Udo Diedrichs.

Dokument 17: Weißbuch der irischen Regierung vom März 1996 (Auszüge)

Irland übernahm am 1. Juli 1996 die Ratspräsidentschaft und somit für ein halbes Jahr den Vorsitz in der Regierungskonferenz. Hierzu und im Hinblick auf den Europäischen Rat von Turin legte die Regierung im März 1996 ein umfangreiches Weißbuch zur Außenpolitik Irlands vor. Nach der Auffassung Irlands sollte die Rolle der Gemeinschaftsorgane auf keinen Fall geschwächt werden. Die Regierung widersetzt sich außerdem jedem Versuch, der eine Abwertung der Bedeutung kleinerer Mitgliedstaaten zur Folge haben könnte. Die Bildung exklusiver Kerne von Mitgliedstaaten wird abgelehnt. Hinsichtlich der Aufnahme beschäftigungspolitischer Vertragsbestimmungen äußert sich die irische Regierung positiv. In der Innen- und Justizpolitik begrüßt die irische Regierung den Verzicht auf Einstimmigkeitserfordernisse im Ministerrat sowie die Vergemeinschaftung der Bereiche Asyl und Einwanderung. Als neutrales Land vertritt Irland einen pragmatischen Ansatz in der Frage der zukünftigen Verteidigungspolitik.

[...] Die Lage der Union und die bevorstehenden Herausforderungen und Chancen

[...] Die institutionellen Regelungen, die zur Gewährleistung des ordnungsgemäßen Funktionierens einer Union von 25 oder mehr Mitgliedstaaten erforderlich sind, müssen vor jeglicher künftigen Erweiterung umgesetzt sein, damit die Effizienz und die Effektivität der Entscheidungsfindung der Union gewährleistet ist. [...] Die Regierung würde einen Erweiterungsprozeß, der den wesentlichen Charakter der Union in Richtung auf eine erweiterte Freihandelszone ändert, nicht hinnehmen. Der einzigartige supranationale Charakter der Union, der durch die Entwicklung gemeinsamer Politiken gekennzeichnet ist, muß im Laufe von Erweiterungen gewahrt und gestärkt werden. Die Errungenschaften dürfen nicht aufs Spiel gesetzt werden. [...] Eine erweiterte Union wird Länder einschließen, die auf ganz unterschiedlichen Stufen der wirtschaftlichen und sozialen Entwicklung stehen. Vielleicht muß der Integrationsprozeß einen gewissen Grad an Flexibilität aufweisen, damit die neuen Mitgliedstaaten integriert werden können, ohne die fortgesetzte Entwicklung der Union zu behindern. Die Regierung lehnt jedoch entschieden Vorschläge ab, die auf die Schaffung eines harten Kerns von Mitgliedstaaten zielen, was zu einer Aufsplitterung der Union führen und ihrem Zusammmenhalt schaden würde. [...]

Die Regierungskonferenz 1996

[...] Zwar wird die Regierung Irlands Interessen bei der Regierungskonferenz verteidigen und fördern, doch der Gesamterfolg der Regierungskonferenz beruht nicht auf kleinen Verhandlungserfolgen des einen oder anderen Mitgliedstaates bei spezifischen Punkten der Agenda, sondern auf ausgewogenen Vorteilen für alle Mitgliedstaaten und besonders für die Union als Ganzes. Dies wird ein zentraler Gesichtspunkt sein, wenn Irland im zweiten Halbjahr 1996 den Vorsitz über die Regierungskonferenz innehat. [...] Die Entwicklung eines exklusiven inneren Kerns von Mitgliedstaaten sollte vermieden werden. Bestimmungen, die es Mitgliedstaaten erlauben, dieselben Ziele mit unterschiedlicher Geschwindigkeit zu erreichen, wie im Falle der WWU, sollten, wo nötig, von Fall zu Fall in Erwägung gezogen werden. [...]

In dieser Hinsicht sollten folgende Anliegen hervorgehoben werden: [...]

Die Notwendigkeit, die Effektivität der Entscheidungsverfahren der Union zu steigern. [...] Die Regierung ist bereit, zum Beispiel einen stärkeren Rückgriff auf Abstimmungen mit qualifizierter Mehrheit bei Gemeinschaftsangelegenheiten und eine Reduzierung der Anzahl der gesetzgebenden Verfahren in Betracht zu ziehen. Vorschläge, die einen echten Beitrag zur Verbesserung der Effektivität leisten, werden positiv beurteilt.

Die Notwendigkeit, Verantwortlichkeit und Transparenz in der Union zu verbessern. Entscheidend für die Entwicklung der Union ist, daß sie von den Bürgern verstanden wird und daß diese den Eindruck haben, daß die Union auf sie eingeht.

Die Notwendigkeit, Angelegenheiten wirkungsvoller anzugehen, von denen die Bevölkerung direkt betroffen ist, einschließlich Beschäftigung, soziale Ausgrenzung, Kampf gegen das internationale Verbrechen und die Geißel der Drogen in unserer Gesellschaft. [...]

Institutionelle Reform

[...] Die Regierung wird Vorschläge nicht begünstigen, die eine der Institutionen in der Ausübung ihrer grundlegenden vertragsgemäßen Tätigkeiten schwächen oder den allgemeinen institutionellen Rahmen in Frage stellen, der der Union gut gedient hat. Es gibt viele Ideen, die im großen und ganzen positiv beurteilt werden können. Als Beispiele können genannt werden:

- eine Verminderung der Anzahl gesetzgebender Verfahren, die von einer Vereinfachung der Durchführung dieser Verfahren begleitet ist;
- eine Ausweitung des Mitentscheidungsverfahrens, um die Rolle des Europäischen Parlamentes zu stärken, das einen entscheidenden Beitrag zur demokratischen Arbeitsweise der Europäischen Union leistet;
- eine Ausweitung der Vorkehrungen für Abstimmungen mit qualifizierter Mehrheit im Rat. [...]

Zwei möglichen Ansätzen wird sich die Regierung insbesondere widersetzen, auch wenn sie unter dem Vorwand der Stärkung oder Demokratisierung des Entscheidungsprozesses präsentiert werden. Der erste dieser Ansätze bestünde in dem Bestreben, den Entscheidungsprozeß auf Kosten der Gemeinschaftsverfahren, die bei den Haupttätigkeiten der Europäischen Gemeinschaft Verwendung finden, intergouvernementaler zu gestalten. Jeder Versuch, die Rolle des Europäischen Parlaments oder der Kommission zu schwächen, wird entschieden abgelehnt. Die Rolle des Gerichtshofes sollte ebenfalls voll gewahrt bleiben. Das umfassende Gleichgewicht zwischen den Institutionen muß gewahrt bleiben. Der zweite dieser Ansätze besteht darin, die Regierungskonferenz als Gelegenheit zu nutzen, das allgemeine Gleichgewicht zwischen den Mitgliedstaaten zu verändern. Dieser Gedanke könnte sich beispielsweise hinsichtlich der Mitglieder der Europäischen Kommission und des Europäischen Parlaments, der Stimmengewichtung im Rat und der Rotation der Präsidentschaft stellen. Irland kann beispielsweise den Verlust des Rechtes auf die Nominierung eines eigenen Kommissionsmitglieds nicht gutheißen. [...]

Die Stärke der Union besteht darin, daß alle Mitgliedstaaten gehört und respektiert werden. Dies gilt voll und ganz für die Fragen, die sich aus den Bereichen ergeben können, mit denen die Regierungskonferenz befaßt ist. Es kann nicht ausgeschlossen werden, daß gewisse Anpassungen vereinbart werden. Unter dem Gesichtspunkt weiterer Erweiterungen wäre es zum Beispiel angemessen und vernünftig, wenn die großen Mitgliedstaaten sich darauf verständigen würden, jeweils nur ein eigenes Kommissionsmitglied zu nominieren. Entscheidend ist, daß in der Union als Ganzem das allgemeine Gleichgewicht zwischen den Mitgliedern beibehalten wird.

Offenheit und Transparenz

[...] Insofern Verbesserungen für die zukünftige Ausführung der Unionsgeschäfte, die vielleicht bei der Regierungskonferenz vereinbart werden, betroffen sind, wird die Regierung eine Vereinfachung, einschließlich einer Verringerung der Anzahl der gesetzgebenden Verfahren, energisch unterstützten. Außerdem erkennt die Regierung an, daß eine stärkere Rolle der nationalen Parlamente dazu beitragen würde, den Bürgern den Entscheidungsprozeß näher zu bringen. [...]

Die Gemeinsame Außen- und Sicherheitspolitik

[...] Entscheidungen über sensible Angelegenheiten der internationalen Politik müssen durch breite Unterstützung in den Mitgliedstaaten untermauert werden, sollen sie tragbar und effektiv sein. Dieser Gesichtspunkt muß bei der Betrachtung eines jeden Vorschlags zur Änderung der GASP-Entscheidungsverfahren berücksichtigt werden. [...]

Auf Unionsebene sind effektivere Mittel vonnöten, um die Forschung und Analyse zu betreiben, die die Initiierung und Entwicklung von Vorgehensweisen bei internationalen Angelegenheiten unterstützen. Zur Erfüllung dieses Bedarfs hat die Regierung sich für die Entwicklung einer Planungs- und Analyseeinheit innerhalb des Ratssekretariats der Europäischen Union ausgesprochen. [...] Wichtig wäre die Formulierung von Bestimmungen bezüglich einer engen Zusammenarbeit zwischen der Planungs- und Analyseeinheit des Sekretariats und der Kommission im Hinblick auf die Zuständigkeit der letzteren für den Außenhandel und die Notwendigkeit, Kohärenz zwischen den politischen und den wirtschaftlichen Aspekten der Außenpolitik zu erzielen. Die weitere Entwicklung des Ratssekretariates würde auch dessen Fähigkeit verbessern, die Präsidentschaft bei der Umsetzung der GASP zu unterstützen und zu einer größeren Kontinuität in Politikformulierung und -vollzug zwischen den Präsidentschaften beizutragen.

Justiz- und Innenpolitik

[...] Die Regierung würde Vorschläge in Betracht ziehen, einige der Angelegenheiten (z.B. Einwanderung und Asyl), die unter Titel VI des Vertrages über die Europäische Union geregelt sind, in den EG-Vertrag zu übertragen, damit Entscheidungsfindungen erleichtert werden. Auf alle Fälle würde die Regierung es begrüßen, wenn das Vorschlagsrecht der Kommission auf alle Angelegenheiten des Titel VI ausgeweitet würde. Sie könnte in der Festlegung deutlicher Ziele einen Vorteil sehen und würde es in Betracht ziehen, auf die Forderung von Einstimmigkeit bei gewissen Angelegenheiten zu verzichten, um die Effektivität des Handelns der Union zu stärken. Darüber hinaus akzeptiert die Regierung, daß die unter Titel VI behandelten Angelegenheiten von so unmittelbarer Bedeutung für die Bürgerinnen und Bürger der Mitgliedstaaten sind, daß Entscheidungen des Rates zur Justiz- und Innenpolitik einer angemessenen parlamentarischen Überprüfung unterliegen müssen, sei es auf europäischer oder nationaler Ebene. [...]

Weitere Themen

[...] Die Regierungskonferenz wird wahrscheinlich prüfen, ob die Vertragsbestimmungen so verbessert werden können, daß der Kampf für die Erhaltung und Schaffung von Arbeitsplätzen erleichtert wird. Abgesehen von dem, was auf nationaler Ebene getan werden muß, mißt die Union bereits auf der Grundlage des gegenwärtigen Vertrags dem Einsatz für eine hohe Beschäftigungsrate größte Bedeutung bei (und hat beispielsweise ein Verfahren zur Überwachung der Beschäftigungstrends und -systeme in den Mitgliedstaaten entwickelt). Irland wird sich aktiv daran beteiligen, die Spielräume für konstruktive Vertragsänderungen auszuloten. [...]

Die Frage einer Nichtdiskriminierungsklausel, etwa bezüglich Behinderter, wird wahrscheinlich von der Regierungskonferenz in Betracht gezogen werden. [...] Die Regierung wird danach streben, Vertragszusätze in diesem Bereich auszuloten, um so im Laufe der Regierungskonferenz eine Vertragsänderung einzuleiten. Die Absicht einer solchen Vertragsänderung läge darin, in angemessener Art und Weise die Rechte und Bedürfnisse behinderter Menschen widerzuspiegeln.

Das Subsidiaritätsprinzip [...] hat sich als nützlich erwiesen. Sollten bei der Regierungskonferenz Anstrengungen unternommen werden, das Subsidiaritätsprinzip auszuweiten, wird es wichtig sein, das gegenwärtige Gleichgewicht zwischen den Kompetenzen der Gemeinschaft und denen der Mitgliedstaaten zu wahren.

[...] Wahrscheinlich werden Vorschläge unterbreitet, die die Rolle der nationalen Parlamente hinsichtlich der Tätigkeit der Gemeinschaft stärken. Es wäre für das irische und die anderen nationalen Parlamente angebracht, ihre eigenen diesbezüglichen Gedanken zu formulieren. Die Regierung teilt jedoch die Meinung einer großen Mehrheit von Mitgliedstaaten, daß eine verstärkte Rolle für die nationalen Parlamente nicht zu einer Beschneidung der Rechte des Europäischen Parlaments oder zu größerer Schwerfälligkeit der Verfahren auf Unionsebene führen darf.

Die Möglichkeit, die Vertragsbestimmungen zur Unionsbürgerschaft auszuweiten, beispielsweise durch die Einarbeitung gewisser Rechte oder Diskriminierungsverbote, wird wahrscheinlich ebenfalls in Betracht gezogen. Irland wird mögliche Verbesserungen in diesem Bereich positiv beurteilen. [...]

Irlands Beteiligung in der WEU

Als Beobachter kann Irland an den Tagungen des WEU-Ministerrates teilnehmen und seine Stimme erheben und in den WEU-Arbeitsgruppen und Ausschüssen mitarbeiten. Wir unterliegen jedoch weder Entscheidungen, die entsprechend dem WEU-Vertrag getroffen werden, noch sind wir gebunden, den gegenseitigen Verteidigungsverpflichtungen oder militärischen Anforderungen nachzukommen.

[...] Auch wenn eine Verschmelzung von Europäischer Union und Westeuropäischer Union auf kurze Sicht unwahrscheinlich scheint, steht zu erwarten, daß die Entwicklung der EU/WEU-Beziehung diskutiert wird, insbesondere im Hinblick auf eine Verbesserung der Rolle und des Beitrags der EU bei Konfliktverhütung und Krisenmanagement. Daher wird für uns wahrscheinlich eine zentrale Frage lauten: Wie sollte Irlands Verhältnis zur WEU aussehen?

Eine Option bestünde darin, daß Irland neben anderen Unionsmitgliedern Vollmitglied der WEU würde. Der Hauptvorteil wäre, daß Irland vollen Zugriff auf die Entscheidungsfindung der WEU bekäme und damit in die Lage versetzt wäre, seine Ansichten über europäische Sicherheit und Verteidigung zu verdeutlichen. Mitgliedschaft würde den Beitritt zum WEU-Vertrag bedeuten, einschließlich Artikel V, laut dem die Mitgliedstaaten sich verpflichten, jegliche in ihren Kräften stehende militärische und andere Hilfe zu leisten, wenn eines der WEU-Mitglieder Ziel eines bewaffneten Angriffs in Europa ist. Ein Beitritt zur WEU würde Irland daher in einen gegenseitigen Beistandspakt mit anderen Mitgliedern einschließen, der gegenseitige Beistandsverpflichtungen vorsieht, die nicht mit unserer bestehenden Neutralitätspolitik zu vereinbaren sind. [...]

Eine zweite Option bestünde in der Beibehaltung des Beobachter-Status. Dieser erlaubt die Anwesenheit und Beteiligung bei den WEU-Sitzungen auf Minister- und Beamtenebene. Dies hat gewisse Vorteile, hauptsächlich bei der Gewährleistung, daß die Regierung voll und ganz über Entwicklungen in der WEU, die sich auf Diskussionen in der Europäischen Union auswirken könnten, informiert ist. [...]

Eine dritte Option wäre eine Vereinbarung, in der sich Mitglieder der Europäischen Union, einschließlich Irlands, dazu verpflichten, ihre militärische Zusammenarbeit auf den Gebieten der humanitären Hilfe, der Friedenssicherung und des Krisenmanagement zu vertiefen. Aber dies würde nicht den Beitritt zu einem gegenseitigen Beistandspakt bedeuten, der weiterhin auf Vollmitglieder von WEU und NATO beschränkt bliebe. Unter einem derartigen Ansatz könnten die Europäische Union und die WEU ihre Politiken und Aktionen unter Berücksichtigung der unterschiedlichen Stärken und Fähigkeiten der Partner entwickeln. [...] Diese Art von Vereinbarung dürfte den gegenwärtigen Erfordernissen europäischer Sicherheit eher entsprechen als die geographische Ausweitung militärischer Allianzen, die in einer anderen Sicherheitslage mit dem Ziel der Abschreckung eines groß angelegten Angriffs geschaffen wurden. [...]

Bei der Diskussion mit der WEU über eine Beteiligung an den „Petersberg-Aufgaben" und in Beiträgen zur Diskussion über die allgemeine Verteidigungspolitik der Union wird sich die Regierung von den folgenden Grundsätzen leiten lassen:

[...] Die gemeinsame Verteidigungspolitik sollte die Erhaltung des Friedens und die Stärkung der internationalen Sicherheit in Übereinstimmung mit der UN-Charta und den OSZE-Grundsätzen zum obersten Ziel haben. Die Verteidigungspolitik der Union muß die umfassendere Rolle der Vereinten Nationen, die eine einzigartige Legitimation auf dem Gebiet des internationalen Friedens und der Sicherheit besitzen, beachten. Die Vereinbarungen zur Verteidigung der Union sollten einen Teil eines umfassenden Rahmens zur Sicherheitszusammenarbeit in Europa ausmachen. Die Bemühungen um die Schaffung einer Sicherheits- und Verteidigungspolitik für die Union dürfen nicht zu neuen Spaltungen und weiterer Instabilität in Europa führen. Die gemeinsame Verteidigungspolitik muß in den Zusammenhang eines umfassenden Ansatzes zur Sicherheit gestellt werden, der den entscheidenden Beitrag zur Sicherheit anerkennt, der durch den wirtschaftlichen Fortschritt, die Ausräumung von Konfliktursachen, den Kampf gegen Verbrechen und Drogen und durch den Umweltschutz geleistet werden kann. Die Verteidigungspolitik muß mit Irlands fortgesetzter Verfolgung seiner Ziele in den Bereichen Abrüstung und Rüstungskontrolle vereinbar sein. Wir werden weiterhin für Abrüstung, die Stärkung des Regimes für Nicht-Verbreitung von Atomwaffen und für eine Abschaffung nuklearer, biologischer und chemischer Waffen eintreten.

Die Regierung hat sich verpflichtet, das Ergebnis jeglicher zukünftiger Verhandlungen, das Irlands Beteiligung an einer gemeinsamen Verteidigungspolitik der Union einschließen würde, einem Referendum durch das Volk zu unterwerfen. Dadurch ist gewährleistet, daß Irlands Politik der militärischen Neutralität unverändert bleibt, es sei denn, das Volk selbst entscheidet anders. [...]

Quelle: Ireland; Department of Foreign Affairs: „Challenges and Opportunities Abroad – White Paper on Foreign Policy", Dublin, March 1996; überreicht durch die Ständige Vertretung der Republik Irland bei der Europäischen Union; Übersetzung: Sabine Pag.

Dokument 18: Griechische Thesen zur Regierungskonferenz 1996, März 1996 (Auszüge)

Die griechische Regierung befürwortet die Weiterentwicklung der EU-Verfahren in Richtung auf mehr Handlungsfähigkeit und eine Stärkung der Demokratie durch die Aufwertung des Europäischen Parlaments. Die Aufnahme eines neuen Titels zur Beschäftigungspolitik sowie die Vergemeinschaftung der Zweiten und der Dritten Säule werden unterstützt. Differenzierte Formen der Integration werden abgelehnt; alle Mitgliedstaaten müßten in den Institutionen gleichberechtigt mitwirken können. Gleichzeitig unterstreicht Griechenland den Charakter der EU als Solidargemeinschaft, die sich u.a. im Verteidigungsbereich durch eine Beistandsverpflichtung im EU-Vertrag ausdrücken soll.

[...] II. Institutionelle Reformen

Griechenland lehnt den Gedanken eines „Europa unterschiedlicher Geschwindigkeiten" ab. Die grundlegende griechische Position ist, daß alle Mitgliedstaaten am Gefüge der EU-Institutionen gleichberechtigt teilnehmen. Nach griechischer Auffassung bilden das institutionelle Gleichgewicht und die Gleichheit zwischen den Staaten das Rückgrat des institutionellen Gefüges der EU. Vertragsänderungen sollen zwar den Prinzipien der Effizienz, der Demokratie, der Transparenz und der Solidarität Geltung verschaffen, dürfen jedoch am Gleichheitsprinzip nicht rütteln.

Auf der institutionellen Ebene sind nach griechischer Auffassung folgende Aufgaben zu bewältigen:

1996 müssen wir einen energischen Schritt zur Durchsetzung des „Europa der Bürger" unternehmen. Dazu ist es erforderlich eine Reihe von Maßnahmen zum Schutz der Menschenrechte und der Grundfreiheiten des europäischen Bürgers zu ergreifen. Griechenland unterstützt die Aufnahme eines Grundrechtekatalogs, einschließlich der in der Europäischen Sozialcharta anerkannten sozialen Grundrechte des europäischen Bürgers. Im Zusammenhang damit sollte der Beitritt der EU zur Europäischen Menschenrechtskonvention angestrebt werden.

Die Rolle des Europäischen Parlaments soll gestärkt werden. Damit ist einmal die Erweiterung seiner Kompetenzen gemeint, zum anderen die Konzentrierung seiner Arbeit auf wesentliche Fragen und auf die Kontrollkompetenzen innerhalb des Institutionensystems der EU.

Nationalen Parlamenten soll der Weg zum europäischen Geschehen geebnet werden. Unser Hauptanliegen ist, daß die europäische Politik noch stärker die Tagesordnung der nationalen Parlamente beschäftigt.

Die EU sollte internationale Rechtspersönlichkeit erlangen.

II. Gemeinsame Außen- und Sicherheitspolitik (GASP)

Die Stärkung der GASP ist eine Bedingung für das Überleben der EU. Deswegen müssen Entscheidungsmechanismen entwickelt werden, die die Effizienz und Handlungsfähigkeit der EU ermöglichen; allerdings ist nach heutiger Sicht der Dinge ein Verzicht auf das Einstimmigkeitsprinzip, soweit lebenswichtige Interessen eines Mitgliedstaates betroffen sind, nicht möglich. Die EU sollte die Harmonisierung ihrer Außenpolitik und ihrer Außenwirtschaftspolitik anstreben. Die Vergemeinschaftung der Zweiten Säule, sowie die Einbeziehung von GASP-Ausgaben in den EG-Haushalt würde zur Verwirklichung dieses Zieles beitragen. Der weitere Aufbau der GASP dient nicht nur der stärkeren internationalen Präsenz Europas, sondern und vor allem der Stabilität auf dem Kontinent und der Gewährleistung der Sicherheit des europäischen Bürgers.

Das Prinzip der Solidarität, das die Finanzierung der EU bestimmt, soll vielmehr auch im Rahmen der GASP gelten. Deswegen schlägt Griechenland vor, eine Beistandsklausel zur gemeinsamen Verteidigung der äußeren Grenzen der Mitgliedstaaten in den EU-Vertrag aufzunehmen.

Über den herkömmlichen Begriff der Verteidigung hinaus sollte die EU in die Lage versetzt werden, Maßnahmen zur Krisenvorbeugung und zum internationalen Krisenmanagement zu ergreifen. Die Zusammenführung von EU und WEU wäre mittelfristig in dieser Hinsicht vorteilhaft. Solche gemeinsamen Aktionen der EU-Mitglieder sollten sich an den „Petersberg-Missionen" der WEU orientieren und auch neutralen Mitgliedstaaten offen sein, soweit damit keine Verpflichtungen nach Art. V des WEU-Vertrages verbunden sind.

Die Gründung eines Planungs- und Analysestabes im Generalsekretariat des Rates unter Beteiligung der Mitgliedstaaten und der Kommission würde die gemeinsame Bewertung von Krisensituationen und Problemen erleichtern und zur Verbesserung der Handlungsfähigkeit der EU beitragen. Darüber hinaus sollte die Kommission in Planung, Durchführung und Kontrolle von gemeinsamen Aktionen eine Rolle spielen.

III. Justiz und Inneres

Griechenland befürwortet die Vergemeinschaftung der Dritten Säule. [...]

IV. Beschäftigung

[...] Die Verwirklichung aller im Artikel 2 des Maastrichter Vertrages erwähnten Ziele wird zur Wahrung der sozialen Kohäsion in den Mitgliedstaaten wesentlich beitragen. Deshalb befürwortet die griechische Regierung die Ergänzung des EU-Vertrages durch einen neuen Titel über die Beschäftigungspolitik. Dies könnte zur Schaffung eines gemeinsamen sozialen Raumes führen, der den Menschen in seinem Mittelpunkt hat.

VI. Erweiterung

Die finanzpolitischen Auswirkungen der Erweiterung sollten gleichzeitig mit der Regierungskonferenz berücksichtigt werden. Die Erweiterung muß mit der Frage der Eigenmittel der EU verbunden werden, vor allem im Falle jener Länder, die durch den Beitritt der neuen Mitglieder unter finanziellen Druck geraten werden. [...]

Quelle: „Griechische Thesen zur Regierungskonferenz 1996", März 1996; überreicht durch die Botschaft der Griechischen Republik in Deutschland.

Dokument 19: Regierungskonferenz – Diskussionsgrundlagen der spanischen Regierung vom Mai 1995 (Auszüge)

Im Zusammenhang mit der spanischen Ratspräsidentschaft (zweites Halbjahr 1995) und dem Vorsitz des Landes in der Reflexionsgruppe legte das Außenministerium im März 1995 ein Dokument vor, in dem primär die Palette möglicher Reformvorstellungen erörtert wird. Dies bezieht sich auf zahlreiche Optionen zur Reform der GASP, der Innen- und Justizpolitik sowie der Institutionen und Prozeduren. Wesentlich ist für Spanien die Wahrung des Gewichtes größerer Mitgliedstaaten im institutionellen und prozeduralen System, eine vorsichtige Stärkung der Legislativbefugnisse des Europäischen Parlaments, der schrittweise Übergang zu Mehrheitsentscheidungen in der GASP sowie die Festigung der Grundrechte im Vertrag.

[...] Der Termin 1996 ist von größter Bedeutung für die Zukunft des europäischen Aufbauwerks im allgemeinen und für Spanien als Mitgestalter dieses Aufbauwerks, das außerdem [...] eine wichtige Rolle bei der Vorbereitung übernimmt, da es in der Reflexionsgruppe den Vorsitz führt; [...] dementsprechend sind die einzelnen Elemente, die die Konferenz bestimmen werden, sorgfältig zu prüfen, damit unser Land eine angemessene Verhandlungsposition einnehmen und eine geeignete Verhandlungstaktik und -strategie festlegen kann, bei der die nationalen und die europäischen Interessen in optimaler Weise miteinander in Einklang gebracht werden. [...] Demokratie, Transparenz und Effizienz stellen unseres Erachtens neue Anforderungen dar, die den Themenkatalog der Regierungskonferenz erheblich erweitern werden. Angesichts der im Anschluß an die Unterzeichnung des EUV eingetretenen Klimaverschlechterung und der am Maastrichter Vertragssystem geübten Kritik [...] ist es angezeigt, diese Fragen in gebührender Weise zu prüfen. Die Reform von 1996 wird ihrem Anspruch nicht vollständig gerecht werden, falls sich die Bürger nicht in den Prozeß einbezogen fühlen und falls in bezug auf das demokratische Defizit, die fehlende Transparenz und die Komplexität [...] keine Abhilfe geschaffen wird.

[...] 1. Außenpolitik

Auf dem Gebiet der Außenpolitik könnten, wenn man einmal von dem geradezu theologischen Disput absieht, ob die GASP von der zweiten in die Erste Säule übernommen werden soll, folgende Fragen aufgeworfen werden:

Einstimmigkeit gegen qualifizierte Mehrheit: Einige Kommentatoren tendieren zu der These, daß das Einstimmigkeitsprinzip die Ursache für die festgestellten Blockierungen ist. Dies ist aber zumindest bislang nicht der Fall. Die Abstimmungsfrage hat sich in dieser Anlaufphase der GASP nie konkret gestellt. [...]

Es sollten auch die Unklarheiten hinsichtlich der Rechtsgrundlage der Gemeinsamen Standpunkte beseitigt werden, die im Rahmen der GASP angenommen werden. [...] Schließlich wurde bislang noch keine zufriedenstellende Lösung für die geradezu beispielhaft interinstitutionelle Frage der GASP-Finanzierung gefunden, da weiterhin Probleme wegen einer eventuellen Einflußnahme des Europäischen Parlaments in diesem Bereich bestehen.

[...] Ausgehend von diesen Überlegungen sollte [...] zwischen den Bestimmungen über die Sicherheit und den Bestimmungen über die Verteidigung im engeren Sinne unterschieden werden [...]. Wenngleich eine Überprüfung der sicherheitspolitischen Fragen, zu denen auch die zuvor genannten allgemeinen GASP-Probleme gehören, [...] im wesentlichen unter die Zuständigkeit der Europäischen Union fällt, so hat doch bei der Überprüfung der die Verteidigung betreffenden Bestimmungen [...] auch die WEU ein wesentliches Mitspracherecht. [...] Auf alle Fälle sollte darauf hingewiesen werden, daß die Annahme eines wie auch immer gearteten Modells zur Entwicklung der Europäischen Sicherheits- und Verteidigungsidentität zwar Auswirkungen auf die Strukturen der Atlantischen Allianz [...] haben würde, daß jedoch ohne Zweifel das Bestehen der Allianz und der entsprechenden engen transatlantischen Beziehungen, die alle Europäer weiterhin als entscheidend für die Sicherheit des Kontinents ansehen, dadurch nicht in Frage gestellt würde.

Dritte Säule: Justiz und Inneres

[...] Eine mögliche „Vergemeinschaftung" einiger Themen dieses Bereichs gestaltet sich wegen der Einstimmigkeitsregel schwieriger. Es kommt auch zu Überschneidungen zwischen der Dritten und der Zweiten Säule, da in die Dritte Säule zwangsläufig einige Bestimmungen der Zweiten Säule [...] übernommen worden sind. Des weiteren belastet das Fehlen eines angemessenen institutionellen Rahmens diese Säule vielleicht noch mehr als die GASP, da in den Bereichen Justiz und Inneres eine ausschließliche Zuständigkeit der Exekutive weniger vertretbar ist. Kommission, Parlament und Gerichtshof [...] könnten hier eine bedeutendere Rolle als zunächst vorgesehen erhalten, damit die Zusammenarbeit in diesem Bereich besser funktioniert. Sogar der Rechnungshof könnte eine Rolle zugewiesen bekommen, da der merkwürdige Fall eingetreten ist, daß ein Mitgliedstaat aufgrund des zwischenstaatlichen Charakters von Europol eine Rechnungsprüfung dieser Einrichtung durch den Rechnungshof ablehnt. [...]

Institutionelle Reform

[...] Sowohl in seiner Zusammensetzung als Europäischer Rat und somit als höchstes politisches Führungsorgan wie auch in seiner üblichen Zusammensetzung stellt der Rat das Beschlußfassungsorgan der Union schlechthin dar. Alles deutet daraufhin, daß dies auch in Zukunft so sein wird, ja daß die Befugnisse des Rates eher noch erweitert werden. In diesem Zusammenhang stellen sich mehrere Fragen; die wichtigste […] ist die „Überprüfung der Stimmengewichtung und der Schwelle für Beschlüsse mit qualifizierter Mehrheit“ […].

[…] Unabhängig von der jeweiligen Ausgangsposition bei der Beurteilung der Rolle der Kommission muß eingeräumt werden, daß sie einige Funktionsmängel aufweist […] Ein Großteil dieser Mängel […] kann ohne Änderung der Verträge abgestellt werden. In einigen Fällen genügen Beschlüsse, die das Organ selbst nach einem internen Prozeß der Selbstkritik faßt. […] Andere Probleme können hingegen nur im Rahmen der Konferenz angegangen werden. […]

Erweiterung der Rechtssetzungsbefugnisse des Europäischen Parlaments

[…] Zwar muß die Regierungskonferenz nicht unbedingt […] zu einem „Zweikammersystem“ nach föderativem Muster führen […], jedoch ist durchaus absehbar, daß es zu einer Erweiterung des Anwendungsbereichs des Mitentscheidungsverfahrens kommt. Hiermit ist für einige die Frage des Übergangs von der Einstimmigkeit zur qualifizierten Mehrheit verknüpft. Der Logik nach müßte nämlich das Konzept der Mitentscheidung mit einer Beschlußfassung durch Mehrheitsentscheidung einhergehen, denn es erscheint widersinnig, daß ein einzelner Mitgliedstaat sein Veto gegen einen Beschluß einlegen kann, der von allen übrigen Mitgliedstaaten und einer qualifizierten Mehrheit des Parlaments gewünscht wird. […] Wenn auf der Regierungskonferenz […] Mitentscheidung und Abstimmungsmodus erneut getrennt behandelt werden, ließe sich vielleicht eher ein Konsens finden, um die Bereiche, auf die das Mitentscheidungsverfahren anzuwenden ist, unbeschadet des jeweiligen Abstimmungsmodus zu erweitern, beispielsweise durch Einbeziehung aller Bereiche, für die zur Zeit das Verfahren der Zusammenarbeit gilt und bei denen die Beschlüsse schon jetzt mit qualifizierter Mehrheit gefaßt werden.

Andererseits aber darf die Reform nicht nur diesen Aspekt der Erweiterung des Anwendungsbereichs der Mitentscheidung betreffen, sondern es muß auch um die Verfahrensvereinfachung gehen. In diesem Sinne muß die Vereinheitlichung aller geltenden Rechtsetzungsverfahren auf zwei oder drei Modelle oder sogar nur ein einziges Verfahren hin […] erörtert werden.

Subsidiarität

Der Beschluß, eine ausdrückliche Definition des Subsidiaritätsprinzips in den EUV aufzunehmen, ging darauf zurück, daß in einigen Ländern, vor allem in Deutschland und im Vereinigten Königreich, allgemein der Eindruck bestand, daß die Tendenz zu einer Erweiterung der Befugnisse der Union überhand nahm, so daß ihr Einhalt geboten werden mußte. […] Andere Länder, unter anderem

Spanien, hielten die Einbeziehung dieses Grundsatzes in den Vertrag für überflüssig, ja sogar widersinnig. Denn zunächst einmal ist die Aufteilung der Zuständigkeiten zwischen der Union und den Mitgliedstaaten eine Aufteilung sui generis und in den Bestimmungen des Vertrags klar genug niedergelegt. Und außerdem kann eine Beschränkung der Befugnisse der Union zu einer Renationalisierung der Politiken und zu einer Schwächung der Solidaritätsmechanismen führen. [...]

Das europäische Einigungswerk ist noch lange nicht vollendet, sondern es kommt schrittweise in einem „funktionalen" und pragmatischen Prozeß voran. Wird dieser unter Berufung auf ausschließlich föderale Grundsätze jetzt unterbrochen, ohne daß die objektiven Gegebenheiten, die eine Föderation ausmachen, bereits vorhanden wären, so kann dies unerwünschte Folgen nach sich ziehen. Andererseits kann der Ansatz, die Gemeinschaftskompetenzen in einem Katalog zu erfassen, zu aussichtslosen Verhandlungen führen. Es wäre nämlich äußerst schwierig, unter allen Mitgliedstaaten eine Einigung in Bereichen und Politiken zu erzielen, in denen sie sehr verschiedene Interessen haben. [...] Die Subsidiarität darf keinesfalls zu einer Waffe werden, mit der die Befugnisse, die bereits auf die Union übergegangen sind, beschnitten werden sollen. Sie darf aber auch nicht dazu dienen, die Befugnisse zu erweitern. [...]

Unionsbürgerschaft und Grundrechte

Dieses neue Kapitel des EUV, zu dem Spanien einen entscheidenden Beitrag geleistet hat, dürfte zu einer Kernfrage bei den Beratungen der Konferenz werden. [...] Nun, da der Beitritt der jungen Demokratien Mittel- und Osteuropas zur Union ansteht, die große Stabilitäts- und Minderheitenprobleme zu bewältigen haben, stellt sich die Frage, ob man nicht über den vorsichtigen Ansatz des EUV in der derzeitigen Fassung hinausgehen und in den verfügenden Teil der neuen Übereinkunft – ob diese nun die Form einer Verfassung oder eines Vertrags bekommt – eine Charta der Grundrechte und Grundfreiheiten aufnehmen soll, entsprechend der Erklärung, die seinerzeit vom Europäischen Parlament abgegeben wurde. [...]

Quelle: Ministerium für Auswärtige Angelegenheiten des Königreichs Spanien: „Regierungskonferenz – Diskussionsgrundlagen der spanischen Regierung"; Generalsekretariat des Rates der Europäischen Union, Mai 1995, Dok. SN 1709/95.

Dokument 20: Portugal und die Regierungskonferenz, März 1996 (Auszüge)

Im Hinblick auf die Eröffnung der Regierungskonferenz durch den Europäischen Rat von Turin unterbreitete die Regierung Portugals im März 1996 ihr Positionspapier. Portugal wird auf der Regierungskonferenz das Ziel verfolgen, die Position kleinerer Staaten im Rahmen der Entscheidungsmechanismen des Ministerrates sowie hinsichtlich der Zusammensetzung der Gemeinschaftsorgane zu sichern. Die legislativen Zuständigkeiten des Europäischen Parlaments sollten durch die Überführung des Kooperationsverfahrens in das Mitentscheidungsverfahren ausgebaut werden. In der GASP nähert sich Portugal der Position Frankreichs an und begrüßt dessen Forderung einer Personifizierung der Außenpolitik (Herr oder Frau GASP). In der Verteidigungspolitik schlägt nach wie vor die atlantische Orientierung Portugals zu Buche, so daß hier der Abstand zur britischen Position nicht allzu groß ist. In der Innen- und Justizpolitik hält die portugiesische Regierung eine fallbezogene Vergemeinschaftung für sinnvoll. Die Institutionalisierung von Gruppen oder Kernen wird abgelehnt.

[...] Das europäische Aufbauwerk [...] muß unserer Ansicht nach auch weiterhin nach den großen Grundsätzen erfolgen, von denen es sich bisher leiten ließ und die bis heute die Grundlage für seinen Erfolg bildeten, nämlich: Grundsatz der Gleichheit aller Mitgliedstaaten, Achtung der kulturellen Identitäten und der nationalen und institutionellen Besonderheiten eines jeden, Achtung der grundlegenden Menschenrechte, politische, wirtschaftliche und soziale Solidarität der Völker, Regionen und Staaten sowie Grundsatz der ausreichenden Mittel. [...]

Etwaige Veränderungen struktureller Art

Es scheint uns wichtig zu bekräftigen, daß wir an den Konstruktionsmodellen gemäß den bisher geltenden Grundprinzipien für den gemeinsamen Aufbau der Europäischen Union festhalten [...]. Auch der Grundsatz der Schaffung und schrittweisen Konsolidierung institutioneller und struktureller Solidaritäten zwischen allen Staaten der Union darf durch die genannten Modelle nicht in Frage gestellt werden. Wir können daher keine Modelle befürworten, die Differenzierungen unter Gruppen von Staaten, mit spezifischen Methoden, Zielen und Zeitplänen institutionell endgültig festschreiben. [...]

Rat

Der turnusmäßige Wechsel des Vorsitzes und dessen Wahrnehmung durch alle Staaten der Union unter gleichen Bedingungen sind eine selbstverständliche Folge aus der souveränen Gleichheit dieser Staaten; es handelt sich hierbei um einen der wichtigsten Aspekte bei der öffentlichen Meinungsbildung in den Mitgliedstaaten der Union. [...] Wir halten es durchaus für möglich, daß sich – auch ohne Aufgabe der dem bisherigen System zugrunde liegenden Prinzipien – ein Kompromiß erreichen läßt, indem Modelle für eine Stimmverteilung entwickelt werden, bei denen in ausgewogener Weise das relative Gewicht der einzelnen Staaten bei der Bildung von qualifizierten Mehrheiten oder von Sperrminoritäten nicht beeinträchtigt wird.

Europäischer Rat

Die Rolle des Europäischen Rates als der für die Bestimmung der allgemeinen politischen Grundsätze und Leitlinien zuständigen Instanz muß aufgewertet werden, jedoch ohne Änderung seines Charakters oder seiner Stellung in bezug auf den institutionellen Rahmen. [...]

Europäisches Parlament

[...] Das Europäische Parlament ist [...] die richtige Instanz für die politische Überwachung der Betrugsbekämpfung sowie für eine strenge Bewirtschaftung der Gemeinschaftsmittel, zwei Aspekte von größter Bedeutung für die Glaubwürdigkeit der Union in den Augen ihrer Bürger. [...] Was das Mitentscheidungsverfahren anbelangt [...] so sind wir der Auffassung, daß sein Anwendungsbereich ausgeweitet werden könnte, insbesondere auf Fälle, für die gegenwärtig das Zusammenarbeitsverfahren gilt, und daß das Verfahren selbst vereinfacht werden sollte. [...] Portugal ist ferner der Auffassung, daß die gegenwärtige Überrepräsentierung der Wähler kleinerer Staaten am besten der Notwendigkeit gerecht wird, eine Vertretung der verschiedenen nationalen politischen Kräfte in dem Organ zu gewährleisten, in dem die Verschiedenheit der Völker der Mitgliedstaaten der Union am besten zum Ausdruck kommt.

Europäische Kommission

Portugal beharrt auf seiner Auffassung, daß entsprechend dem Grundsatz, daß alle Mitgliedstaaten in allen Organen der Union vertreten sein sollten, von jedem mindestens ein Mitglied der Kommission zu benennen ist. [...] Jedwede Formel, die an dem genannten Grundsatz rührt, würde der Kommission als Institution die Legitimitätsgrundlage entziehen, die gegenwärtig gegeben ist. Was die Benennung des Präsidenten der Kommission anbelangt, so könnte Portugal die Möglichkeit in Betracht ziehen, daß er vom Europäischen Parlament auf der Grundlage einer vom Europäischen Rat erstellten Liste von Persönlichkeiten gewählt wird. [...] Portugal hält es ferner für wünschenswert, daß Modelle für eine funktionelle Zusammenarbeit entwickelt werden, die eine bessere Beteiligung der Kommission an den Arbeiten in den Bereichen der Zweiten und Dritten

Säule ermöglichen, so daß insbesondere eine verstärkte Kohärenz und Koordinierung zwischen dem gemeinschaftlichen und den vorwiegend zwischenstaatlichen Bereichen im Rahmen der Union sichergestellt ist. [...]

Beschlußfassungsverfahren

[...] Die Ausweitung der Beschlußfassung mit qualifizierter Mehrheit ist anscheinend eine natürliche Tendenz und der vernünftigste Weg zu einer Steigerung der Effizienz der Arbeitsweise des Rates, insbesondere im Hinblick auf künftige Erweiterungen. Für bestimmte Fälle von größerer Sensitivität, bei denen man aber dennoch auf Einstimmigkeit verzichten könnte, ließe sich das Konzept der superqualifizierten Mehrheit nach noch zu bestimmenden Modalitäten ins Auge fassen. Es muß indessen Klarheit darüber bestehen, daß nach Auffassung Portugals in bestimmten sehr empfindlichen Fragen auch weiterhin Einstimmigkeit verlangt werden muß. [...]

Rolle der nationalen Parlamente innerhalb der Europäischen Union

[...] Insbesondere wären Modalitäten für eine Beteiligung der nationalen Parlamente denkbar, die eine Ausweitung des gegenwärtigen COSAC-Modells (Konferenz der Parlamente) auf andere Bereiche darstellen, insbesondere auf die Zweite und die Dritte Säule, wo die empfindlicheren Bereiche Souveränität und Bürgerrechte berührt werden.

Vertiefung der Union

[...] Portugal unterstützt [...] den Gedanken, in den überarbeiteten Vertrag eine Charta der Europäischen Bürgerschaft aufzunehmen. Portugal ist ferner der Auffassung, daß eine Intensivierung und Fortentwicklung der im Vertrag bereits bestehenden Bestimmungen über Menschenrechte sehr positiv wären. In Anbetracht der Tatsache, daß die Erweiterung gewiß zu einer stärkeren gegenseitigen Durchdringung der politischen Kulturen führen wird, tritt Portugal dafür ein, daß der EU-Vertrag eine detailliertere Definition der Dimension der Menschenrechte enthält und die Erfüllung von Pflichten zum Schutz von Minderheiten sowie zur Bekämpfung aller Formen der Diskriminierung, insbesondere von Rassismus, Fremdenfeindlichkeit und Intoleranz, in stärkerem Maße berücksichtigt. Der Beitritt der Europäischen Union zur Europäischen Menschenrechtskonvention und den zugehörigen Protokollen wäre ebenfalls ein Schritt, den Portugal unterstützen würde. [...]

Subsidiarität

Portugal vertritt ein Konzept der dynamischen und positiven Subsidiarität, das als ein rationales Kriterium für die Verteilung der Zuständigkeiten angewandt wird und so zur natürlichen Entwicklung der Gemeinschaft beiträgt. [...] Die Einführung eines erschöpfenden und beschränkten „Zuständigkeitskatalogs" der Union in den Vertrag dürfte weniger geeignet sein [...].

Gemeinsame Außen- und Sicherheitspolitik – Zweite Säule

[...] Wir halten eine weitere „Vergemeinschaftung" der GASP für unrealistisch [...]. Die Außen- und Sicherheitspolitik berührt den wesentlichen Kern der Souveränität der Mitgliedstaaten der EU und muß sich daher im wesentlichen auf den zwischenstaatlichen Rahmen beschränken. [...] So ist der Grundsatz der Gleichheit zwischen den Mitgliedstaaten unbedingt in vollem Maße zu wahren. Es wäre in der Tat schwer verständlich, wenn in der Außen- und Sicherheitspolitik Kriterien wie demographische, wirtschaftliche oder militärische Stärke der einzelnen Mitgliedstaaten herangezogen würden, um über die Angemessenheit der vertretenen Standpunkte oder des für die Europäische Union in diesem Bereich angestrebten Kurses zu entscheiden. [...] Was neu in den Vertrag einzuführende Bestimmungen betrifft, so halten wir die formale Einführung der „positiven Enthaltung" für denkbar, die es einem Mitgliedstaat ermöglicht, sich – statt eine von den übrigen Staaten in Aussicht genommene Aktion zu blockieren – der Stimme zu enthalten und an der Aktion nicht teilzunehmen, ihre Annahme und Durchführung jedoch zu gestatten. Es müßte allerdings eine Höchstzahl von Staaten festgelegt werden, die die positive Enthaltung im Einzelfall (Gemeinsame Aktion oder Gemeinsamer Standpunkt) geltend machen können [...].

Was die Vertretung der Union nach außen betrifft, so wäre Portugal, sofern der zentrale Charakter des Vorsitzes gewahrt bliebe, bereit, eine „Ad hoc"-Einbeziehung anderer Mitgliedstaaten (in Form von „Troikas") in Erwägung zu ziehen, die über spezifische, für bestimmte Aufgaben als wichtig erachtete Kenntnisse oder Erfahrungen verfügen. Änderungen dieser Art dürften jedoch nur anerkannt werden, wenn sie im Einzelfall durch einen Konsens im Rat angenommen worden wären. So wären alle Lösungen auszuschließen, die Vereinbarungen unter Ausschluß der institutionellen Vertretung der Union oder ein informelles Tätigwerden als eine Art Direktorium gestatten. Die beliebte Idee der Einsetzung einer Persönlichkeit, die die Union nach außen vetritt – „Herr oder Frau GASP" –, könnte von Portugal in Betracht gezogen werden. [...] Portugal befürwortet die Schaffung [einer Einheit für Analyse, Vorhersage, Planung und Überwachung], die im Generalsekretariat des Rates eingerichtet werden und Vertreter aus allen Mitgliedstaaten mit einer Sonderstellung des jeweiligen Vorsitzlandes umfassen sollte; auch eine Verbindung zur Kommission sollte nicht ausgeschlossen werden.[...]

Wir sind [...] der Ansicht, daß die NATO auch weiterhin die wichtigste Institution für die kollektive Verteidigung und die Erhaltung der territorialen Unversehrtheit der europäischen Länder, die ihr angehören, darstellt. Wir stehen jedoch heute im Sicherheitsbereich vor neuen Herausforderungen, die über die klassischen Aufgaben der kollektiven Verteidigung hinausgehen und durch den Einsatz militärischer Mittel [...] zum Ausdruck kommen. Wir sehen allerdings auch die Möglichkeit einer vorteilhaften Arbeitsteilung zwischen den in Europa im Sicherheits- und Verteidigungsbereich tätigen Organisationen, insbesondere OSZE, EU, WEU und NATO, bei der jede einzelne Organisation entsprechend ihrer Zielsetzung, Zusammensetzung oder spezifischen Kenntnisse im Rahmen eines Konzepts von sich gegenseitig stärkenden Institutionen tätig würde. Wir befürworten daher grundsätzlich eine Verlängerung der Geltungsdauer des Brüsseler Vertrags, die die Beibehaltung der WEU als eigenständiger Organisation nach 1998 zur Folge hätte. [...] Portugal ist der Auffassung, daß sich die Regierungskonferenz im Hinblick auf die Entwicklung einer europäischen Sicherheits- und Verteidigungsidentität und eines tatsächlichen europäischen Pfeilers innerhalb der Nordatlantischen Allianz für eine Vertiefung der Beziehungen zwischen EU und WEU unbeschadet der Verbindung der WEU zur NATO aussprechen sollte. Mit der Stärkung dieser Beziehung im Rahmen einer schrittweisen Konvergenz der beiden Organisationen und letzten Endes einer Einbindung der WEU in die Europäische Union werden die operativen Möglichkeiten der WEU erweitert werden müssen, damit Europa über eine tatsächlich militärische Dimension verfügt. [...]

Zusammenarbeit in den Bereichen Justiz und Inneres – Dritte Säule

[...] Portugal ist [...] der Ansicht, daß es, ohne die Fortführung der Dritten Säule auf ihrem gegenwärtigen Integrationsstand in Frage zu stellen, erforderlich wird, die gemeinsamen Ziele, die die Mitgliedstaaten verfolgen möchten, deutlicher zu formulieren und die Mittel und Wege zu stärken, die sich dazu am besten eignen. [...] Umfang und Tragweite dieser Ziele erfordern unseres Erachtens, sofern sie als gemeinsame Ziele anerkannt werden, eine Verbesserung der Effizienz des derzeit im Rahmen der Dritten Säule geltenden Systems. Diese Verbesserung ist durch drei verschiedene Maßnahmen zu erreichen: Vergemeinschaftung und/oder Stärkung der Zusammenarbeit in bestimmten Bereichen, Vereinfachung der Beschlußfassung, und verstärkte Maßnahmen zum Schutz der Rechte der Bürger. Portugal wäre in diesem Zusammenhang bereit, die Möglichkeit zu prüfen, Bereiche, die derzeit unter die Dritte Säule fallen, künftig stärker auf Gemeinschaftsebene zu behandeln. Unserers Erachtens kämen Fragen des Asyls und der Bekämpfung der illegalen Einwanderung hierbei Vorrang zu. [...]

Auf institutioneller Ebene sind ferner verschiedene Verbesserungen des Systems denkbar, insbesondere durch einen stärkeren Einsatz verbindlicher rechtlicher Instrumente. Darüber hinaus könnte das Verfahren für das Inkrafttreten internationaler Übereinkommen überarbeitet und das Initiativrecht der Kommission erweitert werden. [...] Im Hinblick auf den Schutz der Rechte der Bürger tritt Portugal dafür ein, daß die Rolle des Europäischen Parlaments im Rahmen der Dritten Säule gestärkt wird, und befürwortet eine Erweiterung der Zuständigkeiten des Gerichtshofes in diesem Bereich. Zum Zwecke einer stärkeren Demokratisierung der Arbeiten in diesem empfindlichen und für die Grundfreiheiten so folgenschweren Bereich ist die Annäherung der nationalen Parlamente untereinander und an die Unionsgremien mit der Möglichkeit eines Informationsaustausches und gegenseitiger Konsultation anzustreben.

Quelle: „Portugal und die Regierungskonferenz zur Revision des Vertrags über die Europäische Union", Lissabon, im März 1996, überreicht durch das Generalsekretariat des Rates, Dok.-Nr. CONF/3846/96, Anlage I.

Dokument 21: Bericht der schwedischen Regierung vom 30. November 1995 (Auszüge)

Schweden ist der Europäischen Union als allianzfreier Staat erst im Januar 1995 beigetreten. Die Regierung schließt flexible Lösungen bei weiteren Integrationsschritten nicht aus und setzt im Hinblick auf die Regierungskonferenz ihre politischen Akzente bei der Stärkung der ökologischen und sozialen Dimension sowie bei der Forderung nach einer größeren Bürgernähe. In diesem Zusammenhang plädiert die schwedische Regierung für die Einfügung eines Kapitels zur Beschäftigungspolitik in den EU-Vertrag sowie für eine verstärkte und vertraglich garantierte Berücksichtigung des Rechts der Bürgerinnen und Bürger auf Information. In der Gemeinsamen Außen- und Sicherheitspolitik wird ein aktives Engagement der EU für friedenserhaltende Maßnahmen und Krisenmanagement angestrebt, soweit diese durch Mandate des UN-Sicherheitsrates oder der OSZE abgedeckt sind.

[...] Schwedens übergreifende Zielsetzungen

[...] Die Regierungskonferenz sollte eine wichtige Rolle bei den Vorbereitungsarbeiten für die anstehende Erweiterung der Union erhalten. [...] Die Regierung geht davon aus, daß sich die EU auch weiterhin als ein Zusammenschluß selbständiger Staaten entwickeln wird, an den die Mitgliedstaaten unter bestimmten Voraussetzungen ihre Beschlußhoheit abtreten, um so leichter ein gemeinsames Ziel erreichen zu können. Die kleinen Staaten in der Union sind – relativ gesehen – stärker in der Ersten Säule der EU als in den traditionell zwischenstaatlichen Beziehungen. Eine wohl abgewogene Anwendung des Subsidiaritätsprinzips führt zu einer effektiveren Zusammenarbeit der Union, da die Beschlüsse auf dem adäquaten Niveau getroffen werden. [...] Die Regierung vertritt die Auffassung, daß es einer sorgfältigen Prüfung bedarf, ehe man entscheidet, welche Fragen besser auf gemeinsamer, nationaler, regionaler oder lokaler Ebene bearbeitet werden. Doch werden solche Versuche zurückgewiesen, die im Namen der Subsidiarität der nationalen Ebene wieder Fragen zuführen wollen, die am besten gemeinschaftlich gelöst werden können, wie z.B. beim Umweltschutz. Es erscheint daher unmotiviert, das Subsidiaritätsprinzip noch zusätzlich in den Vertrag aufzunehmen. [...]

Die zukünftige Erweiterung kann zu voneinander abweichenden Integrationsforderungen führen, je nach der Kapazität und dem Willen der einzelnen Mitgliedstaaten. In einigen Bereichen wurde akzeptiert, daß die Staaten sich in verschiedenen Geschwindigkeiten einem gemeinsamen Endziel nähren können, dies jedoch innerhalb eines gemeinsamen institutionellen Rahmens. Diese Lösung wurde hinsichtlich der Wirtschafts- und Währungsunion gewählt. [...] Solche Lösungen sollten auch in Zukunft nicht ausgeschlossen werden, da diese zu einer Flexibilität beitragen, deren man auch bedarf, um die Zusammenarbeit weiter voran zu bringen. [...]

Demokratie, Offenheit und Einsicht

Schweden ist angesichts der Regierungskonferenz sehr darum bemüht, daß die wachsende und berechtigte Forderung der Bürger nach Offenheit und Einsicht berücksichtigt wird. Die Regierung ist der Meinung, daß die EU offener werden muß. Für die Institutionen innerhalb der EU sollte ein sogenanntes Öffentlichkeitsprinzip, also eine Entsprechung des schwedischen Rechts auf freie Einsichtnahme gelten. Wenn der EU-Ministerrat als Gesetzgeber seine Sitzungen hat, sollten die Debatten in größerem Ausmaß als bisher öffentlich sein. Die Protokolle der Sitzungen sollten für die Öffentlichkeit zugänglich sein. [...] Schweden will erreichen, daß das Recht der Bürger auf Einsichtnahme in die Tätigkeit der EU-Institutionen dauerhaft gesichert wird. [...] Die Regierung beabsichtigt, sich bei der Regierungskonferenz für eine entsprechende Vertragsänderung einzusetzen. Dadurch würde erreicht, daß das Öffentlichkeitsprinzip der gesamten Tätigkeit der Institutionen zugrunde gelegt würde. Die Kommission wäre verpflichtet, die Einhaltung dieser Prinzipien zu überwachen. Für den Europäischen Gerichtshof wären die Vertragsänderungen als Grundlage für die Interpretation der Bestimmungen über Öffentlichkeit und Geheimhaltung im Rechtssystem der EG wichtig. Eine vertragliche Verankerung der Prinzipien gäbe auch das notwendige Signal hinsichtlich des Stellenwertes, den die EU-Mitgliedstaaten den Fragen der Einsichtnahme und Öffentlichkeit beimessen. [...] Es geht also nicht darum, daß gemeinsame Prinzipien für die Gesetzgebung des Öffentlichkeitsprinzips in den jeweiligen Mitgliedstaaten in den Vertrag aufgenommen werden sollen.

[...] Der Vertrag sollte vereinfacht werden und leichter zu verstehen sein. Die Regierung wird sich dafür bei der Regierungskonferenz einsetzen. [...] Die Regierung beabsichtigt, sich bei der Regierungskonferenz für weniger und einfachere Entscheidungsverfahren und für eine Effektivierung des Entscheidungsprozesses einzusetzen. Die Arbeitsmethoden des Rates sollten reformiert werden, um den nach Beratungen mit den parlamentarischen Einrichtungen gutfundierten Stellungnahmen in den Hauptstädten bessere Möglichkeiten einzuräumen.

Es gibt die Möglichkeit, dem Respekt der Menschenrechte mehr Gewicht zu verleihen, indem die Europäische Gemeinschaft sich der Europäischen Konvention zum Schutz der Menschenrechte und Grundfreiheiten anschließt. [...] Schweden beabsichtigt, sich dafür einzusetzen, daß der EG-Vertrag hinsichtlich der Gleichstellung von Frauen und Männern verstärkt wird. Damit wird das Ziel verfolgt, daß u.a. die Gleichstellung zu einer zentralen Zielsetzung in der Unionsarbeit wird und es soll auch klar gestellt werden, daß die Gleichheitsperspektive bei allen Aktivitäten der Gemeinschaft zu beachten ist. [...]

Zur Beschäftigungslage

[...] Die Bekämpfung der hohen Arbeitslosigkeit in Europa ist ein zentrales Ziel in der EU-Zusammenarbeit, ein Ziel, das auch im Rahmen der Regierungskonferenz betont werden sollte. Ein hohes Wirtschaftswachstum und ein hohes Beschäftigungsniveau stehen als zentrale Zielsetzungen in Artiklel 2 des EG-Vertrages. Angesichts der Regierungskonferenz muß man die Frage stellen, ob der Vertrag in seinen anderen Teilen die Zielsetzungen ausreichend betont, die in Artikel 2 angegeben sind und ob der Vertrag ausreichende Möglichkeiten zur Erreichung dieser Ziele bereithält. Ein neuer Abschnitt im Vertrag zur Beschäftigungspolitik würde diesem Fragenkomplex langfristig gesehen mehr Gewicht verleihen. Ein solcher Abschnitt sollte Angaben zu den gemeinsamen Zielsetzungen, zur gemeinsamen Prozedur und eine gemeinsame Verpflichtung zur Einhaltung gewisser Prinzipien der Beschäftigungspolitik enthalten. Im Vertrag sollten stärkere Mechanismen zur Koordinierung zwischen den Finanz- und Arbeitsmarktministerien geschaffen werden und ein besonderes Beschäftigungskomitee eingerichtet werden, dem Repräsentanten auf der Ebene der Staatssekretäre aus den Finanz- und Arbeitsmarktministerien angehören. [...] Innerhalb der sogenannten multilateralen Überwachung gibt es heute Prozeduren zur Überwachung der in den Mitgliedstaaten betriebenen Wirtschaftspolitik. Der Überwachung der Beschäftigungslage wird jedoch nicht das gleiche Gewicht und die gleiche Konkretion zugemessen wie der Überwachung der anderen Aspekte in der Wirtschaftspolitik. Daher sollten Vertragsänderungen mit dem Ziel vorgenommen werden, die Überwachungsprozeduren der beschäftigungspolitischen Maßnahmen in den Mitgliedstaaten und der Gemeinschaft zu stärken. [...]

Die Gemeinsame Außen- und Sicherheitspolitik

[...] Mehrere Mitgliedstaaten – inklusive Schweden – möchten die GASP effektivieren, um den gemeinsamen außenpolitischen Interessen besser gerecht werden zu können. Jedoch gibt es unterschiedliche Auffassungen darüber, wie diese Effektivierung zustande kommen soll. In erster Linie kann eine Effektivierung der Zusammenarbeit dadurch erreicht werden, daß die Mitgliedstaaten mehr Solidarität beweisen [...]. Schweden kann sich nicht in Fragen, die vitale außen- und sicherheitspolitische Interessen berühren, durch eine Mehrheit in der EU überstimmen lassen. Bei den grundlegenden außen- und sicherheitspolitischen Fragen [...] muß Schweden absolut selbständige Entscheidungen treffen. Wir haben uns jedoch bereit erklärt, ein modifiziertes Einstimmigkeitsprinzip bei Fragen von begrenzter Reichweite zu prüfen. [...]

Die Planungs- und Analysekapazitäten sollten durch eine verstärkte gemeinsame Funktion für die Vorbereitung und Überwachung von Entscheidungen optimiert werden. Diese sollte ein konfliktvorbeugendes Element enthalten. Die Arbeit sollte sich nicht zuletzt auch darauf konzentrieren, Unterlagen für vorbeugende Maßnahmen seitens der EU („frühe Vorwarnung") vorzulegen. Es muß genau überlegt werden, wo diese Funktion angesiedelt wird. Eine Möglichkeit wäre – zur Betonung des zwischenstaatlichen Charakters der Zusammenarbeit – die Aufgabe hauptsächlich dem Ratssekretariat beizuordnen, wobei aber auch der Kommission eine Rolle eingeräumt werden muß. Im Anschluß an diese Frage weisen mehrere Staaten darauf hin, daß die GASP eine gemeinsame Repräsentanz nach außen haben sollte. Eine Person sollte die Aufgabe erhalten, die Union in ihrer Umwelt zu repräsentieren. Dieser Gedanke wird von schwedischer Seite nicht abgewiesen, jedoch wird betont, daß diese Aufgabe begrenzt sein muß und es nicht zu einer unklaren Verantwortungsverteilung gegenüber anderen Vertretern im außenpolitischen Bereich kommen darf. Eine solche Person sollte ausschließlich zur Unterstützung und im Auftrag des Rates oder des Vorsitzenden tätig werden. Von schwedischer Seite wurde außerdem darauf hingewiesen, daß es einer Überwachung der GASP-Entscheidungen bedarf.

[...] Ein aktives Engagement für friedenserhaltende Maßnahmen, Katastrophenhilfe, Evakuierungsoperationen und Krisenmanagement im weitesten Sinne des Wortes sollte eine Selbstverständlichkeit sein und klar prioritäre Aufgabe für die EU-Staaten in deren Arbeit, den Frieden in Europa zu sichern. [...] Die bei der Regierungskonferenz stattfindenden Diskussionen über die Verteidigungspolitik sollten sich vorrangig mit dem Thema Konfliktvorbeugung und dem Krisenmanagement beschäftigen. [...] Schweden hat nicht die Absicht, Mitglied der WEU zu werden, da der Vertragstext gegenseitige Sicherheitsgarantien enthält. [...] Gleichzeitig hat die Regierung bei mehreren Anlässen betont, daß Schweden nicht bereit ist, irgendwelche militärischen Sicherheitsgarantien anzunehmen oder auszustellen. Daher ist für uns eine Teilnahme an der gemeinsamen Verteidigung ausgeschlossen. In diesen Fragen hat Schweden – wenn es um unsere eigene Teilnahme geht – ein Vetorecht. [...] Stattdessen hat sich Schweden – ebenso wie die anderen neuen, bündnisfreien EU-Mitglieder – entschieden, der WEU als Beobachter anzugehören. [...] Jetzt geht es darum, die Fähigkeiten beim gemeinsamen Vorgehen im Rahmen der friedenserhaltenden Operationen u.a. zu verbessern. Die Kapazität in der EU, eventuelle Konflikte frühzeitig zu erkennen und zu analysieren, kann verbessert werden. Auch kann die operative Kapazität der WEU in verschiedener Hinsicht verbessert werden. Sämtliche EU-Mitgliedstaaten sollten das Recht, aber nicht die Pflicht zur Teilnahme an friedensfördernden Einsätzen haben. Die Regierung hat die rechtliche Möglichkeit über eine Teilnahme an friedenserhaltenden Einsätzen nur dann zu entscheiden, wenn diese in einem Mandat des UN-Sicherheitsrates oder der OSZE verankert sind. Maßnahmen zur Erzwingung des Friedens, die auch im Rahmen der Petersbergerklärung geregelt sind, dürfen nach den UN-Statuten nur dann durchgeführt werden, wenn sie in einem Mandat des Sicherheitsrates verankert sind. Die Regierungskonferenz sollte in einer engeren Zusammenarbeit und strafferen Koordinierung hinsichtlich der friedenserhaltenden und humanitären Einsätze zwischen der EU und der WEU resultieren. [...]

Zusammenarbeit in justiziellen und innenpolitischen Fragen

Die Zusammenarbeit in justiziellen und innenpolitischen Fragen hat das Ziel, bei unveränderter Sicherheit und Geborgenheit für die Bürger – die Freizügigkeit im Personenverkehr zu erreichen. Das bedeutet, daß auf längere Sicht gesehen die inneren Grenzkontrollen und andere Maßnahmen abgeschafft werden sollen, wodurch der freie Grenzübergang für Personen erleichtert werden wird. Dies stellt große Anforderungen an die Zusammenarbeit der Unionsstaaten in Fragen der Flüchtlings- und Einwanderungspolitik. Das gleiche gilt für die Zusammenarbeit im Bereich der Bekämpfung der Kriminalität. Schweden sollte dazu beitragen, daß die Zusammenarbeit in diesen Fragen so effektiv wie möglich wird. Diese Zusammenarbeit ist eng mit der Gemeinschaftsarbeit verbunden, wenn es um den Bereich des freizügigen Personenverkehrs geht. Der Vertrag sollte in dieser Hinsicht überprüft werden. [...]

Die Zusammenarbeit könnte effektiver werden, wenn die Anzahl der Vorbereitungs- und Entscheidungsinstanzen verringert würde. Die Instanzen der Steuerungsgruppen oder des Koordinationskomitees sollten abgeschafft werden.

[...] Die Möglichkeit, unter Berufung auf den derzeitigen Vertrag Bereiche in das gemeinschaftliche Rechtssystem zu überführen, wurde bisher noch nicht ausgenutzt. Die Regierung ist der Auffassung, daß für den Bereich der Asyl- und Einwanderungsfragen [...] Schweden erwägen sollte, einen Vorschlag auf Überführung in die Gemeinschaftskompetenz einzubringen.

Institutionelle Fragen

[...] Die Arbeitsformen des Rates sollten überprüft werden, um mehr Ordnung und Klarheit in die Sitzungs- und Entscheidungsverfahren zu bringen. Dabei sollten u.a. solche Änderungen vorgenommen werden, die den nationalen Parlamenten die Teilnahme am Entscheidungsprozeß erleichtern. Einfachere und weniger Entscheidungsverfahren sollten erreicht werden. In einigen Bereichen kann eine größere Zulässigkeit der mit qualifizierter Mehrheit gefaßten Beschlüsse zugunsten einer höheren Effektivität bei den Entscheidungsprozessen in der EU-Zusammenarbeit erwogen werden. Die Stimmengewichtung kann eine wichtige Frage werden, nicht zuletzt in der Erweiterungsperspektive. Für Schweden ist es wichtig, daß unser Einfluß nicht abnimmt. Auch darf die Balance zwischen den großen und kleinen Mitgliedstaaten nicht ins Wanken geraten. Schweden sollte sich gegen die Auffassung aussprechen, daß die Bevölkerungsgröße in höherem Maße als bisher bei der Stimmengewichtung berücksichtigt wird. Schweden sollte darauf bestehen, daß die Zusammenarbeit der Mitgliedstaaten in der Kommission, im Rat und im Gerichtshof soweit als möglich auf dem Prinzip der gleichwertigen Repräsentation aufbauen soll.

Das Prinzip des rotierenden Vorsitzes sollte beibehalten werden. Schweden sollte jedoch bereit sein, alternative Modelle zu berücksichtigen, z.B. einen Gruppenvorsitz mit mehreren Staaten, die sich die gesamte Arbeitsbelastung teilen und für eine bessere Kontinuität sorgen. [...]

Schweden ist an einer entscheidungsfähigen und effektiven Kommission interessiert. Maßnahmen, die zu einer Anhebung der Effektivität in der Kommission führen, sollten unterstützt werden. Das Recht eines jeden Mitgliedstaates, einen eigenen Kommissar zu nominieren, sollte beibehalten werden. Falls eine Begrenzung der Gesamtzahl der Mitglieder gewünscht wird, kann dies am einfachsten dadurch erreicht werden, daß kein Mitgliedstaat mehr als ein Mitglied in die Kommission entsenden darf. Der EU-Vertrag bedeutet eine formelle Bestätigung des Stellenwertes der Kommission im Bereich der justiziellen und innenpolitischen Fragen und hat auch deren Stellung gestärkt. [...] Eine Anhebung der Effektivität wäre dadurch möglich, daß die Kommission auch in jenen Bereichen ein Vorschlagsrecht erhält, in denen sie es derzeit nicht hat (strafrechtliche Zusammenarbeit, Zusammenarbeit im Zoll- und Polizeiwesen). Weiterhin kann der Stellenwert der Kommission verstärkt werden, wenn diese den Auftrag zur Überwachung der Umsetzung jener Übereinkommen erhält, die im Rahmen der justiziellen und innenpolitischen Zusammenarbeit getroffen werden.

[...] Das Prinzip, wonach jeder Mitgliedstaat einen Richter ernennt, muß weiterhin gelten. Der Europäische Gerichtshof hat – mit einer Ausnahme – kein Recht innerhalb der Zusammenarbeit in justiziellen und innenpolitischen Fragen zu entscheiden. Die Ausnahme betrifft die Möglichkeit der Mitgliedstaaten nach Artikel K.3 (2), wobei nach zwischenstaatlichen Abkommen vorgesehen wird, daß der Gerichtshof für die Auslegung der darin enthaltenen Bestimmungen und für alle Streitigkeiten über ihre Anwendung zuständig ist. [...]

Schweden sollte sich dafür einsetzen, daß das [Europäische] Parlament im Entscheidungsprozeß der EU auch weiterhin eine bedeutende Rolle spielt. Die zahlreichen und komplizierten Entscheidungsverfahren, nach denen der Rat und das Parlament ihre Beschlüsse fassen, sollten mit der Zielsetzung überprüft werden, eine wesentliche Vereinfachung zu erreichen, um dadurch die Effektivität zu verbessern und bei den Bürgern eine größere Verständlichkeit zu erreichen. [...]

Der Stellenwert der nationalen Parlamente im Entscheidungsverfahren sollte verstärkt werden, da dieser Stellenwert von fundamentaler Bedeutung für die demokratische Legitimität der EU-Zusammenarbeit ist. Jedes Land hat seine Verfahrensweisen für den Informationsaustausch zwischen Regierung und Parlament. Beschlüsse, die die Ausformung dieser Verfahrensweisen berühren, sollten auch weiterhin auf nationaler Ebene gefaßt werden. [...] Im Zusammenhang mit der Regierungskonferenz sollten Maßnahmen erwogen werden, mit denen die Rolle der nationalen Parlamente im Entscheidungsprozeß erleichtert werden kann. [...]

Das Europäische Parlament hat einen geringeren Stellenwert im Entscheidungsprozeß innerhalb der justiziellen und innenpolitischen Zusammenarbeit als innerhalb der Ersten Säule. [...] Daher ist die Regierung der Meinung, daß bei der Regierungskonferenz erwogen werden sollte, wie der Stellenwert des Parlamentes im Entscheidungsprozeß in diesem Bereich vergrößert werden könnte. Das Parlament sollte mehr als bisher Zugang zu Vorschlägen zu den Entscheidungen haben, die für die Mitgliedstaaten bindend sind. In einem solchen Fall sollte dem Parlament die Möglichkeit eingeräumt werden, innerhalb einer festgelegten Frist Stellungnahmen zu dem Vorschlag abzugeben. [...]

Quelle: Ministerium des Auswärtigen des Königreichs Schweden: „Regierungsbericht Nr. 1995/96:30; EU-Regierungskonferenz 1996“, 30. November 1995; überreicht durch den Reichstag des Königreichs Schweden.

Dokument 22: Regierungskonferenz 1996: Österreichische Grundsatzpositionen vom 26. März 1996 (Auszüge)

Österreich ist der EU im Januar 1995 als allianzfreier Staat beigetreten. Gemeinsam mit den beiden anderen neuen Mitgliedstaaten Schweden und Finnland plädiert Österreich für eine Vertragsbestimmung zur Beschäftigungpolitik. Aufgrund ihrer integrationsfreundlichen Haltung tritt die österreichische Bundesregierung für eine Ausweitung qualifizierter Mehrheitsentscheidungen (schrittweise auch in der GASP), die teilweise Vergemeinschaftung der Innen- und Justizpolitik sowie die Stärkung der Kommission, des Europäischen Parlaments, des Europäischen Gerichtshofes, des Ausschusses der Regionen und des Rates ein. Methoden differenzierter Integration sollen nur in Ausnahmefällen angewendet werden. Im Bereich des Krisenmanagements soll die WEU der EU unterstellt werden. Gegen Mitgliedstaaten, die die Menschenrechte verletzen, könnte der EU-Vertrag die Möglichkeit von Sanktionen vorsehen.

Herausforderungen

Die Union muß in jenen Politikbereichen wirksam agieren können, für die auf europäischer Ebene bessere, umfassendere und breiter legitimierte Lösungen zu erzielen sind als auf mitgliedstaatlicher Ebene. Da sich das Projekt der Europäischen Union an diesem Subsidiaritätsgedanken orientiert, hat Österreich bereits bei seinem Beitritt sein starkes Interesse an einer weiteren Verstärkung der gemeinschaftlichen Handlungsfähigkeit bekundet. [...]

Demokratie und Bürgernähe

Die Verwirklichung von Demokratie erfordert in der Union einen anderen Ansatz als im Nationalstaat. So wie die Unionsbürgerschaft zur Staatsbürgerschaft hinzutritt und diese nicht verdrängen wird, bedarf es neben der direkten Vertretung der Unionsbürger im Europäischen Parlament auch künftig einer starken Repräsentation der Mitgliedstaaten in der Gesetzgebung. Dabei muß den kleinen und mittleren Mitgliedstaaten auch weiterhin überproportionales Gewicht zukommen. Die Balance zwischen den Institutionen der Union sollte daher im wesentlichen aufrechterhalten bleiben. Doch wären die Legitimation und Transparenz der Unionspolitik insbesondere durch eine Vereinfachung der Gesetzgebungsverfahren, durch ein verbessertes Zusammenwirken von Rat und Europäischem Parlament sowie durch die verstärkte Rückkoppelung zu den nationalen Parlamenten zu erhöhen. Weiters sollte durch Weiterentwicklung der regionalen Dimension des Integrationsprozesses als Beitrag zur Transparenz und Bürgernähe, durch die konsequente Umsetzung des Subsidiaritätsprinzips und den Ausbau des Grundrechtschutzes die Kluft zwischen den Bürgern und den europäischen Institutionen verkleinert werden. [...]

Flexibilität und Kohärenz

[...] Auch Staaten, die aufgrund ihres wirtschaftlichen Entwicklungsstands noch nicht in der Lage sind, an den höchstentwickelten Formen der Integration [...] teilzunehmen, dürfen vom Integrationsprozeß nicht ausgeschlossen werden. Dafür sollen jene Länder, die bereit und fähig sind, integrationspolitisch voranzugehen, die Möglichkeit dazu haben. Differenzierte Integration sollte allerdings die Ausnahme bleiben und Übergangscharakter haben. Der gemeinsame integrationspolitische Fortschritt soll die Regel darstellen. Die Ziele der Weiterentwicklung der Integration sollten auch in Zukunft gemeinsam festgelegt werden, die Zugehörigkeit zu abgestuften Formen der Integration soll grundsätzlich allen Mitgliedstaaten offenstehen, die objektive, für alle geltende Kriterien erfüllen. Die gemeinsame Rechtsbasis des Binnenmarkts und der einheitliche institutionelle Rahmen der Union müssen gewahrt bleiben. [...]

Menschenrechte

[...] Schon heute gehören alle Mitgliedstaaten der Europäischen Menschenrechtskonvention an. Österreich tritt dafür ein, daß auch die Union als solche Mitglied der Europäischen Menschenrechtskonvention (EMRK) wird. Dies würde bedeuten, daß auch die Organe und das Recht der Union den Kontrollmechanismen der Konvention unterworfen werden. Ein EMRK-Beitritt der Union würde allerdings voraussetzen, daß diese Rechtspersönlichkeit erhält. Die Einhaltung eines hohen Menschenrechtsstandards sollte auch weiterhin als ein striktes Erfordernis für den Beitritt zur Union gelten. Für den Fall schwerwiegender Verstöße gegen die Menschenrechte bzw. gegen die demokratischen Grundrechte in einem Mitgliedstaat der Union erscheint es zweckmäßig, im EU-Vertrag die Möglichkeit von politischen und wirtschaftlichen Sanktionen gegen den betreffenden Staat vorzusehen.

In diesem Zusammenhang begrüßt Österreich auch den Vorschlag einiger Mitglieder der Reflexionsgruppe, Inhalte der Europäischen Sozialcharta in den Vertrag aufzunehmen. [...]

Innere Sicherheit und Justiz

Innere Sicherheit, Ausländerpolitik und Asylwesen sowie Zivil- und Strafrecht sind Bereiche, die den einzelnen unmittelbar betreffen und aufgrund ihrer grenzüberschreitenden Problemstellungen europäische Lösungen verlangen. [...] Für die Steigerung der Effizienz in diesen Bereichen gibt es im wesentlichen zwei Methoden. Die eine besteht in der Übertragung von Aufgaben in der Ersten

Säule (Vergemeinschaftung), die andere in der stärkeren Nutzung gemeinschaftlicher Institutionen, Instrumente und Verfahren bei der Arbeit der Dritten Säule.

Bei der Regierungskonferenz eignen sich aus österreichischer Sicht folgende Bereiche für eine Vergemeinschaftung: Visapolitik, Asylrechtsfragen, Außengrenzkontrolle, Einwanderungspolitik und Politik gegenüber Drittstaatenangehörigen, Bekämpfung des Drogenhandels, Bekämpfung von Betrügereien im internationalen Maßstab und Zusammenarbeit im Zollbereich, einschließlich der Bekämpfung von Betrug und anderen Zuwiderhandlungen in diesem Bereich. Strafrechtliche Angelegenheiten sollten auch weiterhin im Bereich der Dritten Säule verbleiben. Überdies sollte die Möglichkeit der Vergemeinschaftung von bestimmten Bereichen (Art. K.9 EU-Vertrag) nach österreichischer Ansicht auf die gesamte Dritte Säule ausgedehnt werden, wobei auch der dafür vorgesehene schwerfällige Mechanismus (Einstimmigkeit und Ratifizierung) einer Überprüfung unterzogen werden sollte.

Für die Erste Säule sehen Art. 2 und 3 EG-Vertrag Aufgaben und Ziele für die gesamte Tätigkeit der Gemeinschaft vor. Es wäre auch für die Arbeiten der Dritten Säule sinnvoll, im Rahmen des Art. K.1 EU-Vertrag solche Ziele vorzugeben: Durch die Festlegung von substantiellen Zielen und die Entwicklung von Jahres- und Fünfjahresprogrammen, die kontinuierlich fortgeschrieben und verbessert würden, sollte die Kontinuität und Dynamik im Bereich der Dritten Säule gestärkt werden. In den Zielkatalog wären auch horizontale Mindeststandards (z.B. keine Minderung des Grundrechtsschutzes, insbesondere auch bezüglich Datenschutz) aufzunehmen.

Derzeit gilt im Bereich der Dritten Säule der Grundsatz der Einstimmigkeit. Aus österreichischer Sicht wäre es aber vorteilhaft, die Möglichkeit von Mehrheitsentscheidungen schrittweise auf verschiedene Bereiche der Dritten Säule auszudehnen, darunter insbesondere die Bekämpfung der organisierten Kriminalität.

Einige bestehende Effizienzprobleme sind auf die komplexe Verhandlungsstruktur der Dritten Säule (Ratsgruppen, Lenkungsgruppen, K.4-Ausschuß, AStV II und Rat) zurückzuführen. Deshalb sollte die Zahl der Arbeitsebenen maßgeblich reduziert werden. [...]

Der Zusammenarbeit im Bereich Justiz und Inneres fehlt derzeit ein Motor, der Kontinuität, Dynamik und Kohärenz der täglichen Arbeit gewährleistet. Österreich ist deshalb daran interessiert, daß die Europäische Kommission künftig eine stärkere Rolle in der Dritten Säule erhält. Insbesondere sollte das Initiativrecht der Europäischen Kommission auf alle Bereiche der Dritten Säule ausgedehnt werden. Darüber hinaus sollte ein Weg gefunden werden, der eine stärkere unmittelbare Nutzung der eigenständigen Arbeiten der Europäischen Kommission [...] ermöglicht.

Der Aufbau einer gemeinsamen Rechtsordnung in der Dritten Säule erfordert eine einheitliche Interpretation von Rechtsnormen, die am wirkungsvollsten durch die Zuständigkeit des Europäischen Gerichtshofes (EuGH) zu gewährleisten wäre. Am sinnvollsten wäre es deshalb, im Vertrag selbst eine obligatorische Einbindung des EuGH in die Rechtskontrolle im Bereich Inneres und Justiz zu verankern.

Österreich tritt aber auch für eine Klarstellung und einen Ausbau der Informations- und Konsultationsrechte des Europäischen Parlaments in der Dritten Säule ein, wobei dadurch der Entscheidungsprozeß nicht verzögert werden sollte. Die Rolle der nationalen Parlamente im Rahmen der Dritten Säule, wie sie in Österreich bereits verfassungsrechtlich verankert ist, darf nicht vernachlässigt werden. Es sollten auch auf EU-Ebene Vorkehrungen getroffen werden, um ihre möglichst frühzeitige Information und Einbindung in das Rechtsetzungsverfahren vorzusehen.

[...] Die derzeitige Trennung der Rechtssysteme im Bereich der inneren Sicherheit (insbesondere Dritte Säule, Schengen, Dubliner Abkommen) erscheint im Hinblick auf die Effizienz ihrer Umsetzung problematisch. Aus österreichischer Sicht wäre deshalb bei der Regierungskonferenz zumindest ein erster Schritt zur Vereinheitlichung im Rahmen der Dritten Säule zu setzen. Insbesondere wäre eine Einbettung von Schengen in den rechtlichen Rahmen der Union anzustreben. [...]

Transparenz

Eine verbesserte Verständlichkeit und Zugänglichkeit des Geschehens in der Union kann wesentlich zur Stärkung der öffentlichen Unterstützung für die Union beitragen. Vor allem auch aufgrund von Forderungen der neuen Mitgliedstaaten wurden in dieser Hinsicht in den letzten Monaten bereits einige Verbesserungen – etwa beim Zugang zu Ratsprotokollen – erzielt. [...]

Subsidiarität

[...] Aufgrund seiner innerstaatlichen föderalen Struktur hat Österreich ein besonderes Verständnis für das Subsidiaritätsprinzip. Es sollte auch im Verhältnis zwischen europäischer und mitgliedstaatlicher Ebene wirksam umgesetzt werden. Aufgrund der bestehenden Unklarheiten bei der Auslegung des Subsidiaritätsprinzips wird Österreich deshalb für dessen Konkretisierung eintreten, damit auch die gerichtliche Nachprüfung erleichtert wird. Die Aufnahme der diesbezüglichen Bestimmungen der Schlußfolgerungen von Edinburgh in ein Protokoll zum Vertrag könnte hierbei einen zielführenden Ansatz bieten. [...]

Effizienz und Demokratie

[...] Im Hinblick auf die Zusammensetzung und das Wahlsystem des Europäischen Parlaments wird Österreich darauf achten, daß die bestehende Proportionalität der Sitzverteilung unter den Mitgliedstaaten aufrechterhalten bleibt. Eine Plafondierung der Gesamtzahl der Mandate, die diesen Grundsatz berücksichtigt, wäre ein zweckmäßiger Ansatz im Hinblick auf eine mittelfristige Erweiterung der Union. Eine Vereinfachung und Straffung der derzeit übermäßig komplizierten Formen der EP-Beteiligung am Rechtsetzungsprozeß wird von Österreich befürwortet. Im Rahmen der Gemeinschaftspolitiken erscheint eine Reduzierung auf drei Verfahrenstypen sinnvoll: Mitentscheidung, Zustimmung und Anhörung. Auch die Ausdehnung der Mitentscheidung auf andere Bereiche sowie die Straffung dieses Verfahrens wären aus österreichischer Sicht zu begrüßen. Bei Entscheidungen nach Art. 235 EG-Vertrag könnte bei Beibehaltung der Einstimmigkeit im Rat die Anwendung des Zustimmungs- oder Mitentscheidungsverfahrens überlegt werden.

Politische Kontrolle: Eine stärkere Rolle des Europäischen Parlaments bei der Bestellung des Europäischen Kommissionspräsidenten wäre aus österreichischer Sicht vorstellbar; so könnte beispielsweise dessen Wahl aufgrund einer vom Europäischen Rat vorgelegten Liste erfolgen.

Aus österreichischer Sicht bleibt die Rückkoppelung der Vertreter im Ministerrat an ihre jeweiligen nationalen Parlamente die primäre Quelle demokratischer Legitimität. [...] Ausgehend von der verfassungsrechtlich abgesicherten, umfassenden Mitwirkung des österreichischen Parlaments wäre es zu begrüßen, wenn auch auf EU-Ebene günstige Voraussetzungen für die Einbindung nationaler Parlamente in die EU-Politik geschaffen würden. Insbesondere sollte künftig gewährleistet sein, daß jedes nationale Parlament zu jedem wichtigen Gesetzgebungsvorschlag der Kommission rechtzeitig klare und vollständige Unterlagen erhält, um seine Arbeit zu erleichtern. Dies könnte beispielsweise durch die Festlegung verbindlicher Fristen erreicht werden. Aus österreichischer Sicht ist ein komplementäres, nicht konkurrenzielles Verhältnis zwischen den nationalen Parlamenten und dem Europäischen Parlament anzustreben. Aus diesem Grund spricht sich Österreich für die Fortführung und den Ausbau kooperativer Strukturen (z.B. Zusammenarbeit der Ausschüsse, COSAC) aus.

[...] Im Interesse der Handlungsfähigkeit der Gemeinschaft und insbesondere im Hinblick auf eine Erweiterung der Union ist eine Ausdehnung des Anwendungsbereichs von Entscheidungen des Rates mit qualifizierter Mehrheit anzustreben. Allerdings ist von Fall zu Fall zu prüfen, ob zur Akzeptanz einer bestimmten Politik weiterhin eine Legitimierung durch Einstimmigkeit erforderlich ist. Die Einführung der Mehrheitsregel wäre beispielsweise im Steuerbereich, in einigen Gebieten der Sozialpolitik und im Bereich der Rechtsharmonisierung (Art. 100

EG-Vertrag) zweckmäßig. Bei Eigenmittelentscheidungen und bei einigen besonders sensiblen Fragen der Sekundärgesetzgebung ist das Einstimmigkeitsprinzip weiterhin unabdingbar. [...]

Die Abstimmungsmodalitäten im Rat sollten nicht zu Lasten der Entscheidungseffizienz verändert werden. Einer Herabsetzung der Sperrminorität, die die Handlungsfähigkeit der Union vermindern würde, steht Österreich ablehnend gegenüber. [...] Das Rotationssystem bei der Vorsitzführung im Rat hat sich bewährt und sollte beibehalten werden, wobei die jeweilige Präsidentschaft durch die Stärkung des Ratssekretaritates und die verstärkte Arbeitsteilung unter den Troika-Mitgliedern entlastet werden könnte.

Österreich ist an der Bewahrung einer starken Europäischen Kommission und an der Wahrung ihrer drei Hauptfunktionen interessiert: Eintreten für das gemeinsame Interesse, Monopol für Gesetzgebungsinitiativen und Kontrolle der Einhaltung des Gemeinschaftsrechts. Das Recht jedes Mitgliedstaates, ein Mitglied der Europäischen Kommission zu nominieren, ist für ihre Legitimation unverzichtbar. Eine Verkleinerung des Kollegiums der Kommission ist jedoch dann vorstellbar, wenn dieser Grundsatz nicht beeinträchtigt wird.

Die zentrale Stellung des Europäischen Gerichtshofes (EuGH) bei der Auslegung und Anwendung des Gemeinschaftsrechts muß aus österreichischer Sicht unbedingt gewahrt bleiben. Auch wäre eine stärkere Rolle des EuGH in der Dritten Säule sinnvoll. Die Anregungen des EuGH (Verlängerung der Amtszeit seiner Mitglieder bei gleichzeitigem Ausschluß der Wiederernennungsmöglichkeit, Teilnahme der Generalanwälte an der Wahl des EuGH-Präsidenten) sollten berücksichtigt werden. [...]

Rechtsakte

Wie auch in anderen Mitgliedstaaten hält Österreich die Ausarbeitung eines Kompetenzkatalogs durch die Regierungskonferenz nicht für realistisch. Der Art. 235 EG-Vertrag sollte erhalten bleiben. Österreich ist wie die Mehrheit der Mitgliedstaaten der Meinung, daß die Schwierigkeiten der Schaffung einer klaren Normenhierarchie deren Vorteile überwiegen. Österreich befürwortet eine Reform und Vereinfachung der Komitologie. [...]

Gemeinsame Außen- und Sicherheitspolitik

[...] Zwischen den Zielen der österreichischen Außenpolitik und den in Art. J.1. EU-Vertrag formulierten Zielsetzungen der Gemeinsamen Außen- und Sicherheitspolitik (GASP) besteht Übereinstimmung. Aus österreichischer Sicht sollte bei der Regierungskonferenz allerdings eine konkretere Formulierung dieser Zielbestimmungen angestrebt werden. [...] Im Rahmen der bevorstehenden Konferenz wird die bestehende Säulenstruktur des Unionsvertrages voraussichtlich aufrechterhalten bleiben. Österreich geht allerdings davon aus, daß im Rahmen einer generellen Fortentwicklung der Union ein schrittweiser Übergang zu einem gemeinschaftlichen Herangehen an außenpolitische Themen der Logik des Integrationsprozesses entsprechen würde. [...]

Die Schaffung einer gemeinsamen Planungs- und Analysekapazität soll die Union in die Lage versetzen, auf außenpolitische Ereignisse nicht nur zu reagieren, sondern internationale Entwicklungen aktiv mitzugestalten. Das rechtzeitige Erkennen von Krisensituationen, die Ausarbeitung entsprechender Handlungsoptionen und die Entwicklung von Konzepten für die Beziehungen zu anderen Regionen wären wesentliche weitere Funktionen einer derartigen Einheit. [...] Die Einheit sollte sich aus Experten der Mitgliedstaaten, des Ratssekretariats und der Kommission zusammensetzen. Sie sollte institutionell im Ratssekretariat angesiedelt, und dem Generalsekretär direkt unterstellt sein. Eine enge Kooperation mit der Kommission und die Nutzung ihrer Expertise und Ressourcen sind zu gewährleisten. Wesentlich ist ferner die Sicherstellung des erforderlichen Informationsflusses seitens der Mitgliedstaaten und die systematische Einbindung der nationalen Analyse- und Planungskapazitäten. Auch eine Zusammenarbeit mit der Planungszelle der Westeuropäischen Union (WEU) in den relevanten Bereichen wäre zu prüfen. Ein formelles Initiativrecht der Planungseinheit erscheint nicht zweckmäßig, da es die institutionelle Struktur der GASP zusätzlich komplizieren würde. [...]

Im Interesse einer Steigerung der Effizienz der GASP unterstützt Österreich einen graduellen Übergang zu Mehrheitsentscheidungen. [...] Allerdings müßten beim Übergang zum Mehrheitsprinzip die Besonderheiten von GASP-Beschlüssen, die teilweise sensible Aspekte der staatlichen Souveränität betreffen, berücksichtigt werden. So ist Österreich insbesondere der Meinung, daß der Bereich militärischer Sicherheit auch in Zukunft der Einstimmigkeit unterworfen bleiben muß. Was die Modalitäten von Mehrheitsentscheidungen anbelangt, können – im nicht-militärischen Bereich – unterschiedliche Modelle geprüft werden. [...] In jedem dieser Fälle müßte die Einführung von Mehrheitsentscheidungen von Vorkehrungen wie „konstruktiver Enthaltung“ oder „opting out“ begleitet sein. Der Einführung eines Flexibilitätsmodells, das einer Gruppe von Staaten die Möglichkeit zugestehen würde, auch ohne entsprechende Beschlußfassung in den EU-Institutionen im Namen der Union Aktionen zu unternehmen, steht Österreich ablehnend gegenüber. [...]

Die Hauptverantwortung für das Management der GASP liegt derzeit bei der Präsidentschaft, die in dieser Rolle durch das Ratssekretariat unterstützt wird. Aus österreichischer Sicht sollte diese Struktur im wesentlichen erhalten bleiben. Allerdings könnten Effizienz und Kontinuität der Durchführung der GASP durch die Stärkung des Ratssekretariats maßgeblich erhöht werden. Auch eine Betrauung des Generalsekretärs des Rates mit spezifischen außenpolitischen Aufgaben [...] wird österreichischerseits nicht ausgeschlossen. Eine systematische Einbindung der Troika-Mitglieder bzw. die Arbeitsteilung unter ihnen könnte ebenfalls zu einer Entlastung der Präsidentschaft beitragen. Weiters sollte auch die Kommission – vor allem bei Überlappungen mit Fragen der Ersten Säule – in die Durchführung der GASP verstärkt einbezogen werden. Einer Betrauung bestimmter Staaten bzw. von Einzelpersonen mit Aspekten der GASP-Durchführung steht Österreich dann aufgeschlossen gegenüber, wenn klare Rahmenbedingungen [...] festgelegt sind.

Österreich wird sich weiters bei der Regierungskonferenz für die Zuerkennung von Rechtspersönlichkeit an die Union aussprechen.

Sicherheits- und Verteidigungspolitik

[...] Die Sicherheit des Landes und seiner Bürger steht im Vordergrund. Österreich bekennt sich zu einer umfassenden Sicherheitspolitik, die Fragen der wirtschaftlichen, ökologischen und sozialen Stabilität ebensolche Bedeutung beimißt wie Fragen der inneren und äußeren Sicherheit. Im Geiste der europäischen Solidarität und zum Zwecke der dauernden Gewährleistung seiner Sicherheit wird sich Österreich im Einklang mit den Zielsetzungen der EU für seine vollberechtigte Teilnahme an funktionsfähigen europäischen Sicherheitsstrukturen einsetzen. Mit seinem Beitritt zur EU hat sich Österreich zur vollen Mitwirkung an der GASP und auch zu der im EU-Vertrag verankerten Perspektive einer gemeinsamen Verteidigungspolitik verpflichtet. Österreich wird sich im Sinne der im EU-Vertrag verankerten Perspektive an diesbezüglichen Bemühungen aktiv beteiligen und die Ergebnisse der Regierungskonferenz loyal und in europäischer Gesinnung umsetzen. In diesem Sinne und im Interesse einer weiteren Konvergenz von EU und WEU wird Österreich im Rahmen der Regierungskonferenz unter anderem dafür eintreten, daß die WEU für die sogenannten „Petersberger Aufgaben" ausdrücklichen Richtlinien oder Instruktionen der Union unterstellt werden kann.

Quelle: „Regierungskonferenz 1996 – Österreichische Grundsatzpositionen", Wien, 26. März 1996; überreicht durch das Informationsbüro des Europäischen Parlaments in Österreich.

Dokument 23: Finnlands Ausgangspunkte bei der Regierungskonferenz, 27. Februar 1996 (Auszüge)

Finnland ist der Europäischen Union Anfang 1995 beigetreten. Die Regierung dieses allianzfreien Landes setzt sich bei der Regierungskonferenz für die Stärkung der Bürgerrechte sowie der sozialen und ökologischen Dimension im Vertrag ein. In diesem Zusammenhang spricht sich Finnland für eine Beschäftigungsstrategie der EU, die Eingliederung des Sozialprotokolls in den EU-Vertrag und für eine schrittweise und nach Effizienzgesichtspunkten zu beurteilende Vergemeinschaftung der Innen- und Justizpolitik aus. Den Charakter der Union als Staatenbund gilt es zu wahren, die Verfahren sollen verbessert werden. Nach Auffassung der finnischen Regierung ist die Gemeinsame Außen- und Sicherheitspolitik pragmatisch weiterzuentwickeln; militärischem Krisenmanagement kommt dabei eine besondere Aufgabe zu. Im übrigen sollte nach Auffassung Finnlands die Frage der Einführung flexibler Integrationsformen unter Berücksichtigung bestimmter Prinzipien Gegenstand der Regierungskonferenz sein.

[...] Die Bürger und die Union

Die Entwicklung der Union hängt von der Unterstützung ab, die ihr die Bürger geben. Um diese Unterstützung sicherzustellen, muß die Union – besser als in der Vergangenheit – in der Lage sein, Lösungen für Probleme zu finden, die die Bürger unmittelbar betreffen, wie beispielsweise Grundrechte, innere Sicherheit, Beschäftigung, Umweltschutz, Transparenz, Gleichheit und die Förderung des Subsidiaritätsprinzips.

[...] Der Schutz der Grundrechte kann auf Unionsebene beispielsweise durch die Aufnahme bestimmter Grundrechte in den Vertrag, durch den Entwurf eines gesonderten Grundrechtekatalogs oder durch den Beitritt der Europäischen Gemeinschaft zur Europäischen Menschenrechtskonvention verbessert werden. Die Alternativen schließen sich nicht gegenseitig aus. [...] Der Schutz der Grundrechte sollte vor allem durch den Beitritt der Gemeinschaft zur Europäischen Menschenrechtskonvention gestärkt werden. Die hierfür notwendigen Vertragsänderungen sollten auf der Konferenz vereinbart werden. [...] Die Regierung befürwortet die Aufnahme eines generellen Diskriminierungsverbotes, einschließlich der Ablehnung von Rassismus und Fremdenfeindlichkeit in die Verträge. Die Regierung ist auch bestrebt, aktiv für die Förderung der Gleichheit zwischen den Geschlechtern zu arbeiten und vertritt die Ansicht, daß die Verträge ein Verbot der Diskriminierung aufgrund des Geschlechts wie auch eine spezifische Klausel zur Förderung der Gleichstellung von Mann und Frau beinhalten sollten. Die Klausel sollte die Union dazu verpflichten, die Gleichstellung zwischen Mann und Frau in den Bereichen, in denen die Union agiert, zu fördern. Allerdings sollte dies nicht die Mitgliedstaaten daran hindern, Vorschriften zu erlassen, die darüber hinausgehen.

[...] Die Regierung ist bereit, Überlegungen zu unterstützen, nach denen die Klauseln, die die Unionsbürgerschaft betreffen, durch neue Rechte im Zusammenhang mit der Unionsbürgerschaft ergänzt werden sollen.

Freizügigkeit und innere Sicherheit

[...] Nach Ansicht der Regierung sollten klarere Ziele in den Vertragsbestimmungen über die Zusammenarbeit in den Bereichen Inneres und Justiz formuliert werden. Es sollte eine Verpflichtungserklärung der Union in die Verträge eingefügt werden, die gewährleistet, daß die Implementierung des Binnenmarktes die Sicherheit der auf dem Gebiet der Union lebenden Menschen nicht schwächt. Ein weiteres Ziel, das aufgenommen werden sollte, muß die rechtliche Stellung einer natürlichen Person auch dann sicherstellen, wenn er oder sie den Wohnort von einem Mitgliedstaat in einen anderen verlegen. Nach Ansicht der Regierung muß die Frage der Verlagerung von Innen- und Rechtsangelegenheiten in die Zuständigkeit der Gemeinschaft in der Perspektive der Effizenz beurteilt werden. [...] In der Tat sollten die Mängel des Entscheidungssystems, die die Zusammenarbeit in den Innen- und Justizangelegenheiten erschweren, auf der Konferenz behoben werden. Hierzu gehören das Einstimmigkeitserfordernis bei fast allen Entscheidungen im Dritten Pfeiler, das eingeschränkte Initiativrecht der Kommission wie auch der unklare bzw. unzulängliche rechtliche Status der getroffenen Entscheidungen. Diese Mängel sollten auf der Konferenz korrigiert werden.

Nach Ansicht der Regierung sollten mehr Entscheidungen durch qualifizierte Mehrheitsabstimmungen in Innen- und Justizangelegenheiten getroffen werden, zudem sollte das Initiativrecht der Kommission ausgeweitet werden, um somit alle Themen einzuschließen. Grundsätzlich geht die Regierung davon aus, daß in Fragen im Zusammenhang mit Innen- und Justizangelegenheiten die geltenden Prinzipen der Rechtsstaatlichkeit geachtet werden, einschließlich des Rechts, Beschlüsse der Institutionen der Union an den Gerichtshof weiterzuleiten, um deren Rechtmäßigkeit zu überprüfen.

Beschäftigung

[...] Ziel der Regierung ist es, in den Zielbestimmungen des EU-Vertrag die Bedeutung der Wettbewerbsfähigkeit und eines höchstmöglichen unionsweiten Beschäftigungsgrades stärker zu betonen als es in der Vergangenheit der Fall gewesen ist. Die Union sollte verpflichtet werden, Beschäftigungsaspekte in ihren unterschiedlichen Politiksegmenten horizontal zu berücksichtigen. Mit Blick auf die zunehmende Interdependenz sollte die Entwicklung einer europäischen Beschäftigungsstrategie auf Unionsebene parallel zur Implementierung der Wirtschafts- und Währungsunion aktiv gefördert werden. Dieses Ziel sollte in die Verträge der Union übernommen werden.

[...] Das Protokoll über die Sozialpolitik und ein ergänzendes Abkommen sollten in den Vertrag eingefügt werden, um alle Mitgliedstaaten einzuschließen. Dennoch sollte der Ausgangspunkt für die Entscheidungsfindung im Bereich der Sozialpolitik weiterhin die nationale Ebene sein.

Umweltangelegenheiten

[...] Das Ziel der Regierung ist es, daß das Prinzip der dauerhaften Entwicklung Eingang in die entsprechenden Vertragsartikel findet. [...] Der Union sollte eine Verpflichtung auferlegt werden, Umweltaspekte horizontal zu berücksichtigen, zumindest in den Bereichen Landwirtschaft, Verkehr, Forschung und Ausbildung, Industrie sowie Fonds und Netzwerke. [...] Die Regierung ist der Ansicht, daß in Umweltfragen häufiger mit qualifizierter Mehrheit entschieden werden sollte. Dennoch sollte die Möglichkeit der Mitgliedstaaten gestärkt werden, eine Politik zu verfolgen, die über das, was auf Gemeinschaftsebene vereinbart worden ist, hinausgeht.

Transparenz

[...] Es ist das Ziel der Regierung, einen Artikel zur Veröffentlichung von Dokumenten in die Verträge zu übernehmen, der es dem Rat ermöglicht, einen Rechtsakt erst zu einem späteren Zeitpunkt zu beschließen. Die Regierung ist ebenfalls bereit, die Übernahme einer Bestimmung in die Verträge zu akzeptieren, wonach die Entscheidungsfindung im Rat in legislativen Angelegenheiten öffentlich ist, wenn neue Vorschriften verabschiedet werden. [...]

Subsidiarität

[...] Nach Ansicht der Regierung besteht keine Notwendigkeit, Artikel 3b des Vertrags, der den Begriff der Subsidiarität definiert, zu ändern. Seine Klarstellung und angemessene Anwendung sollte durch die Aufnahme eines Protokolls in den Vertrag sichergestellt werden, das auf der Erklärung von Edinburgh zur Subsidiarität basieren sollte.

Eine effektive und demokratische Union

[...] Die Regierung steht einer Stärkung der Rolle des Europäischen Parlaments im Gesetzgebungsverfahren positiv gegenüber. Andererseits geht die Regierung davon aus, daß der grundsätzliche Charakter der Union als ein Staatenbund gewahrt bleiben muß. Aus diesem Grund lehnt die Regierung alle Vorschläge ab, die zu einer Stärkung der Position des Europäischen Parlaments im Entscheidungsverfahren in bezug auf Vertragsänderungen führen. Die Regierung ist auch nicht bereit, Vorschläge zu unterstützen, nach denen dem Europäischen Parlament das Haushaltsrecht über seine Eigenmittel zugestanden werden.

[...] Nach Ansicht der Regierung sollte die Unabhängigkeit der Kommission gegenüber den Mitgliedstaaten wie auch ihre zentrale Rolle im Gemeinschaftspfeiler gewahrt bleiben. Der Kommission sollten angemessene Mittel zur Verfügung gestellt werden, um eine effektive Überwachung der Implementierung des Gemeinschaftsrechts sowie der Erfüllung anderer Verpflichtungen aus der Mitgliedschaft sicherzustellen. Die Überwachung sollte vor allem durch die effektive Nutzung der momentan verfügbaren Sanktionsmechanismen erfolgen. Die Regierung sieht keine Notwendigkeit, die Rolle der Kommission bei der intergouvernementalen Zusammenarbeit im Rahmen der Außen- und Sicherheitspolitik substantiell zu verändern. Die Regierung ist offen für Vorschläge zur Ausweitung des Initiativrechts der Kommission im Bereich der Zusammenarbeit in der Innen- und Justizpolitik.

[...] Die Regierung ist der Ansicht, daß alle Mitgliedstaaten durch ein Mitglied in der Kommission vertreten sein sollten. Die Regierung lehnt eine Rangordnung der Kommissionsmitglieder ab und hält das momentane Auswahlverfahren der Mitglieder und des Präsidenten für angemessen. Die Regierung hält es nicht für erforderlich, Bestimmungen über Mißtrauensanträge bzw. über die Entlassung von Kommissionsmitgliedern aufzunehmen.

[...] Die Regierung ist der Ansicht, daß der Rat weiterhin das wichtigste Entscheidungsorgan bleiben sollte, in dem die Zusammenarbeit der Mitgliedstaaten auf Gleichberechtigung beruht.

[...] Nach Ansicht der Regierung besteht keine Notwendigkeit, das Verfahren der Abstimmung mit qualifizierter Mehrheit zu ändern, zumindest nicht vor der Erweiterung. Die Regierung begrüßt die Idee einer Ausweitung der Abstimmung mit qualifizierter Mehrheit in den Bereichen Sozial- und Umweltpolitik. Auch in bezug auf den Zweiten und Dritten Pfeiler ist die Regierung bereit, eine Ausweitung der Zahl von Entscheidungen mit qualifizierter Mehrheit in Betracht zu ziehen.

[...] Die Regierung betrachtet die bestehenden Übereinkünfte bezüglich der Präsidentschaft als angemessen, und ist der Meinung, daß eine Verbesserung der Effizienz der Präsidentschaft auf einer praktischen Ebene keine Vertragsänderungen erforderlich macht.

[...] Die Regierung ist der Ansicht, daß der Status des Europäischen Gerichtshofs und sein Verhältnis zu den nationalen Gerichten unverändert bleiben sollte. Die Regierung ist der Meinung, daß die Rechtsprechung des Europäischen Gerichtshofs auf die Sphäre der Zusammenarbeit in der Innen- und Justizpolitik ausgeweitet werden sollte. Dagegen gibt es keine Rechtfertigung für eine Ausweitung der Rechtsprechung des Gerichtshofs auf den Bereich der Außen- und Sicherheitspolitik. Die Regierung betrachtet das aktuelle Auswahlverfahren der Richter als angemessen.

[...] Die Regierung begrüßt die Entwicklung der Zusammenarbeit zwischen den nationalen Parlamenten und dem Europäischen Parlament, insbesondere im Rahmen der Erklärung Nr. 13 des EU-Vertrags zur Rolle der einzelstaatlichen Parlamente in der Europäischen Union.

Rechtsakte

[...] Nach Ansicht der Regierung besteht keine Notwendigkeit zur Abwandlung des Ratifikationsverfahrens für Vertragsänderungen. [...] Die Regierung hält die Schaffung einer Normenhierarchie nicht für notwendig. [...]

Die Außenpolitik der Union

[...] Die Zusammenarbeit zwischen verschiedenen untergeordneten Bereichen der Außenbeziehungen könnte im Rahmen der bestehenden institutionellen Struktur intensiviert werden. Ein umfassender Ansatz, der über die Pfeiler-Grenzen hinausgeht, sollte gestärkt werden. Die Verfahren sollten konstant entwikkelt und die Beziehungen zwischen dem AStV und dem Politischen Kommitee geklärt werden. Dies wird nicht notwendigerweise Vertragsänderungen erforderlich machen. Die Regierung ist bereit, den Vorschlag, der Union eine Rechtspersönlichkeit zu geben, zu prüfen. [...]

Nach Ansicht der Regierung sollte die Anwendung qualifizierter Mehrheitsentscheidungen in Entscheidungen, die die Implementierung der GASP betreffen, Unterstützung finden. Die Möglichkeiten zur Anwendung qualifizierter Mehrheitsabstimmungen auch in anderen Fragen sollten geprüft werden. Eine Voraussetzung hierfür ist, daß die Ziele der Union in bezug auf jede einzelne Frage eindeutig sind, und daß die vitalen Interessen der Mitgliedstaaten nicht beeinträchtigt werden.

[...] Größere Sichtbarkeit und Kontinuität in der Arbeit der Union fördert die Möglichkeiten der Bürger, die Ergebnisse der GASP zu bewerten. Das internationale Gewicht der Union würde gestärkt, wenn die Union mit einer Stimme spräche. Die Regierung ist der Ansicht, daß die Sichtbarkeit der GASP verbessert werden sollte. Mit Blick auf die Durchsetzung jedoch übernimmt nach Meinung der Regierung das Land, das die Präsidentschaft innehat, die Führungsrolle. Die Union verfügt über Erfahrungen mit der Übertragung bestimmter begrenzter Aufgaben auf bestimmte Vertreter. Dieses Verfahren kann weiterentwickelt werden. Dagegen könnte mit Blick auf die Handlungsfähigkeit der Union nach außen ein ständiger Repräsentant für die GASP mehr zur Verwirrung als zur Klärung beitragen.

[...] Die Regierung hält es für wichtig, daß eine gemeinsame Planungs- und Analysekapazität im Bereich der GASP geschaffen wird. Der naheliegendste Ort hierfür wäre das Ratssekretariat. Die Rolle des Parlaments in der GASP sollte auf der Basis des EU-Vertrags überprüft werden. Ein flexibles und zügiges Verfahren für die Finanzierung in Verbindung mit der Implementierung der GASP sollte gefunden werden. Die Regierung ist der Ansicht, daß zur Effizienzsteigerung im Bereich der GASP Vertragsänderungen nicht erforderlich sind.

[...] Aus der Perspektive Finnlands ist es begrüßenswert, daß militärisches Krisenmanagement Bestandteil der Gemeinsamen Außen- und Sicherheitspolitik ist, bei der die Entscheidungsfindung auf der Gleichberechtigung aller Mitgliedstaaten basiert. Alle EU-Mitglieder sollten die gleiche Möglichkeit haben, sich auch an der Implementierung von Entscheidungen im Bereich des Krisenmanagements, die im Rahmen der GASP durchgeführt werden, zu beteiligen. Dennoch muß das Recht eines Mitgliedstaates respektiert werden, in Fragen, die seine eigenene Sicherheit betreffen, unabhängig entscheiden zu können. Ziel muß die Effektivität der gemeinsamen Aktionen durch die Union sein. Zugleich muß das Recht eines jeden Mitgliedstaates sichergestellt sein, unabhängig zu entscheiden, ob er sich an einer Operation beteiligen will oder nicht. Je mehr Mitgliedstaaten die Gemeinsamen Außen- und Sicherheitspolitik tragen, desto effektiver wird die Handlungsfähigkeit der Union. Dies wird die Sicherheit der Union und ihrer Mitgliedstaaten stärken.

Mit Blick auf die Beziehungen zwischen der EU und der WEU ist es aus Finnlands Perspektive wichtig, daß die politische Führungsrolle der Union sichergestellt ist. Die WEU sollte ein Instrument der Gemeinsamen Außen- und Sicherheitspolitik der Union sein, ein Instrument, mit dessen Hilfe Entscheidungen im Bereich des militärischen Krisenmanagements umgesetzt werden können. Für Finnland stellt die Realisierung dieses Ziels eine der zentralen Aufgaben der Regierungskonferenz im Bereich der GASP dar.

Quelle: „Finland's Points of Departure at the Intergovernmental Conference – Report to the Parliament", Helsinki, 27.2.1996; überreicht durch die finnische Botschaft in Deutschland; Übersetzung aus dem Englischen: Sven Arnswald.

REFORMERWARTUNGEN VON PARTEIEN UND VERBÄNDEN

Dokument 24: Erste Überlegungen der Fraktion der Sozialdemokratischen Partei Europas (SPE) zur Regierungskonferenz, 29. März 1995 (Auszüge)

Die Sozialdemokratische Partei Europas (SPE) setzte 1995 eine Arbeitsgruppe ein, welche sich intensiv mit den Fragen der Regierungskonferenz auseinandersetzte. Auf ihrem zweiten Parteikongreß am 8. März 1995 in Barcelona sprach sich die SPE für eine weitreichende Vertiefung der europäischen Integration aus. Die Fraktion der SPE im Europäischen Parlament verabschiedete am 29. März 1995 die nachfolgend abgedruckte Positionsbestimmung, welche von der Fraktionsvorsitzenden und Mitglied der britischen Labour Party Pauline Green verfaßt wurde. Hierin plädiert die Fraktion für die Ausdehnung der Abstimmungen mit qualifizierter Mehrheit im Rat, die Ausweitung des Mitentscheidungsverfahrens auf fast alle Bereiche der EG-Rechtssetzung sowie die Verstärkung der gemeinschaftlichen Bemühungen in der Sozial-, Beschäftigungs-, Umwelt- und Grundrechtepolitik. Zu den verfahrensrelevanten und institutionellen Fragen der Überprüfung des Zweiten und Dritten Pfeilers äußert sich die Fraktion – ähnlich wie die SPE in ihren Grundsatzbeschlüssen – zurückhaltend. Statt dessen konzentriert sie sich auf Reformüberlegungen zu den Aufgaben und Zielen, die mit den beiden Politikbereichen verfolgt werden sollten.

Einleitung

[...] Die EU steht vor einer grundlegenden Entscheidung: entweder eine Reform, um ihre Fähigkeit zur Erreichung der Ziele zu verbessern, die die Mitgliedstaaten für sich allein nicht erreichen können, oder sie läßt es zu, daß sie zu einer losen Gruppierung absinkt und im wesentlichen zu einem Freihandelsraum wird. Wir unterstützen entschieden die notwendige Reform der Union. [...] Bei der Regierungskonferenz 1996 sollte es nicht so sehr um die Übertragung wesentlicher neuer Befugnisse auf die Europäische Union, sondern eher um eine Verbesserung ihrer Fähigkeiten hinsichtlich der Realisierung ihrer bestehenden Ziele und auch um die Übertragung der Kontrolle der Beschlußfassung auf die europäischen Völker gehen. Dazu muß zwangsläufig die Art und Weise, in der die derzeitigen Zuständigkeiten der Union wahrgenommen werden, verbessert werden. Bei der Revision des Vertrags 1996 muß es daher um Klarheit, Offenheit, Effizienz und Demokratie gehen. Es muß daher unterstrichen werden, daß wir nur durch eine stärkere Union den großen sozialen und umweltpolitischen Fragen, den Fragen im Zusammenhang mit der inneren und äußeren Sicherheit, der Außenpolitik sowie rechtlichen Problemen und Problemen bei der demokratischen Transparenz begegnen können.

Der Einfluß des Europäischen Parlaments auf die Vorbereitung und Verwirklichung der Regierungskonferenz wird umso größer sein, je mehr sich seine Forderungen auf essentielle institutionelle Reformen konzentrieren, vor allem hinsichtlich seiner Forderungen nach gleichen Rechten und gleichen Befugnissen wie der Rat im Bereich der Mitentscheidung in allen Fällen normaler Gesetzgebung.

Klarheit

[...] Die jetzige Vielzahl von sich überlappenden Verträgen und Änderungsverträgen mit drei „Pfeilern" und einem Dutzend unterschiedlicher Gesetzgebungsverfahren bedeutet, daß jeder Bürger, der auch nur die Grundstruktur der Europäischen Union begreifen möchte, dies ohne die Hilfe eines Rechtsexperten nicht schafft. 1996 müssen wir die derzeitige verwirrende Situation mit einem einzigen, prägnanten Dokument abschaffen[...]. Wir erkennen an, daß der Rat zwei Hauptfunktionen wahrnimmt – neben seiner Rolle als Gesetzgebungsorgan entwickelt er auch politische Konzepte – und wir räumen ein, daß an diesem heiklen Punkt der Diskussionen Vertraulichkeit nach wie vor wichtig ist. Es ist allerdings unannehmbar, daß der Rat verbindliche Rechtsakte hinter verschlossenen Türen erläßt. Die Gesetzgebungsverfahren müssen öffentlich sein. Aber selbst wenn der Rat die Rechtsakte in öffentlicher Sitzung verabschieden würde, wäre es nach wie vor unannehmbar, daß die Minister allein die Rechtsakte erlassen. Derzeit ist dies in den meisten Bereichen der Unionspolitik der Fall. In allen Demokratien gilt aber als Norm, daß die Minister die Gesetzesvorlagen einem Parlament unterbreiten. Dies muß auch in der Europäischen Union für sämtliche Politikbereiche gelten. Der mit dem Maastrichter Vertrag eingeleitete Ansatz eines Mitentscheidungsverfahrens, bei dem Rat und Parlament gemeinsam Rechtsakte erlassen, muß jetzt auf alle Arten von Rechtsakten, die dem Rat unterbreitet werden, ausgeweitet werden. Dies würde dem Europäischen Parlament nicht das Recht geben, den Mitgliedstaaten Gesetze aufzuzwingen, da nach wie vor die Billigung des Rates erforderlich wäre. [...] Das Verfahren der Mitentscheidung muß bei allen internen Gesetzgebungen – aber auf vereinfachte Weise – verwendet werden. [...]

Es sollte generell eine Klärung erfolgen, um die EU den Bürgern verständlicher zu machen, vor allem indem die Zahl der Beschlußfassungsverfahren auf vier verringert wird: Mitentscheidung zwischen Parlament und Rat im gesetzgeberischen Bereich; Zustimmung des Parlaments zu Beschlüssen des Rates über Vertragsrevisionen, internationale Abkommen und Eigenmittel; Ratsbeschluß nach Konsultierung des Parlaments in der Gemeinsamen Außen- und Sicherheitspolitik; schließlich das Haushaltsverfahren.

[...] Die nationalen Parlamente sollten die Möglichkeit bekommen, so sie dies wünschen, einen Vorschlag mit ihrem Minister zu diskutieren, bevor der Vorschlag in die erste Lesung des Rates geht. Wie gut die nationale parlamentarische Kontrolle auch sein mag, es handelt sich jeweils um eine Kontrolle jedes nationalen Parlaments nur auf das jeweilige einzelne Mitglied des Rates bezogen. Sie muß durch die Kontrolle des kollektiven Resultats der Ratsbeschlüsse seitens des EP ergänzt werden. [...] Nationale Parlamente sollten die gleichen Rechte, wie sie das Europäische Parlament und nationale Regierungen bereits besitzen, auf Anrufung des Gerichtshofes haben zur Annullierung von Gesetzen, die sie als von den Europäischen Institutionen unter „ultra vires" (d.h. außerhalb ihres Zuständigkeitsbereiches) angenommen betrachten. [...]

Es wäre transparenter und demokratischer, wenn der Kommissionspräsident vom Europäischen Parlament gewählt und die übrigen Kommissionsmitglieder im Einvernehmen zwischen dem Präsidenten und den nationalen Regierungen bestimmt würden, bevor sie sich dem Parlament zum Zustimmungsvotum stellen.

Effizienz

Besonders in einer erweiterten Union werden wir uns auch mit der Frage des qualifizierten Mehrheitsvotums befassen müssen. [...] Die Regierungskonferenz wird prüfen müssen, inwieweit der Übergang zu einem qualifizierten Mehrheitsvotum möglich sein wird. Das Mehrheitsvotum muß in der größtmöglichen Anzahl von geeigneten Gebieten eingerichtet werden. Natürlich muß Einstimmigkeit bei Grundsatzentscheidungen, die die Grundlage der Europäischen Union an sich betreffen, gewahrt werden. [...] Allerdings werden sowohl die Anwendungsweise als auch der -bereich für das qualifizierte Mehrheitsvotum 1996 geprüft werden müssen. Dies ist eine heikle und vielleicht eine der am schwersten zu lösenden Fragen. Es liegt auf der Hand, daß es in einer Union mit mehr als 20 Mitgliedstaaten unannehmbar wäre, wenn es zu einer Situation käme, in der eine qualifizierte Mehrheit durch eine Koalition von Staaten zustande käme, die jedoch faktisch eine Minderheit der Bevölkerung repräsentieren. Die Antwort hierauf kann jedoch nicht die Anhebung der Schwelle für eine qualifizierte Mehrheit auf mehr als die derzeit geltenden 71% der gewichteten Stimmen sein. Im Gegenteil, ein besseres Abstimmungssystem sollte es möglich machen, den Unterschied zu verringern. [...]

Die Aufgaben der Kommission müssen unverändert bleiben (Initiative, Exekutive, Kontrolle über die Anwendung der Unionsgesetzgebung) [...].

Unsere Prioritäten

[...] Die in der Sozialcharta enthaltenen sozialen Grundrechte sollten in den Vertrag aufgenommen werden. Die Ausnahmeregelung für das Vereinigte Königreich im Sozialbereich sollte beendet werden. Das unerläßliche Gleichgewicht zwischen den wirtschafts- und währungspolitischen Aspekten der WWU und den Konvergenzkriterien muß sichergestellt werden, indem die WWU-Bestimmungen des Vertrags deutlicher an Artikel 2 des Vertrages gebunden werden [...]. Der Beschäftigungsausschuß sollte gleichen Rang, Kompetenz und Macht haben wie der Währungsausschuß gemäß Artikel 109c des Maastricht-Vertrages.

Es muß für einen offeneren und demokratischeren Prozeß bei der Beschäftigung mit den großen wirtschaftlichen Leitlinien der Union, auch für eine Auseinandersetzung mit diesen Fragen im Europäischen Parlament und in den nationalen Parlamenten Sorge getragen werden.

Das Recht jeden Bürgers, zu gleichen Bedingungen Zugang zu allgemeinen öffentlichen Diensten zu haben, muß garantiert sein. [...] Es steht außer Frage, daß die Erhaltung der Umwelt dem westlichen Lebensstil Änderungen abverlangt. [...]

Wir müssen den Begriff der europäischen Staatsbürgerschaft stärken durch:

- den Beitritt der Europäischen Union zur Europäischen Menschenrechtskonvention und Aufnahme der Einhaltung dieser Konvention in den Vertrag;
- die Deutlichmachung, daß der Europäische Gerichtshof für die Rechtssprechung über Fälle von Menschenrechtsverletzungen zuständig ist, so wie es im neuen Vertrag dargestellt ist;
- die Umgruppierung der verschiedenen Aspekte der Bürgerrechte am Anfang des Vertrags und die Hinzufügung neuer Rechte wie die in der Sozialcharta enthaltenen sozialen Rechte;
- die Verankerung der Ablehnung von Rassismus, Ausländerfeindlichkeit und Antisemitismus im Vertrag und die Festlegung einer Befugnis der Union, gegen alle Formen der Diskriminierung, vor allem aus Gründen der Hautfarbe, Religion oder Behinderung, vorzugehen und Gesetze darüber zu erlassen;
- die Einführung des Rechtes der Bürger, sich im Bereich des „Dritten Pfeilers“ (Justiz und Inneres) an den Gerichtshof zu wenden;
- die Gründung von europäischen politischen Parteien in Übereinstimmung mit Artikel 138a des Vertrags von Maastricht.

Für Richter am Europäischen Gerichtshof muß eine einheitliche Amtszeit (neun oder zwölf Jahre) gelten. [...] Die Ernennung der Richter sollte der Zustimmung des Europäischen Parlaments bedürfen.

Die gemeinsame Außen- und Sicherheitspolitik muß funktionsfähig gemacht werden. Erst müssen wir die derzeitigen Sicherheitsmängel analysieren und bestimmen und dann eine Sicherheitspolitik finden, die diese Unsicherheiten verkleinern kann. Wichtige derzeitige Sicherheitsmängel beinhalten auch Umweltprobleme und Armut und die Marginalisierung sozialer Gruppen und Regionen, die zu Angst und Intoleranz führen können. Vorbeugungsmaßnahmen und Konfliktlösungen durch friedliche Mittel müssen verstärkt werden. Wir brauchen eine gemeinsame Außen- und Sicherheitspolitik, die ein breites Spektrum umfaßt, um Konflikten vorzubeugen und Frieden zu schaffen und aufzubauen. Zweitens müssen Beschlußfassungsverfahren eingehender geprüft werden, mit der Zusicherung an die Mitgliedstaaten, daß ihre vitalen Interessen nicht übergangen werden. Die Koordinierung zwischen allgemeinen GASP-Beschlüssen einerseits und der Wahrnehmung der im Bereich der auswärtigen Beziehungen bereits bestehenden Befugnisse der Gemeinschaft andererseits muß verstärkt werden, wobei zu beachten ist, daß sich bisher die letztgenannten als wirksamer erwiesen haben. [...]

Eine Union

[...] Nach Ansicht der Sozialdemokratischen Fraktion ist ein Europa der zwei Geschwindigkeiten nicht wünschenswert, müßten die Mitgliedstaaten und Bürger der Europäischen Union gleiche Rechte und gleiche Pflichten haben und ist die Solidarität mit schwächeren Staaten ein Grundwert der Europäischen Union. [...]

Quelle: „Erste Überlegungen zu der Konferenz 1996 zur Revision des Vertrags“, von der SPE-Fraktion am 29. März 1995 angenommener Bericht von Pauline Green, Vorsitzende der SPE-Fraktion im Europäischen Parlament; überreicht durch die SPE-Fraktion im Europäischen Parlament.

Dokument 25: Vorschläge und Zielsetzungen der Europäischen Volkspartei (EVP) für die Regierungskonferenz, 7. November 1995 (Auszüge)

Die auf dem elften Kongreß der Europäischen Volkspartei verabschiedeten Vorschläge und Zielsetzungen für die Regierungskonferenz beruhen auf einer intensiven Diskussion der EVP-Arbeitsgruppe „Regierungskonferenz 1996". Kernforderungen der EVP sind die Erweiterung der Grundrechtsgarantien im Unionsvertrag, die Generalisierung des Mitentscheidungsverfahrens zwischen dem Europäischen Parlament und dem Rat in allen Bereichen der gemeinschaftlichen Gesetzgebung, die Ausdehnung der Mehrheitsentscheidungen im Rat, die Erreichung einer Kompetenzabgrenzung zwischen EU und den Mitgliedstaaten, die schrittweise Integration der Innen- und Justizpolitik in den Gemeinschaftsrahmen sowie die Einführung von Mehrheitsabstimmungen und einer militärischen Solidaritätsklausel im Bereich der GASP.

Grundsätze

[...] Das Ergebnis der 1996 beginnenden Regierungskonferenz muß eine Europäische Union sein, die nach innen und außen handlungsfähig ist und dank klar abgegrenzter und ausreichender Kompetenzen effizient handelt, die den demokratischen Prinzipien gerecht wird und deren Entscheidungsabläufe für die Bürgerinnen und Bürger der Europäischen Union zugänglich, verständlich und nachvollziehbar sind. [...]

Ein Europa der Bürgerinnen und Bürger: Grund- und Menschenrechte in der Europäischen Union

Ein Grundrechts- und Menschenrechtskatalog wird den die Europäische Union begründenden Verträge vorangestellt. Die Europäische Union tritt in diesem Zusammenhang der Menschenrechtskonvention des Europarates bei. Folgender Absatz zum Prinzip der Gleichbehandlung aller Unionsbürger ist vor die die Europäische Union begründenden Verträge zu stellen: „*Unabhängig von seinen Unterschieden in bezug auf Gaben, Talente und Fähigkeiten, unabhängig auch von ihrer Herkunft, Geschlecht, Rasse, Alter, Nationalität, Religion, Überzeugung, sozialer Lage oder Gesundheitszustand, soll sich jeder in seinem Bereich in Freiheit und Gleichheit entfalten können. Die Europäische Union tritt in diesem Zusammenhang der Menschenrechtskonvention des Europarats bei.*"

Die Europäische Union muß auch eine Reihe sozialer Rechte, insbesondere das Koalitions- und Streikrecht, die Vereinigungsfreiheit, das Recht auf Kollektivverträge und das Verbot jeglicher Diskriminierung verbindlich beachten, die in die europäische Sozialcharta des Europarats und in die Gemeinschaftscharta der sozialen Grundrechte der Arbeitnehmer, die 1989 von elf Mitgliedstaaten der Europäischen Union ratifiziert wurde, aufgenommen wurden. [...]

Demokratie und Handlungsfähigkeit für die Europäische Union

Die Europäische Union erhält die internationale Rechtsfähigkeit. Die Europäische Union sollte die Rechtsfähigkeit für die Bereiche erhalten, die aufgrund der Verträge zu ihren Kompetenzen gehören. [...]

Das Europäische Parlament und der Ministerrat sind bei der Gesetzgebung gleichberechtigt. Die gegenwärtigen unterschiedlichen Gesetzgebungsverfahren sind im Sinne eines einzigen, verbesserten und gestrafften Mitentscheidungsverfahrens unter Einbeziehung der Kommission zu vereinfachen. Europäisches Parlament und Ministerrat sollten sich in einem Gleichgewicht befinden. Das Mitentscheidungsverfahren muß deshalb für alle Bereiche europäischer Gesetzgebung gelten, z. B. auch für die Agrarpolitik. [...]

Die Zahl der europäischen Abgeordneten darf nicht immer weiter ansteigen, sondern muß auf 700 begrenzt werden.

Änderungen der die Europäische Union begründenden Verträge bedürfen der Zustimmung des Europäischen Parlaments. [...]

Die Berufung der Richter des Europäische Gerichtshofes erfolgt durch die nationalen Regierungen nach Stellungnahme des Europäischen Parlaments. [...]

Der Rat der Union tagt bei Rechtsetzung öffentlich. [...] Die Ausschüsse des Rates der Union sollten nichtöffentlich tagen. [...] Die gesetzgeberischen Entscheidungen des Rates der Union müssen grundsätzlich mit Mehrheit gefaßt werden, wenn die Union handlungsfähig bleiben soll. Entscheidungen betreffend Vertragsänderungen, Erweiterungen oder Erhöhungen der Eigenmittel werden während einer Übergangsperiode einstimmig bestimmt.

Die Mehrheitsentscheidung ermöglicht die Handlungsfähigkeit der erweiterten Europäischen Union. [...] Das Verfahren der Mitentscheidung muß so organisiert werden, daß einerseits die kleineren Staaten nicht dominiert werden, andererseits aber auch das Demokratieprinzip gewährleistet wird. Anpassungen sind daher bei der Gewichtung der Stimmen für die Abstimmungen im Rat erforderlich, wobei man sich für eine der zwei folgenden Möglichkeiten entscheiden oder beiden kombinieren könnte:

- eine Neugewichtung der Stimmen der Mitgliedstaaten mit den größten Bevölkerungszahlen,
- eine doppelte Mehrheit von Staaten und Bevölkerungen bei bestimmten empfindlichen Themen.

Im übrigen muß sich die Bevölkerungszahl vor allem in der Repräsentation durch die Abgeordneten des Europäischen Parlaments widerspiegeln. Entscheidungen in besonders sensiblen Bereichen können dann mit doppelt qualifizierter Mehrheit gefaßt werden, insbesondere etwa im Bereich der 3. Säule (Innen- und Justizpolitik) oder betreffend die Anwendung von Art. 235 EU-Vertrag (z.B. 3/5 der Mitgliedstaaten oder 4/5 der Bevölkerung repräsentieren).

Das System der sechsmonatigen Präsidentschaft des Rates und des Europäischen Rates sollte reformiert werden. Ziel dabei muß sein, Kontinuität und wirksames Handeln zu ermöglichen. [...]

Der Präsident der Europäischen Kommission wird vom Europäischen Rat nach Anhörung des Europäischen Parlaments vorgeschlagen. Das Europäische Parlament stimmt der Ernennung nach einem Vertrauensvotum zu. Die Europäische Kommission wird in ihrer Gesamtheit bestätigt nach einer individuellen Anhörung in allen betroffenen parlamentarischen Kommissionen und nach einer Vertrauensaussprache in der Plenarsitzung. Das Parlament hat das Recht, den Präsidenten der Kommission und die einzelnen Kommissare zu verweigern und zurückzuweisen. [...]

Die nationalen Parlamente müssen durch ihre jeweils eigene Regierung in die Vorbereitung der gesetzgeberischen Entscheidungen des Rates der Union systematisch und rechtzeitig in die Rechtssetzung der Europäischen Union einbezogen werden. Die Zusammenarbeit zwischen dem Europäischen Parlament und den nationalen Parlamenten soll verstärkt werden. Die Europäische Kommission sollte ihre Gesetzentwürfe auch an die nationalen Parlamente zur Information schicken. [...]

Klare Abgrenzung von Zuständigkeiten

Das Subsidiaritätsprinzip muß künftig besser als bisher angewendet werden. Hierzu ist eindeutig klarzustellen, daß ein Handeln der Union nur dann in Betracht kommt, wenn die Ziele der in Betracht gezogenen Maßnahme anders nicht ausreichend erreicht werden können. Der Grundsatz der Subsidiarität gilt auch im Verhältnis der Union zu den lokalen und regionalen Gebietskörperschaften. [...] Die Kompetenzen zwischen Union, Mitgliedstaaten und Regionen müssen hier klar und eindeutig voneinander abgegrenzt werden. Dabei ist zwischen ausschließlichen Kompetenzen der Union und Bereichen konkurrierender Gesetzgebung, in denen das Subsidiaritätsprinzip Anwendung finden muß, zu unterscheiden. Die Europäische Union soll eine von ihr ausgearbeitete Rechtsordnung beschließen und befolgen. Der Grundsatz der Subsidiarität gilt auch im Verhältnis der Union zu den lokalen und regionalen Gebietskörperschaften. [...]

Die Respektierung und Wahrung der kulturellen Eigenarten und der Sprachen sollten klar im Kapitel Kultur (Art. 128) des Vertrags über die Europäische Union festgeschrieben und garantiert werden. [...]

Der EG-Vertrag, der EURATOM-Vertrag und der EGKS-Vertrag sind in einem einheitlichen Vertragswerk zusammenzufassen. [...]

Stärkung der europäischen Sozialpolitik

Um das europäische Sozialmodell zu erhalten, ist das gesamte Sozialprotokoll in den Maastrichter Vertrag zu übernehmen und für alle Mitgliedstaaten verbindlich zu machen. [...]

Wirksame Innen- und Rechtspolitik

In die Gemeinschaftsverfahren (Art. 100c EG-Vertrag) sind die Asyl-, die Visa- und Zuwanderungspolitik sowie harmonisierungsbedürftige Felder der Innen- und Justizpolitik schrittweise zu integieren und der parlamentarischen Kontrolle durch das Europäische Parlament sowie der juristischen Kontrolle durch den Europäischen Gerichtshof zu unterwerfen. Die Mitgliedstaaten sollen dadurch weder in der Ausübung ihrer staatlichen Hoheitsrechte noch in Maßnahmen zum Schutze ihrer Bürger beschränkt werden. EUROPOL soll im Bereich schwerwiegender Formen internationaler Kriminalität zu einer europäischen Polizeibehörde mit operativen Befugnissen weiterentwickelt werden.

Die Sicherheit, die eine gemeinsame Innen- und Rechtspolitik schafft, darf nicht an den Außengrenzen der Europäischen Union haltmachen. Die Verfahrensweisen des Schengener Abkommens sind mit dem Ziel der Sicherung der Außengrenzen der Partnerländer schrittweise auszudehnen und diese „Sicherheitspartnerschaft" ist auch solchen Ländern anzubieten, die nicht Mitglieder der Europäischen Union sind. [...] Ein zu einem europäischen Kriminalamt weiterentwickeltes europäisches Polizeiamt (EUROPOL) soll der Kommission unterstellt sein und der parlamentarischen Kontrolle des Europäischen Parlaments unterliegen. [...]

Es ist eine europäische Rahmengesetzgebung für Rechtsvergehen gegen das Europarecht zu definieren, die eindeutige und gleiche Strafen bei gleichen Vergehen in den 15 Ländern der EU möglich macht. Vorrang muß Betrugsfällen im Zusammenhang mit europäischen Mitteln gegeben werden. [...] Das gemeinsame politische Ziel im Strafrecht muß eine materielle Harmonisierung im Bereich der Anklagen und Sanktionen bei Vergehen der internationalen Schwerkriminalität sein (wie Drogenhandel, Handel mit menschlichen Embryonen, Handel mit nuklearen Substanzen, Terrorismus usw.).

Handlungsfähigkeit in der Außen-, Sicherheits- und Verteidigungspolitik

Die Europäische Union muß in die Lage versetzt werden, auch im Bereich der Außen-, Sicherheits- und Verteidigungspolitik gemeinsam zu handeln. Dieses kann nur erreicht werden, wenn man von dem Prinzip der Einstimmigkeit im Rat abgeht. Mit besonders qualifizierter und verstärkter Mehrheit sind diplomatische, humanitäre oder militärische Maßnahmen als „gemeinsame Aktion" zu ermöglichen. Bei militärischen Einsätzen soll einerseits kein Land gegen seinen Willen zum gemeinsamen Handeln verpflichtet werden, andererseits soll aber auch eine Minderheit von Staaten nicht die Mehrheit am gemeinsamen Handeln hindern können, noch sich von den finanziellen Verpflichtungen zurückziehen. Die GASP, einschließlich eventueller Militäroperationen, muß eine garantierte gemeinschaftliche Finanzierung haben, die von allen Mitgliedern getragen wird, einschließlich derer, die aus bestimmten Gründen nicht daran teilnehmen. [...]

Das vorgeschlagene Verfahren schafft im Ergebnis eine doppelte Legitimation: Auf europäischer Ebene für die teilnehmenden Staaten durch qualifizierte Mehrheitsentscheidung im Rat; auf nationaler Ebene bedürfen die Regierungen, die einer „gemeinsamen Aktion" zustimmen, gegebenenfalls der Zustimmung durch ihre Parlamente, was z.B. bei Militäreinsätzen auch für die Akzeptanz von Bedeutung ist. Das Europäische Parlament sollte im Rahmen eines Konsultationsverfahrens in die Beschlußfassung über „gemeinsame Aktionen" einbezogen werden.

Die bei der Kommission, aber auch beim Rat, bei der WEU sowie bei den Mitgliedstaaten vorhandenen Kapazitäten zur Analyse und Planung sowie zur Überwachung der Durchführung von Ratsentscheidungen müssen in einer dafür geeigneten ständigen Instanz zusammengeführt werden. Diese soll die Aufgabe wahrnehmen, dem Rat in enger Abstimmung mit der Kommission rechtzeitig geeignete Vorschläge zur Durchführung einer gemeinsamen Außen-, Sicherheits- und Verteidigungspolitik vorzulegen und die Durchführung der Entscheidungen des Rates sicherzustellen sowie eine geschlossene Außenvertretung der Union zu gewährleisten.

Es ist notwendig, ein interinstitutionelles Abkommen bezüglich der Anwendung von Artikel J.7 des Vertrages und der Finanzierung der GASP zu treffen. Der Rat muß jährlich einen schriftlichen Bericht über die im Bereich der GASP erzielten Fortschritte vorlegen, als Grundlage für die jährliche Debatte über die Fortschritte der GASP, die gemäß Art. J.7 des Vertrags im Europäischen Parlament stattfinden soll.

Die Westeuropäische Union wird in die Europäische Union integriert. Alle EU-Mitglieder akzeptieren eine Beistands- und Solidaritätsklausel oder Art. 5 des WEU-Vertrages. [...] WEU und Europäische Union bilden eine Einheit. Deswegen ist eine Identität ihrer Institutionen herbeizuführen. 1998 ist der WEU-Vertrag nach 50 Jahren kündbar. Dieses ist der geeignete Zeitpunkt, Inhalt und Verfahren der WEU in die Europäische Union zu überführen. Gleichzeitig steigt damit ihre operationelle Leistungsfähigkeit. Den Staaten der Europäischen Union, die noch nicht der WEU angehören und ihr gegenwärtig noch nicht mit allen Rechten und Pflichten beitreten wollen, soll es durch eine Beistands- und Solidaritätsklausel im Rahmen der Europäischen Union ermöglicht werden, an der konkreten Durchführung der gemeinsamen Außen- und Sicherheitspolitik in vollem Umfang mitwirken zu können und zum gegebenen Zeitpunkt alle Rechte und Pflichten zu übernehmen. Die Länder, die zukünftig der EU beitreten, müssen ebenfalls der WEU beitreten. [...]

Die Rolle der Regionen

Die Regionen und lokalen und regionalen Gebietskörperschaften in der Europäischen Union sind Ausdruck der kulturellen, wirtschaftlichen und politischen Vielfalt in Europa. Die beratende Rolle des Ausschusses der Regionen sollte daher erweitert werden: Die Kommission muß den AdR so früzeitig über Gesetzesinitiativen informieren, damit er seine Stellungnahme schon in der Anfangsphase der Beratungen der Legislativorgane einbringen kann. Er wird angehört auch zu den Bereichen Umwelt, Informationsgesellschaft und berufliche Bildung. Dazu erhält er einen selbständigen organisatorischen Unterbau und Geschäftsordnungsautonomie. Der Ausschuß der Regionen muß seine Stellungnahmen an das Europäische Parlament weiterleiten und dieses muß den Ausschuß ebenso wie die Kommission und den Rat anhören können. Er muß ein Klagerecht vor dem Europäischen Gerichtshof haben, wenn seine Befugnisse betroffen sind. Das kommunale Selbstverwaltungsrecht sollte in den Verträgen verankert werden. [...]

Quelle: „Handlungsfähigkeit, Demokratie und Transparenz: Die Europäische Union auf dem Weg zum vereinten Europa“, Vorschläge und Zielsetzungen für die Regierungskonferenz 1996; Grundsatzdokument, beschlossen auf dem XI. EVP-Kongreß in Madrid, 5.–7.11.1995; überreicht durch das Referat für Europapolitik der CDU-Bundesgeschäftsstelle.

Dokument 26: Resolution der Parteivorsitzenden der Europäischen Liberalen, Demokratischen und Reform Partei (ELDR): „Für ein offenes Europa", 23. November 1995 (Auszüge)

Anläßlich ihres siebzehnten Kongresses in Stockholm verabschiedete die ELDR am 5./7. Juli 1995 eine erste Entschließung zur Regierungskonferenz. Schon im April 1995 beschloß die Fraktion der Partei im Europäischen Parlament ebenfalls ein Positionspapier. Basierend auf diesen Vorlagen nahmen die Parteivorsitzenden der ELDR am 23. November 1995 die Entschließung „Für ein offenes Europa" an. Hierin sprechen sich die Vorsitzenden für eine stufenweise Eingliederung der WEU in die EU, für eine Erweiterung der grund-, bürger- und menschenrechtlichen Bestimmungen im Unionsvertrag sowie für eine gleichberechtigte Stellung des Europäischen Parlaments in der Rechtssetzung aus.

Die Parteivorsitzenden

[...] betonen die Notwendigkeit einer umfassenden Informations- und Kommunikationskampagne in allen Mitgliedstaaten, um die Bürger der Union von den Vorzügen der Politik der Europäischen Union zu überzeugen und sie der Union näherzubringen;

[...] sind der Meinung, daß Beitrittsverhandlungen nicht später als sechs Monate nach dem erfolgreichen Abschluß der Regierungskonferenz mit denjenigen Staaten beginnen sollten, die sich verpflichtet haben, die notwendigen politischen und wirtschaftlichen Bedingungen für eine Mitgliedschaft zu erfüllen; [...]

bekennen sich zur gemeinsamen Verantwortung von NATO und Europäischer Union für Frieden und Sicherheit in Europa;

erkennen ebenfalls an, daß die Mitgliedstaaten mehr Solidarität und politischen Willen zum gemeinsamen Handeln beweisen müssen, um eine eigene außen- und sicherheitspolitische Identität der Union innerhalb der Euro-Atlantischen Partnerschaft zu erlangen;

verlangen, daß politische Entscheidungen über gemeinsame Aktionen im Bereich der GASP durch qualifizierten Mehrheitsentscheid getroffen werden; die Beteiligung aller Mitgliedstaaten an gemeinsamen Aktionen sollte obligatorisch sein;

betonen jedoch, daß Mitgliedstaaten, die nicht an gemeinsamen Aktionen teilnehmen, nicht in der Lage sein sollten, gemeinsame Aktionen anderer zu verhindern; gemeinsame Aktionen sollten aus dem Haushalt der Gemeinschaft finanziert werden;

fordern, wie in der Petersberger (WEU)-Erklärung vorgesehen, eine schrittweise Eingliederung und Aufnahme der Tätigkeit der WEU in die Europäische Union, um eine solide Grundlage für die letztendliche Einführung einer gemeinsamen Verteidigungspolitik zu schaffen, die zu gegebener Zeit zu einer gemeinsamen Verteidigung führt;

[...] sind der festen Meinung, daß die Grundrechte der Bürger im Maastricht-Vertrag verankert sein sollten; juristische Hindernisse, die die Europäische Union daran hindern, die Europäische Menschenrechtskonvention zu unterzeichnen, müssen überwunden werden;

glauben, daß die Schengener Abkommen und EUROPOL eine Chance bieten, einzelstaatliche Aktionen zur Bekämpfung des Terrorismus und organisierten Verbrechens durch Maßnahmen auf europäischer Ebene zu unterstützen; die jeweiligen Bestimmungen sollten schrittweise in den Maastrichter Vertrag aufgenommen werden; sie müssen vor allem der Überprüfung durch das Europäische Parlament sowie der Rechtssprechung des Europäischen Gerichtshofs unterliegen;

verlangen, daß die Union ihre Anstrengungen für die Einführung einer gemeinsamen Visums-, Asyl- und Einwanderungspolitik verstärkt; EUROPOL und die nationalen Polizeibehörden müssen gut koordiniert und mit der besten verfügbaren Ausrüstung ausgestattet werden;

betonen die Notwendigkeit einer koordinierten und verantwortlichen Flüchtlingspolitik der Union, die die Solidarität der Mitgliedstaaten untereinander berücksichtigt;

verlangen, daß die nationalen Parlamente stärker beteiligt werden sollten durch einen intensiveren Kontakt zwischen den nationalen politischen Parteien und den europäischen politischen Parteien einerseits sowie ihrer Fraktionen andererseits;

verlangen, daß alle Mitgliedstaaten berechtigt sind, einen Kommissar zu benennen; [...]

verlangen, daß der Ministerrat und das Europäische Parlament gemeinsam und gleichberechtigt über alle Gesetzgebungsangelegenheiten der Union entscheiden sollten und verlangen außerdem eine Reduzierung der Gesetzgebungsverfahren auf drei – das Verfahren der Zustimmung, das Konsultationsverfahren und ein vereinfachtes Verfahren der Mitentscheidung;

verlangen die Entwicklung, Reform und Erweiterung von qualifizierten Mehrheitsentscheidungen im Rat, sind der Meinung, daß die Präsidentschaft des Ministerrats von einem „Team" getragen werden sollte; das Prinzip der Präsidentschaft durch jeden Mitgliedstaat sollte jedoch beibehalten werden;

bestehen auf der Einführung eines einheitlichen Verfahrens für die Wahlen zum Europäischen Parlament, rechtzeitig für die Europawahl 1999;

verlangen, daß es keine Möglichkeit eines „opting-out" für soziale Minimumstandards geben sollte;

betonen die Notwendigkeit der Konkretisierung des Subsidiaritätsprinzips für eine klarere Definition der Zuständigkeiten der EU;

setzen sich dafür ein, das Thema „Gleichberechtigung für Frauen" auf der Regierungskonferenz 1996 zu behandeln. [...]

Quelle: Europäische Liberale, Demokratische und Reform Partei: „Für ein offenes Europa", beschlossen auf dem Kongreß von Bonn, 23.11.1995; überreicht durch das Sekretariat der ELDR-Fraktion im Europäischen Parlament.

Dokument 27: Politische Stellungnahme der Föderation der Europäischen Grünen zur Regierungskonferenz, 11. Februar 1996 (Auszüge)

Die Föderation der Europäischen Grünen verabschiedete auf ihrem Föderationstreffen am 11. Februar 1996 in Turin ihre Stellungnahme zur Regierungskonferenz. Hierin drückt die Föderation einen weitreichenden Konsens über ihre Position zu institutionellen und bürgerrechtlichen Fragen aus. Trotzdem bekundeten einzelne Mitgliedsparteien ihre Vorbehalte zu den im nachfolgenden Text enthaltenen Aussagen über die GASP und die Dritte Säule. Die verstärkte Zusammenarbeit „grüner" Parteien schlug sich auch in der Tatsache nieder, daß die Fraktion der Grünen im Europäischen Parlament erstmals ausschließlich gemeinsame Änderungsanträge zur Entschließung des Europäischen Parlaments von 13. März 1996 (vgl. Dokument Nr. 6) einreichte. Herausragende Elemente ihres Forderungskatalogs sind die Integration umweltpolitischer Belange in andere Politikfelder der Gemeinschaft, die Verstärkung des Grund- und Menschenrechtsschutzes, eine Ausweitung der legislativen und haushaltsrechtlichen Befugnisse des Europäischen Parlaments und eine stärkere Berücksichtigung nichtmilitärischer Aspekte der GASP. Die Föderation wendet sich gegen die Eingliederung der WEU in die EU.

Das Europa der Zukunft sollte auf den Idealen von Demokratie, ökologischer Nachhaltigkeit, Frieden und Menschenrechten aufbauen und sich auf soziale Gerechtigkeit stützen. [...] Das derzeitige Konzept der Europäischen Union ist keine zufriedenstellende Antwort auf diese Anforderungen. In diesem Rahmen bietet die Regierungskonferenz von 1996 eine wichtige Gelegenheit für eine Neubewertung der Zielsetzungen der Europäischen Union. Die europäischen Grünen schlagen dementsprechend folgendes Programm für eine Reform des Maastrichter Vertrages vor:

Demokratisierung, Reform und Erweiterung der Europäischen Union

[...] In einer auf 20 oder mehr Mitgliedstaaten erweiterten Gemeinschaft sollte sich der Gesetzgebungsprozeß in Bereichen legitimierter EU-Kompetenz (wie z.B. Umweltschutz und Menschenrechte) auf qualifizierte Mehrheiten im Rat und eine Mitentscheidung des Europäischen Parlaments stützen, während gleichzeitig der Einfluß der kleinen Mitgliedstaaten sichergestellt sein muß.

Die Rechtsvorschriften der EU müssen nationale, regionale und lokale Regelungen erlauben, die über die vom Gemeinschaftsrecht festgelegten Mindeststandards hinausgehen. [...]

Derzeitige und zukünftige beitrittswillige Länder Mittel-, Ost- und Südeuropas sollten die Vollmitgliedschaft in der EU erhalten, ohne daß ihnen alle Bestimmungen des Binnenmarktes auferlegt werden. [...]

Über die Beitrittskandidaten hinaus muß die EU zu den benachbarten Regionen und den südlichen Ländern gerechte politische, wirtschaftliche und soziale Beziehungen aufbauen. Die EU sollte eine Politik der Zusammenarbeit für den Frieden und eine wirtschaftliche, soziale und ökologische Entwicklung mit ihren Partnern der Mittelmeerregion sowie im allgemeinen mit allen Entwicklungsländern verfolgen.

Keine Demokratie ohne Gleichgewicht. In den Institutionen der EU sind Frauen in der Minderheit. Dies kann nicht länger akzeptiert werden. Daher müssen geschlechtsspezifische Quotenregelungen eingeführt werden. [...]

Nachhaltigkeit bedeutet soziale und ökologische Reform

[...] Eine nachhaltige Entwicklung muß eines der Hauptziele der EU werden. Umweltpolitik sollte vergemeinschaftet und durch ein Programm zur Einführung von Ökosteuern konkretisiert werden. Die währungspolitischen und fiskalischen Konvergenzkriterien der EWU sollten durch soziale und ökologische Kriterien wie vergleichbare Arbeitslosigkeitsraten ergänzt werden. Geeignete Vorkehrungen sind zu treffen, um sicherzustellen, daß bei der Erweiterung auf Mittel- und Osteuropa soziale und ökologische Aspekte voll in Betracht gezogen werden.

Eine Gemeinsame Außen- und Sicherheitspolitik für den Frieden

[...] Frieden ist nur in einer ökologisch verträglichen Gesellschaft möglich. Eine ökologisch nachhaltige Entwicklung ist daher der erste Schritt zur Friedenssicherung.

Die EU muß von den Strukturen der WEU getrennt bleiben, und die WEU sollte mit keinerlei Militäraktionen betraut werden. Die WEU sollte mit Auslaufen des derzeitigen WEU-Abkommens im Jahre 1998 aufgelöst werden. Langfristig sollte die NATO durch eine paneuropäische Sicherheitsstruktur ersetzt werden, mit der die EU eine positive und friedensorientierte Rolle spielen kann.

Die nicht-militärischen Positionen und gemeinsamen Aktionen der GASP sollten in den Entscheidungsprozeß der Gemeinschaft integriert werden. Dies sollte mit erweiterten Befugnissen des Europäischen Parlaments für den GASP-Entscheidungsprozeß einhergehen. GASP-Initiativen sollten an die OSZE übertragen und in den Vertrag integriert werden.

Die GASP sollte von der Union mit Kontroll- und Mitentscheidungsbefugnissen für das Europäische Parlament, einer führenden Rolle der EU-Kommission und einer kritischen Kontrolle durch den EuGH ausgestattet werden.

Art. 223 des EG-Vertrages über die nationale Selbstbestimmung bei der Produktion, der Beschaffung und dem Export von Waffen sollte durch einen neuen Artikel ersetzt werden, der der unbegrenzten Subventionierung der Waffenproduktion einen Riegel vorschiebt und ein Programm zur Umwandlung der Waffenindustrie sowie einen strengen Verhaltenskodex für Waffenexporte vorschreibt. [...]

Bürgerrechte für alle Personen mit Wohnsitz in der EU: Eine Gemeinsame Justiz- und Innenpolitik

[...] Die EU sollte die Europäische Konvention für Menschenrechte und Grundfreiheiten sowie die Genfer Konvention über die Behandlung von Gefangenen unterzeichnen. Ein Bürgerrechtsgesetz, die Sozialcharta des Europarates und ein allgemeiner Artikel zur Vermeidung von Diskriminierungen (der ausdrücklich keineswegs positive Aktionen in den Mitgliedstaaten behindern sollte) müssen in den EU-Vertrag aufgenommen werden.

Bürger aus Drittstaaten mit Aufenthaltsrecht in einem Mitgliedstaat sollten die Staatsbürgerschaft des Landes, in dem sie ihren Wohnsitz haben, wie auch die der EU erhalten, ohne die Staatsbürgerschaft ihres Herkunftslandes aufgeben zu müssen (doppelte Staatsbürgerschaft).

Die Grundrechte aller Bürger mit Aufenthaltsrecht in einem Mitgliedstaat sollten gewährleistet und respektiert werden. Insbesondere sollte ihre Bewegungsfreiheit durch eine Europäische Aufenthaltserlaubnis gewährleistet werden. Eine Rahmenrichtline zum Status der BürgerInnen aus Drittstaaten mit Aufenthaltsrecht in einem Mitgliedstaat sollte vom Rat genehmigt werden und besondere Rechte, wie Familienzusammenführung, Zugang zum Arbeitsmarkt, Berufsbildung, administrative Unabhängigkeit verheirateter Frauen, aktives politisches Wahlrecht und das Recht auf Anfechtung von Wahlen beinhalten.

Die Zusammenarbeit im Bereich Rechts- und Innenpolitik, die durch die Dritte Säule von Maastricht erfaßt wird, sollte in die Mechanismen der Europäischen Gemeinschaft integriert werden und auf diese Weise eine direkte Intervention des EP und des Europäischen Gerichtshofes möglich machen.

Auf dem Wege zu demokratischen und effizienten Institutionen

[...] Das Europäische Parlament sollte nach einem gemeinsamen Wahlrecht auf der Grundlage des Verhältniswahlrechts und ohne Sperrklauseln gewählt werden.

Die gesetzgebenden und haushaltspolitischen Befugnisse der EU sollten gleichberechtigt auf EP und Ministerrat aufgeteilt werden. Das EP muß ebenfalls befugt sein, Gesetzesvorlagen einzubringen und die EU-Kommission zu ernennen (einschließlich des Rechts auf Ablehnung einzelner KandidatInnen und auf Amtsenthebung einzelner KommissarInnen). Die Kontrollbefugnisse des EP über die EU-Kommission sollten ausgeweitet werden und alle Aktivitätsbereich der EU erfassen. Das EP muß die Petitionen der UnionsBürgerInnen sowie der natürlichen und juristischen Personen, die sich in der EU niedergelassen haben, effzient weiterverfolgen und sicherstellen, daß geeignete Maßnahmen ergriffen werden.

Der Ministerrat sollte legislative und haushaltspolitische Befugnisse mit dem Europäischen Parlament teilen. Die Entscheidungen sollten im Rat mit qualifizierter Mehrheit getroffen werden [...]. Vertragsänderungen sollten ebenso wie erweiterte Zuständigkeiten der Europäischen Union auf einstimmigen Beschlüssen beruhen. Dies bedeutet die Zustimmung aller Regierungen minus einer, die Mehrheit der Stimmen in einem unionsweiten Referendum und Ratifizierung in allen Mitgliedstaaten.

Die EU-Kommission muß ihre Funktionen transparenter in einem System wahrnehmen, in dem die Zuständigkeiten der einzelnen Entscheidungsorgane explizit definiert sind. Das Initiativrecht der Kommission sollte alle drei Säulen umfassen und mit dem EP geteilt werden. Die Rolle der EU-Kommission als Exekutive sollte gefestigt werden.

Die Rolle des Europäischen Rates muß die eines allgemeinpolitischen Organs bleiben, das es den Institutionen der EU überläßt, die von ihm beschlossenen Maßnahmen vorzuschlagen und umzusetzen.

Quelle: Politische Stellungnahme der Föderation der Europäischen Grünen zur Regierungskonferenz von 1996, beschlossen auf dem Föderationstreffen von Turin am 11. Februar 1996; überreicht durch die Bundestagsfraktion von Bündnis 90/Die Grünen.

Dokument 28: Der Beitrag der Union der Europäischen Industrie- und Arbeitgeberverbände (UNICE) zur Regierungskonferenz, 15. März 1996 (Auszüge)

UNICE bezieht in ihrem am 15. März 1996 veröffentlichten Positionspapier zur Regierungskonferenz Stellung zu den bis zu diesem Zeitpunkt vorgebrachten Forderungen hinsichtlich der Schaffung einer europäischen Beschäftigungspolitik sowie der Intensivierung im Bereich der Sozialpolitik. UNICE sieht in der Einführung beschäftigungspolitischer Vertragsgrundlagen die Gefahr einer Verwässerung der Wirtschafts- und Währungsunion. Eine Integration des außerhalb des EG-Vertrages stehenden Sozialprotokolls in den Gemeinschaftsrahmen lehnt UNICE unter Bezugnahme auf das Subsidiaritätsprinzip strikt ab.

Klare Strategien

Um größere Unterstützung zu gewinnen, muß Europa sehr deutlich seine Strategien und Ziele darlegen. [...]

Um seine Dynamik zu bewahren und bei der Umsetzung notwendiger Reformen nicht behindert zu werden, braucht Europa [...]:

- eine Kommission, die durch ihr Initiativrecht eine starke Position einnimmt und eine erweiterte Verantwortung zur Ausführung von Entscheidungen erhält;
- einen Rat, der sich durch erhöhte Transparenz auszeichnet und in dem Einstimmigkeit nur noch aus schwerwiegenden und objektiven Gründen aufrechtzuerhalten wäre;
- ein Parlament, das mit einfacheren Verfahren umzugehen hätte und größeren Einfluß auf die Haushaltskontrolle und bei der Betrugsbekämpfung ausüben würde; [...]

Sozialpolitik und Beschäftigung

[...] UNICE empfiehlt der Regierungskonferenz folgende Grundprinzipien der Sozialpolitik:

- Die Achtung und Bewahrung nationaler Praktiken und Traditionen, denen es möglich sein muß, sich innerhalb des europäischen Kontextes natürlich zu entfalten und zu entwickeln.
- Die Bewahrung der Autonomie der Sozialpartner auf allen Ebenen; ihre Freiheit, einen sozialen Dialog zu führen, sowie die Freiheit von Beschränkungen für kollektive und individuelle Verhandlungen;

– Die Ausrichtung aller sozialpolitischen Maßnahmen auf das Ziel, die Wettbewerbsfähigkeit der Unternehmen zu verbessern, und damit sozialen Fortschritt und Beschäftigung zu sichern. Dies ist in besonderer Weise für kleine und mittlere Unternehmen bedeutsam.

Beschäftigung und Sozialpolitik

[...] Die Reduzierung der Arbeitslosigkeit ist für das reibungslose Funktionieren der Wirtschafts- und Währungsunion hilfreich. Gleichwohl glaubt UNICE, daß durch die Verfolgung der Beschäftigungsziele die Konvergenzkriterien nicht verwässert werden dürfen.

Ein Vertrag über Sozialpolitik

UNICE ist allgemein besorgt darüber, daß die Maastrichter Vereinbarung über Sozialpolitik den Gebrauch der qualifizierten Mehrheit ausweitet, ohne eine angemessene Berücksichtigung des Subsidiaritätsprinzips sicherzustellen. Ebenso ist UNICE besorgt darüber, daß zwei unterschiedliche Sozialkapitel im Vertrag zu einem Mangel an rechtlicher Klarheit führen. Deshalb glaubt UNICE, daß, wenn das Protokoll und der Vertrag einer Revision unterzogen werden, dies zu einer einheitlichen vertraglichen Grundlage für Sozialpolitik führen sollte sowie zu einer Überprüfung der sozialpolitischen Kompetenzen der EU, wo dies aufgrund des Subsidiaritätsprinzips und der Notwendigkeit zu rechtlicher Klarheit geboten ist. [...]

Grundrechte und Sozialcharta

UNICE lehnt vehement die Einbeziehung der Sozialcharta oder eines Katalogs der sozialen Grundrechte in den Vertrag ab, ebenso wie den Vorschlag, daß die Union der Europäischen Konvention über Menschenrechte und Grundfreiheiten beitreten sollte. UNICE ist nicht an sich gegen diese Rechte, aber Bestimmungen dieser Art bringen unvermeidlicherweise allgemeine Prinzipien mit sich, die vielen Interpretationen offenstehen. Die sich daraus ergebende rechtliche Unsicherheit wäre für Unternehmen absolut untragbar und würde zur Abwanderung neuer Investitionen und damit zur Vernichtung von Arbeitsplätzen führen. [...]

Anwendung des Subsidiaritätsprinzips

Das Abkommen über Sozialpolitik, welches dem Protokoll im Vertrag über die Europäische Union beigefügt ist, bestätigt in Artikel 1 das Prinzip der Subsidiarität in Angelegenheiten der Sozialpolitik und verteidigt in Artikel 2 die Interessen der kleinen und mittleren Unternehmen. UNICE glaubt, daß bei jedweder Vertragsänderung diese Prinzipien gewahrt und ihre Umsetzung verstärkt betrieben werden sollte, so daß (in Übereinstimmung mit dem Subsidiaritätsprinzip) nur solche Bereiche, in denen die Gemeinschaft einen Beitrag zu leisten hat, in ihre Kompetenz fallen sollten. Artikel 2 des Abkommens über Sozialpolitik sollte deshalb sehr viel klarer die Verteilung der Kompetenzen zwischen der nationalen und der europäischen Ebene definieren. [...] Der Vertrag muß vorsehen, daß in sozialen Angelegenheiten Gemeinschaftsrichtlinien nur die allgemeinen Ziele festlegen und die Umsetzung den Mitgliedstaaten und den Sozialpartnern, wie im Sozialprotokoll niedergelegt, überlassen sollte.

Ein derartiger Ansatz würde eine erhebliche Zahl der heutigen Probleme im sozialen Bereich vermeiden. Er würde klarstellen, daß die Gemeinschaft Fortschritte im sozialpolitischen Bereich dann erzielt, wenn sie anerkennt, daß es viele verschiedene Wege gibt, dieses Ziel zu erreichen.

Quelle: „UNICE contribution to the Intergovernmental Conference", 15 March 1996; überreicht durch UNICE; Übersetzung: Udo Diedrichs.

Dokument 29: Entschließung des Exekutivausschusses des Europäischen Gewerkschaftsbundes (EGB): „Die Herausforderungen für die Regierungskonferenz“, 15. Dezember 1995

Anläßlich des Europäischen Rates von Madrid (vgl. Dokument Nr. 5) veranstaltete der Europäische Gewerkschaftbund am 16. und 17. November 1995 eine Konferenz zu den gewerkschaftlichen Forderungen und Erwartungen an die Regierungskonferenz. In Anlehnung an die Ergebnisse dieser Tagung sowie der Entschließung des achten ordentlichen EGB-Kongresses legte der Exekutivausschuß des EGB am 15. Dezember seine Prioritäten zur Reform des Maastrichter Vertrages fest. Diese bestehen im wesentlichen in der Schaffung eines Beschäftigungskapitels im EG-Vertrag, der Integration des Sozialprotokolls in den Gemeinschaftspfeiler sowie der Aufnahme von grund- und menschenrechtlichen Bestimmungen im Vertrag.

[...] Die Union muß dazu beitragen können, ihre externe und interne Sicherheit sowie ihre berufliche und soziale Zukunft zu gewährleisten. Dazu gehört ohne jeden Zweifel, daß die Regierungskonferenz echte Lösungen im Blick auf Beschäftigung, Solidarität und Demokratie vorlegt, um die Ausgewogenheit des europäischen Aufbaus wiederherzustellen, denn dieser ist gegenwärtig zu sehr durch währungspolitische Fragen gekennzeichnet. [...]

Obwohl die Gewerkschaftsbewegung bereits seit dem Beginn der europäischen Integration zu deren überzeugtesten und konsequentesten Verteidigern gehörte, hebt der EGB-Exekutivausschuß hervor, daß die gewerkschaftliche Unterstützung, wenn keine adäquaten Antworten auf die legitimen Erwartungen der Arbeitnehmer/innen in Europa gefunden werden, nicht automatisch gegeben ist. [...]

Eine Union der Beschäftigung schaffen

[...] Bei der Verfolgung der Ziele Vollbeschäftigung und qualitativ hochwertige Arbeit für alle muß der revidierte Vertrag eine stärkere, konsequentere und integriertere „Beschäftigungskomponente“ entwickeln. Dazu müssen in den Vertrag verbindliche Koordinationsmechanismen für die Beschäftigung aufgenommen werden, damit dieses Ziel das gleiche Gewicht und die gleiche Bedeutung wie die Währungspolitik erhält. Zusätzlich muß die Einrichtung eines Beschäftigungsausschusses vorgesehen werden, der dem Währungsausschuß gleichgestellt ist.

Die vom Essener Europäischen Gipfel definierten beschäftigungspolitischen Ziele müssen erweitert und ebenso wie die multilateralen Kontrollverfahren in den

Vertrag aufgenommen werden. Dabei sollte ein Rückgreifen auf das europäische Steuerwesen zur Finanzierung ihrer Durchführung nicht ausgeschlossen werden.

Eine soziale Union aufbauen

[...] Für den EGB ist die Verankerung der wesentlichen Grundsätze der Gemeinschaftscharta für soziale Grundrechte in den Vertrag unabdingbar, damit die Soziale Union ausreichend Profil erhält. Insbesondere muß der Vertrag die grenzüberschreitenden Rechte auf freien Zusammenschluß, auf Verhandlungen und gewerkschaftliche Aktionen und Streiks, einschließlich Solidaritätsstreiks anerkennen. Ein sozialeres Europa ist auch ein Europa, das wirtschaftliche und soziale Demokratie entwickeln kann, indem es den sozialen Handlungsträgern erlaubt, tatsächlich aktiv zu werden. Deshalb fordert der EGB die Aufnahme des Protokolls über die Sozialpolitik in den Vertrag, wodurch der Alleingang Großbritanniens beendet werden kann. [...]

Einer der Grundpfeiler unseres europäischen Gesellschaftsmodells sind die öffentlichen Dienste. Das Prinzip des Gemeinwohls und das Recht auf Zugang zu qualitativ hochwertigen Diensten muß im Vertrag verankert werden, ebenso wie die Anerkennung ihrer Rolle als Voraussetzung für die Unionsbürgerschaft. [...]

Eine demokratische Union aufbauen

[...] Es muß ein Recht auf Information geschaffen werden. Das Europäische Parlament muß eine immer zentralere Rolle innerhalb der europäischen Institutionen erhalten. Die Anzahl der Entscheidungsverfahren muß verringert werden, und die Mitbestimmungsbefugnisse des Europäischen Parlaments müssen auf alle Bereiche erweitert werden, bei denen der Rat Mehrheitsbeschlüsse faßt. Die Abstimmung mit qualifizierter Mehrheit muß für den sozialen und umweltpolitischen Bereich zur allgemeinen Regel werden. Darüber hinaus unterstützt der EGB die Stellungnahme des Wirtschafts- und Sozialausschusses über die Stärkung seiner Rolle im Vertrag.

Um den demokratischen Charakter der Union zu stärken, muß über den aktuellen Vertrag hinausgegangen und die Gleichberechtigung von Frauen und Männern als Grundsatz in den revidierten Vertrag aufgenommen werden.

Beschlüsse zur Einwanderungs- und Asylpolitik und zur Politik gegenüber den Bürgern aus Drittländern müssen schrittweise in den Zuständigkeitsbereich der Gemeinschaft fallen. Die vollständige Verwirklichung der Freizügigkeit für rechtmäßig in der Union lebende Arbeitnehmerinnen und Arbeitnehmer aus Drittländern muß gewährleistet werden. Des weiteren muß die Union Befugnisse zur effizienten Bekämpfung von Rassismus, Fremdenhaß und Antisemitismus sowie sonstige Formen der Diskriminierung erhalten.

Schließlich muß die Union als solche die Europäische Konvention zum Schutz der Menschenrechte und Grundfreiheiten unterzeichnen. [...]

Quelle: EGB: „Die Herausforderungen für die Regierungskonferenz 1996 – Arbeit, Solidarität, Demokratie"; Vom Exekutivausschuß des EGB am 14.–15. Dezember 1995 angenommene Entschließung; überreicht durch den EGB.

Dokument 30: Forderungen der Europa-Union Deutschland (EUD) für die Reformkonferenz, 28. Oktober 1995 (Auszüge)

Die Europa-Union Deutschland tritt als überparteilicher Verband mit rund 25.000 Mitgliedern seit mehr als 40 Jahren für den Aufbau eines föderalen Europas ein. In der Entschließung des Lübecker Bundeskongresses vom 27./28. Oktober 1995 werden die Stärkung der Gemeinschaftsorgane, die weitgehende Abschaffung von Einstimmigkeitsregeln im Rat, die Vergemeinschaftung der innen- und justizpolitischen Zusammenarbeit sowie der Gemeinsamen Außen- und Sicherheitspolitik gefordert.

[...] Um wirkliche Fortschritte zu erreichen, stellt die Europa-Union Deutschland an die Reformkonferenz 1996 die folgenden Forderungen:

Das durch den Maastrichter Vertrag verankerte Subsidiaritätsprinzip entspricht dem Wunsch unserer Mitbürger nach Transparenz und Bürgernähe. Die Kompetenzen der Union müssen dahingehend überprüft werden, ob ihre Handlungsinstrumente in einzelnen Politikbereichen gestärkt werden sollen oder ob Zuständigkeiten im Einklang mit dem Subsidiaritätsprinzip wieder an die Mitgliedstaaten zurückgeführt werden können. Dabei darf es keine nationalen Alleingänge mehr geben (Ausschluß des „opting out").

Die durch den Maastrichter Vertrag ins Gemeinschaftsrecht aufgenommenen Bereiche der Rechts- und Innenpolitik sowie der Außen- und Sicherheitspolitik müssen schrittweise aus der intergouvernementalen Zusammenarbeit in die Zuständigkeit der Gemeinschaftsorgane überführt werden.

Das Europäische Parlament ist das Vertretungsorgan der Bürger, der Rat das Vertretungsorgan der Mitgliedstaaten. Das Europäische Parlament und der Ministerrat sind gleichberechtigt an der Gesetzgebung zu beteiligen.

Im Rat sollen Mehrheitsentscheidungen weitgehend die bisherigen Einstimmigkeitsregelungen ersetzen. Dabei soll eine doppelte Mehrheit zugrundegelegt werden, die sowohl die Mehrheit der Staaten als auch die Mehrheit der von diesen Staaten repräsentierten Bevölkerung umfaßt. Die Sitzungen des Rates, in denen Gesetze beschlossen werden, sind öffentlich.

Das Europäische Parlament erhält das Recht, den Präsidenten der Kommission zu wählen, der wiederum die weiteren Kommissare unter Zustimmung von Rat und Parlament ernennt. Die Kommission ist insgesamt zu stärken, sie soll zur europäischen Regierung weiterentwickelt werden. Auch die Ernennung der Richter am EuGH bedarf der Zustimmung des Europäischen Parlaments.

Die auf der Regierungskonferenz zu beschließenden institutionellen Reformen müssen nach dem Grundsatz der Gewaltenteilung und im Geiste des föderalen Aufbaus der Europäischen Union erfolgen. Die Entscheidungsverfahren sollten vereinfacht werden. Die Rolle der Kommission muß gestärkt, aber die Zahl ihrer Mitglieder begrenzt werden. Die Rolle des Europäischen Rates und des Ministerrates sollten durch eine Verlängerung der jeweiligen Präsidentschaft gestärkt werden.

Die komplizierten Gemeinschaftsverträge müssen in eine Verfassung der Europäischen Union einmünden, die die Kompetenzen der Organe der Gemeinschaft klar festlegt und Entscheidungsstrukturen schafft, die für den Bürger transparent und nachvollziehbar sind. Dazu gehört auch die Übernahme der Europäischen Konvention der Menschenrechte und Grundfreiheiten in das Verfassungsrecht der Union; gleiches gilt für die Minderheitenrechte.

Unverzichtbar für die Bewußtseinsbildung einer europäischen Identität ist eine gemeinsame europäische Dimension der gemeinschaftlichen, nationalen und regionalen Kultur- und Bildungspolitiken. Mit diesem Ziel sind in der Regierungskonferenz die im Vertrag von Maastricht aufgenommenen Ansätze weiterzuentwickeln.

Das Europäische Parlament ist an den Arbeiten der Regierungskonferenz umfassend zu beteiligen. Die Ergebnisse der Regierungskonferenz bedürfen – soweit innerstaatlich erforderlich – Referenden und der Ratifizierung sowohl durch die nationalen Parlamente als auch das Europäische Parlament.

Die Regierungskonferenz muß zu einem Erfolg führen. Blockieren einzelne Mitglieder in wesentlichen Fragen eine Einigung, so muß die Mehrheit der Mitgliedstaaten entschlossen vorangehen. Dabei ist der gemeinsame Besitzstand der Europäischen Union zu erhalten und der institutionelle Rahmen zu wahren. In diesen Ausnahmefällen müssen Regelungen gefunden werden, nach denen Mitgliedstaaten, die an den Fortentwicklungen zunächst nicht teilnehmen, jederzeit unter Übernahme der bis dahin gefällten Entscheidungen nachfolgen können.

Quelle: „Bürgernähe und Handlungsfähigkeit der Europäischen Union stärken – Forderungen der Europa-Union Deutschland für die Reformkonferenz 1996", angenommen auf dem 41. Ordentlichen Kongreß der Europa-Union Deutschland am 27. und 28. Oktober 1995 in Lübeck; überreicht durch die Europa-Union Deutschland.

III. ANHANG

ÜBERSICHT: POSITIONEN DER EU-STAATEN ZUR REGIERUNGSKONFERENZ

	D	F	I	B	NL	LUX	GB	IRL	DK	GR	SP	P	S	A	SF
Weniger Kommissionsmitglieder als Mitgliedstaaten	👍	👍	👍	👎	👎	☠	?	👎	👎	👎	👍	👎	👎	👎	👎
Mehr Rechte für das Europäische Parlament	👍	👎	👍	👍	👍	👍	☠	👍	?	👍	👍	👍	👍	👍	👍
Mehr Mehrheitsentscheidungen im Rat	👍	👍	👍	👍	👍	👍	👎	👍	?	👍	👍	👍	?	👍	👍
Neue Stimmengewichtung im Rat	?	👍	👍	👎	👎	☠	👍	👎	?	☠	👍	?	👎	👎	👎
Ausweitung der Mitentscheidungsverfahren EP/Rat	👍	👎	👍	👍	👍	👍	👎	👍	?	👍	👍	?	?	👍	?
Stärkung des Subsidiaritätsprinzips	♥	?	?	👍	👍	👍	👍	?	?	👎	👎	?	?	👍	👍
Stärkung der Umweltpolitik	👍	?	👍	👍	👍	👍	?	👍	👍	👍	👍	👍	♥	👍	👍
Beschäftigungspolitik als Bestandteil des EG-Vertrags	👎	?	👍	👍	👎	👍	☠	👍	👍	👍	👍	👍	♥	♥	👍
Stärkung der GASP	👍	👍	👍	👍	👍	👍	👍	?	?	👍	👍	👍	?	👍	?
Fusion WEU – EU	👍	👍	👍	👍	👍	👍	☠	?	?	👍	👍	?	?	?	?
Vergemeinschaftung einzelner Aspekte der Innen- und Justizpolitik	👍	?	👍	👍	👍	👍	☠	?	?	?	?	👍	👍	👍	?
♥ – unbedingt dafür, 👍 – dafür, ? – prüfen, 👎 – dagegen, ☠ – keinesfalls.															

Schaubild: „Die Tempelkonstruktion“ des Vertrags über die Europäische Union

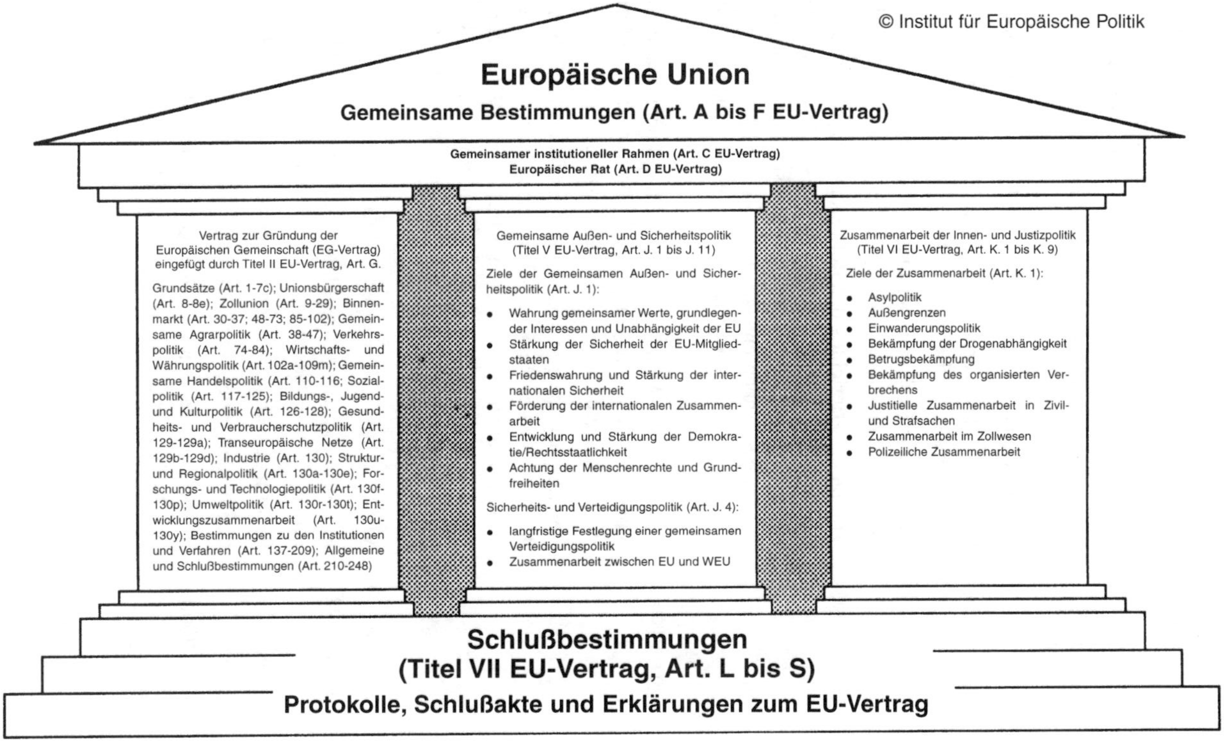

Reformagenda bis zum Jahr 2000

07.02.1992	Unterzeichnung des Vertrages über die Europäische Union in Maastricht; im Vertrag wird festgelegt, daß eine Reihe von Bestimmungen im Jahr 1996 überprüft werden sollen.
Feb. 1992 bis Okt. 1993	Ratifizierung des EU-Vertrags in allen Mitgliedstaaten.
01.11.1993	Inkrafttreten des Vertrages über die Europäische Union.
25.06.1994	Festlegung der Vorbereitungen der Regierungskonferenz durch den Europäischen Rat von Korfu.
bis Mai 1995	Vorlage von Berichten der Organe der Europäischen Union über das Funktionieren des Vertrages über die Europäische Union.
05.12.1995	Vorlage des Berichtes der Reflexionsgruppe über die Tagesordnung und die Optionen der Regierungskonferenz an den Europäischen Rat von Madrid. Der Reflexionsgruppe gehörten die Beauftragten der Außenminister der 15 EU-Staaten, zwei Mitglieder des Europäischen Parlaments sowie ein Mitglied der Kommission an.
29.03.1996	Festlegung des Mandats der Regierungskonferenz durch den Europäischen Rat von Turin (siehe Dokument 9). Eröffnung der Verhandlungen durch die Außenminister.
22.06.1996	Der Europäische Rat von Florenz prüft die Zwischenergebnisse der Arbeiten der Regierungskonferenz. Er erteilt den Auftrag, bis zu seiner Sitzung in Dublin im Dezember 1996 einen allgemeinen Rahmen für einen Entwurf zur Revision des EU-Vertrags auszuarbeiten und gibt hierfür inhaltliche Vorgaben (siehe Dokument 10).
Sommer 1997	Voraussichtliches Ende der Verhandlungen.
1997/1998	Ratifizierung der Vertragsänderungen durch die Mitgliedstaaten gemäß ihren verfassungsrechtlichen Vorschriften.
1998/1999	Reform der Finanzverfassung und der Strukturpolitik.
1999	Beginn der dritten Stufe der Wirtschafts- und Währungsunion.
nach 2000	Erweiterung der Europäischen Union um Malta und Zypern und eine Reihe von Staaten in Mittel- und Osteuropa.

LITERATURVERZEICHNIS

Arnold, Hans: Die Europäische Union zwischen Maastricht und Maastricht-Revision, in: Aus Politik und Zeitgeschichte, 3/4 (1995), S. 3–9.

Bitterlich, Joachim und Seiters, Rudolf: Europäische Aufgaben bis zum Jahr 2000, Band 27 der Aktuellen Fragen der Politik, Konrad-Adenauer-Stiftung, Sankt Augustin 1995.

Borchmann, Michael: Regierungskonferenz 1996 – das Positionspapier der deutschen Länder, in: Europäische Zeitschrift für Wirtschaftsrecht, 6 (1995), S. 570–573.

Burghardt, Günter und Tebbe, Gerd: Die Gemeinsame Außen- und Sicherheitspolitik der Europäischen Union – Rechtliche Struktur und politischer Prozeß, in: Europarecht, 1–2 (1995), S. 1–20.

Delors, Jacques: Europa muß sich reformieren: Aufgaben der Regierungskonferenz 1996, in: Internationale Politik, 9 (1995), S. 12–16.

Deubner, Christian: Deutsche Europapolitik: von Maastricht nach Kerneuropa?, Baden-Baden 1995.

Europäische Kommission/Vertretung in der Bundesrepublik Deutschland: Reform '96 – Positionen zur Regierungskonferenz, Bonn 1995.

Europäisches Gewerkschaftsinstitut (Hg.): Die Zukunft der Europäischen Union – Gewerkschaftliche Anforderungen und Erwartungen an die Regierungskonferenz 1996, Münster 1996.

Europäisches Parlament – Arbeitsgruppe „Regierungskonferenz" (Hg.): Weißbuch zur Regierungskonferenz 1996, Band I: Offizielle Texte der Institutionen der EU, Luxemburg, Januar 1996; Band II: Aufzeichnung über die Positionen der Mitgliedstaaten der EU im Hinblick auf die Regierungskonferenz 1996, Luxemburg, März 1996.

Federal Trust (Hg.): Building the Union: Reform of the Institutions, Federal Trust Paper No. 3, London, June 1995.

Green, Pauline u. a., Regierungskonferenz 1996: Wie sollen die Weichen für Europa gestellt werden?, Debatte in: Internationale Politik und Gesellschaft, 2 (1996), S. 189–204.

Hoyer, Werner: Perspektiven für die Regierungskonferenz 1996 und die europapolitische Agenda, in: integration, 4 (1995), S. 189–196.

Hughes, Kirsty S.: The 1996 Intergovernmental Conference and EU enlargement, in: International Affairs, 1 (1996), S. 1–8.

Janning, Josef: La politique européenne de l'Allemagne, in: Politique étrangère, 1 (1996), S. 23–36.

Jopp, Mathias: Die Reform der Gemeinsamen Außen- und Sicherheitspolitik: institutionelle Vorschläge und ihre Realisierungschancen, in: integration, 3 (1995), S. 133–143.

Lamers, Karl: Variable Geometrie und fester Kern: zur Debatte über das Europa-Papier der CDU-CSU-Bundestagsfraktion, in: Blätter für deutsche und internationale Politik, 12 (1994), S. 1464–1470.

Langguth, Gerd: Ein starkes Europa mit schwachen Institutionen? Die europapolitische Agenda zur Regierungskonferenz 1996, in: Aus Politik und Zeitgeschichte, 1/2 (1996), S. 35–45.

Leicht, Anton (Hg.): Regierungskonferenz 1996 – Wohin steuert die EU?, Wien 1996.

Lipsius, Justus (Pseud.): The 1996 Intergovernmental Conference, in: European Law Review, 3 (1995), S. 235–267.

Löffler, Klaus (Hg.): Der EU-Reform-Kompaß: Orientierung zur Regierungskonferenz '96, (Europäisches Parlament, Informationsbüro für Deutschland), Bonn 1995.

Maurer, Andreas und Thiele, Burkard (Hg.): Legitimationsprobleme und Demokratisierung der Europäischen Union, Marburg 1996.

Maurer, Andreas und Jopp, Mathias: Das Europäische Parlament – Demokratiepolitische Überlegungen zu den Reformoptionen der Regierungskonferenz 1996/97, in: integration, 1 (1996), S. 25–36.

Monar, Jörg: Der Dritte Pfeiler der Europäischen Union zu Beginn der Regierungskonferenz: Bilanz und Reformbedarf, in: integration, 2 (1996), S. 93–101.

Paterson, William E.: The European policies of Labour and Conservative Party in Great Britain, (mit einer Zusammenfassung in deutscher Sprache), Sankt Augustin 1995.

Piepenschneider, Melanie: Konsenslinien und Spielmaterial: Vorschläge für die Regierungskonferenz, in: integration, 4 (1995), S. 209–222.

Piepenschneider, Melanie: Regierungskonferenz 1996 – Synopse der Reformvorschläge zur Europäischen Union, Sankt Augustin 1995.

Piris, Jean-Claude: After Maastricht, are the community institutions more efficacious, more democratic and more transparent?, in: European Law Review, 5 (1994), S. 449–487.

Samland, Detlev: Europa als linkes Zukunftsprojekt, in: Zeitschrift für sozialistische Politik und Wirtschaft, 1 (1996), S. 21–23.

Schäfer, Axel: Europa '96: der Lokomotive in voller Fahrt die Räder wechseln, in: Die neue Gesellschaft/Frankfurter Hefte, 1 (1996), S. 7–10.

Schmuck, Otto: Die EU-Regierungskonferenz 1996 – zum Stand der Reformdebatte, in: integration, 2 (1995), S. 68–75.

Schmuck, Otto: Die Reform der Europäischen Union: Aufgabe für die Regierungskonferenz 1996, Bonn 1995.

Statz, Albert und Sterzing, Christian: Integration ist kein Selbstzweck: die Linke vor Maastricht II, in: Zeitschrift für sozialistische Politik und Wirtschaft, 1 (1996), S. 24–26.

Toulemon, Robert: Kerneuropa – Deutsch-französische Aktionsgemeinschaft in Sicht?, in: integration, 2 (1995), S. 61–67.

Wallace, Helen: Fit für Europa? Reform und Erweiterung der Europäischen Union, in: integration, 2 (1996), S. 77–92.

Weidenfeld, Werner (Hg.), Europa '96: Reformprogramm für die Europäische Union, erarb. von der Europäischen Strukturkommission, Gütersloh 1994.

Weidenfeld, Werner: Europa '96 – unterwegs wohin?: Die Europäische Union vor der Regierungskonferenz, in: Aus Politik und Zeitgeschichte, 1/2 (1996), S. 3–10.

Weidenfeld, Werner und Wessels, Wolfgang (Hg.), Jahrbuch der Europäischen Integration 1995/96, Bonn 1996.

Weidenfeld, Werner und Wessels, Wolfgang (Hg.), Europa von A – Z. Taschenbuch der europäischen Integration, Bonn 1995.

Wessels, Wolfgang: Weder Vision noch Verhandlungspaket – der Bericht der Reflexionsgruppe im integrationspolitischen Trend, in: integration, 1 (1996), S. 14–24.

Wessels, Wolfgang: Evolutions possibles de l'Union européenne, in: Politique étrangère, 1 (1996), S. 139–150.

Wieczorek-Zeul, Heidemarie: Sechs Fragen an Europa, in: Die neue Gesellschaft/Frankfurter Hefte, 2 (1995), S. 160–162.

ABKÜRZUNGEN

A	Österreich
AdR	Ausschuß der Regionen
AStV	Ausschuß der Ständigen Vertreter der nationalen Regierungen bei der EG
B	Belgien
COSAC	Konferenz der auf EG/EU-Angelegenheiten spezialisierten Ausschüsse der nationalen Parlamente (mit Abgeordneten des Europäischen Parlaments)
D	Deutschland
DK	Dänemark
ECU	European Currency Unit
EEA	Einheitliche Europäische Akte
EEF	Europäischer Entwicklungsfonds
EFRE	Europäischer Fonds für Regionalentwicklung
EFTA	European Free Trade Association
EG	Europäische Gemeinschaft
EGB	Europäischer Gewerkschaftsbund
EGKS	Europäische Gemeinschaft für Kohle und Stahl
EGV	Vertrag über die Europäische Gemeinschaft
EIB	Europäische Invesitionsbank
ELDR	Europäische Liberale, Demokratische und Reform Partei
EMRK	Europäische Menschenrechtskonvention
EP	Europäisches Parlament
EPZ	Europäische Politische Zusammenarbeit
ESF	Europäischer Sozialfonds
EuGH	Europäischer Gerichtshof
Euratom	Europäische Atomgemeinschaft
Europol	Europäische Polizeibehörde
EU	Europäische Union

EUV	Vertrag über die Europäische Union
EVP	Europäische Volkspartei
EWG	Europäische Wirtschaftsgemeinschaft
EWI	Europäisches Währungsinstitut
EWR	Europäischer Wirtschaftsraum
EWS	Europäisches Währungssystem
EZB	Europäische Zentralbank
F	Frankreich
GASP	Gemeinsame Außen- und Sicherheitspolitik
GB	Großbritannien
GR	Griechenland
I	Italien
IRL	Irland
K.4-Ausschuß	Koordinierungsausschuß im Rahmen der Innen- und Justizpolitik zur Vorbereitung der Ratssitzungen (siehe Artikel K.4 EUV und Artikel 100d EGV)
LUX	Luxemburg
NATO	North Atlantic Treaty Organization
NL	Niederlande
OSZE	Organisation für Sicherheit und Zusammenarbeit in Europa
P	Portugal
S	Schweden
SF	Finnland
SP	Spanien
SPE	Sozialdemokratische Partei Europas
UN	United Nations (Vereinte Nationen)
UNICE	Union of Industrial and Employers' Confederations of Europe
WEU	Westeuropäische Union
WSA	Wirtschafts- und Sozialausschuß
WWU	Wirtschafts- und Währungsunion